本书为长安大学中央高校基本科研业务费专项资金项目"陕西公共文化服务体系的财政保障机制研究"（项目编号：300102169601）"扩大陕西文化和旅游消费水平研究"（项目编号：300102161605）的阶段性成果。

共同迈向高质量

STRIVING TOGETHER
FOR HIGH-QUALITY DEVELOPMENT

公共文化服务领域的苏陕协作实践

COLLABORATION BETWEEN
JIANGSU PROVINCE AND SHAANXI PROVINCE
ON THE PUBLIC CULTURE SERVICE

金栋昌　王宇富　彭建峰　著

社会科学文献出版社
SOCIAL SCIENCES ACADEMIC PRESS (CHINA)

自 序

公共文化服务是具有中国特色的文化范畴，是以提高全体人民群众文化艺术素养、增进人民文化福祉为价值目标的社会主义文化事业。现代公共文化服务体系建设水平，关乎社会主义繁荣发展，关乎人民精神生活富足，关乎民族伟大复兴和新时代的文化使命。在不同时代背景下，公共文化服务有着不同的阶段任务：新中国成立初期，包括文化馆在内的公共文化机构承担着国民教育的重任；社会主义建设和改革开放时期，这些机构成为激发人民群众建设热情、讴歌人民群众创造性的文化主阵地；新世纪，特别是新时代以来，伴随着覆盖城乡、便捷高效、保基本、促公平的现代公共文化服务体系的基本建成，全民阅读、全民健身、全民科普和艺术普及、优秀传统文化传承活动取得长足进步，人民群众的精神文化生活不断丰富；高质量发展新阶段以来，全国上下深入贯彻落实习近平文化思想，努力践行新的文化使命，不断为继续推动文化繁荣发展、建设文化强国、建设中华民族现代文明贡献力量，不断为实现人民群众精神生活共同富裕而努力奋斗。从中可以清晰地看到，伴随着公共文化服务体系现代化进程的不断推进，中国特色社会主义的制度优势、中华优秀传统文化的禀赋优势、人民群众精神富足的发展优势不断彰显和强化。现代公共文化服务体系已成为彰显中国特色社会主义文化自信的重要窗口和载体。

新中国成立75年来的发展成就表明，公共文化服务体系建设工作始终是中国共产党领导的社会主义文化建设的关键内容之一，始终是各级政府推进国民经济和社会发展的重点建设领域，始终是促进共同富裕的重要抓手。无论是党和国家的重要发展战略部署，还是各级地方政府主导的本地发展建设实践，都将公共文化服务体系建设工作放在重要位置，公共文化服务体系不断取得新的强化和突破——从设施网络到运行保障、从示范创新到效能提升、从本地发展到跨地区协作、从线下服务到数字化服务、从体系化供给到高质量发展，这一切都在生动诠释着公共文化服务体系的现代化进程。在其中，我们看到现代公共文化服务体系的建成，既离不开各级政府的主导和综合保障，也离不开各级公共文化机构的创新智慧与耕耘实践。全国公共文化服务人踏乘中国式现代化建设的时代东风，不断书写和刷新着壮丽的公共文化服务体系现代化篇章。

我们也注意到，理论界对全国及各地公共文化服务体系的建设成果、发展模式、实践创新、制度设计等有着丰富研究，形成了诸多代表性研究著述。这些理论成果主要集中于城市书房、总分馆体系、公共数字文化服务、新型公共文化空间、标准化和高质量发展等议题，也有丰富的案例研究成果。这在一定程度上反映了中国公共文化服务体系建设实践和理论创新的繁荣程度。但上述研究成果的本土化特征鲜明，相较而言，关注区域均衡发展的较少。即便是已有的一些促进区域均衡发展的成果，也多采用以本区域实践来促进本区域内城乡均衡和地区均衡的视角，因而也是典型的本土化研究成果。鲜有成果关注和研究跨省域东西部协作这一公共文化服务主题，更鲜有学者从东西部公共文化服务均衡发展协作创新角度开展类似研究。而实践层面上，自1996年国家实施东西部协作战略至今的28年来，包括苏陕协作、闽宁协作、浙疆协作、鲁渝协作、沪滇协作等在内的东西部协作实践，积累了丰富的公共文化服务协作成果——或是干部交流，或是设施捐建，或是资源共享，或是文化共创。无论哪种形式的协作，都取得了丰硕的成果，不仅是本省域公共文化服务高质量发展的新亮点，也是跨省域协作促进公共文化服务均衡发展的有力支撑。更难能可贵的是，这种跨省域的公共文化服务协作，既彰显了国家战略在东西部均衡发展中的文化落实，又激发了跨区域公共文化服务高质量发展的创新动能——协作主体实现了从党委、政府、公共文化机构到企业、协会的全覆盖,协作机制实现了从实体帮扶到理念和政策学习再到文化共创的立体式飞跃,协作内容实现了从干部交流到设施空间共建再到文化艺术活动和资源共享的广泛拓展,协作成果实现了从散点分布到机制化常态化创新和各层级覆盖,协作体系形成了省级主导、市级推动、县乡落实的一体化推进格局。因此,从理论和实践两方面来看,均有必要对东西部协作中公共文化服务的发展实践进行成果梳理和理论总结。其中,苏陕协作中的公共文化服务实践颇具代表性。

苏陕协作始于1991年,早于东西部协作战略5年,一定意义上苏陕协作为国家层面开展东西部协作战略提供了实践参考。1991年,江苏、陕西两省以干部挂职锻炼方式开启扶贫开发工作,被《瞭望》周刊誉为"一个意义重大的创举"。1996年全国扩大这一经验,提出东西部协作战略,并调动全国23个东西部省市,形成了对口协作关系。在这股东风之下,至今已历经28年的协作历程,苏陕协作从扶贫开发协作逐渐向更广阔领域、更深实践走去,协作领域从扶贫开发拓展到经济、教育、能源、医疗、优势产业等多个领域,协作内容从干部交流扩展到产业合作、劳务协作、人才支援等多元领域,协作方式从资金援助延伸到项目运营、共创共享等多种形式,一系列协作成果支撑起东西部协作的"苏陕情"。同样,在公共文化服务领域,苏陕协作的实践也如火如荼,一系列公共文化服务建设的成果亦纷纷落成于三秦大地。

作为研究者,我有幸参与和见证了部分公共文化服务领域的苏陕协作工作。2018年6月下旬,我以专家身份获邀参与"第八届陕西省艺术节群星奖获奖作品全省巡演榆林行"活动,结识了江苏省公共文化服务专家,并与扬州市文化和旅游局负责同志就扬榆两市文化活动互访进行了交流,这是我第一次对公共文化服务领域苏陕协作的直观接触。2019年底,陕西省文化和旅游厅组织了全省30名公共图书馆馆员赴江苏省各地市图书馆开展为期三个月的挂职培训活动,两省克服种种困难,最终推动挂职干部顺利完成了相关工作,并带来了陕西各派出馆在公共文化服务领域的诸多改变。2020年7月,我带领团队以县区为单位，对延安市 13 个县区进行公共文化服务专题调研，了解到延安市图书馆和金陵图书馆在馆藏资源和师资上的诸多协作，也获悉延长县和宜兴市两地合作建设图书馆新馆的立项信息。2021 年 4 月，陕西省公共文化服务体系建设高质量发展专题培训班在延安举办，会上的一大亮点就是举办了苏陕公共文化服务专家座谈会，参与挂职锻炼的陕西方公共文化服务人员进行了专题交流，会上南京图书馆与陕西省图书馆代表两省公共图书馆签署了《苏陕公共图书馆"十四五"协作交流框架协议》，金陵图书馆与延安市图书馆签署了交流共建协议。同年暑假，我带队进行榆林黄河流域县区的文化专题调研，在横山区文化馆参观了江苏艺术家在陕北黄土高原采风创作的书画成果展，上百幅主题书画作品汇聚在文化馆展厅中供群众免费参观，艺术感染力颇强。这些公共文化服务苏陕协作成果鲜活地呈现在我们面前，其背后也力透着苏陕两省公共文化机构和工作人员的艰辛与努力。这促使我们扎下了研究公共文化服务领域苏陕协作的兴趣之根。于是，在后续其他专题调研工作中，我们也不断注重收集和整理相关成果，陆续收集了"延安娃娃"红色儿童绘本大赛、榆林城市书房、鹿城阅读吧、崇川佛坪一家亲文化交流活动、"精致扬州'榆'您相约"文化活动等一系列公共文化服务协作成果，开展这一主题研究的素材越来越丰富，研究工作也不断提上日程。

2023 年，在一次全省公共文化服务调研座谈会期间，我把开展公共文化服务领域苏陕协作研究的想法与陕西省文化和旅游厅公共服务处处长谭佳峰女士进行了沟通交流。我们一拍即合，她不仅给予了高度肯定，还鼓励我加快开展研究，认为这既是对苏陕协作开展公共文化服务实践的理论总结，也是一项公共文化服务专家层面的苏陕协作成果。彼时恰逢中国群众文化学会基础理论与创新实践委员会征集 2023 年度调查研究成果，我们团队申报了"公共文化服务领域苏陕协作的创新实践研究"选题。在陕西省文化和旅游厅公共服务处张利锋先生的协助下，我们面向全省征集了一轮苏陕协作公共文化服务成果素材，并结合网络调研、前期专题调研等的相关数据，如期撰写完成并提交了研究报告。在此报告的基础上，2024 年 1 月团队决定进行理论扩充并形成专著，其间也得到了陕西省图书馆的大力协助，并在 2024 年陕西省公共文化服务专题培训班上进行了第二轮项目信息征集工作。在此基础上，几经修改校正终于形成了本稿。

值得说明的是，为较全面地呈现公共文化服务领域苏陕协作的整体面貌，我们在确定书稿内容体系时做了如下考虑：为整体把握公共文化服务苏陕协作的 33 年历程，我们进行了历史阶段划分，提出了萌芽、初探、深化和高质量发展四个分期；为提炼公共文化服务苏陕协作的理论品质和经验，我们引入区域均衡发展、横向财政均衡、府际关系、公共文化服务高质量发展、精神生活共同富裕等理论，对公共文化服务苏陕协作实践的理念精髓、价值逻辑等进行概括总结；为阐释公共文化服务苏陕协作持续深化拓展的实践轨迹和规律，我们尝试提炼公共文化服务跨区域协作的影响因素和实践选择特点；为全面且有重点地呈现公共文化服务苏陕协作的亮点内容，我们从文艺创作展演、人才交流培训、资源共创共享、文化设施空间四个维度进行了理论总结、案例讨论和成效概括；立足当下，启思未来，为把握公共文化服务苏陕协作的趋势和方向，我们从整体上对公共文化服务苏陕协作的政策框架、总体形势和目标，以及今后的优化路径进行了政策总结和建议。此外，为深入落实新时代东西部协作战略，我们也跳出苏陕协作视域，在系统总结公共文化服务苏陕协作经验和启示的基础上，对今后全国层面东西部协作中更高质量地做好公共文化服务工作进行了展望，提出了政策建议。以上便构成了《共同迈向高质量：公共文化服务领域的苏陕协作实践》的篇章逻辑架构。

所有过往，皆为序章。本书成稿之时，正逢江苏省代表团来陕西考察学习，苏陕两省党政领导围绕"从大局着眼向深处拓展往实里用力在新征程上不断开创苏陕协作发展新局面"主题，展开了深入交流，苏陕各界也围绕这一主题开展了广泛、多元、深刻、务实的洽谈与合作。一幅新时代苏陕协作高质量发展的蓝图正徐徐展开，这同样也预示着该框架下苏陕公共文化服务协作的美好新未来。

新时代，新征程。我们庆幸参与到了公共文化服务苏陕协作的实践之中，我们也将持续推动公共文化服务苏陕协作的相关研究迈上新台阶。

是为序。

金栋昌

2024 年 6 月 3 日于长安大学

序　一

公共文化服务体系建设，是中国特色鲜明的保障人民文化权益、满足人民文化需求的伟大实践。什么是公共文化服务的中国特色？我们可以提炼出若干条经验，但毫无疑问，区域协作、对口帮扶、全国一盘棋促进均衡发展，是鲜明的中国特色之一。新世纪以来大力推进公共文化服务体系建设，我国持续实施的东西部协作、春雨工程、"三区"文化人才支持计划等文化惠民工程，就是体现社会主义制度优越性、促进公共文化服务均衡发展、推动共同富裕的生动实践，在缩小公共文化服务地域差距、城乡差距、人群差距方面发挥了重要作用。然而，与丰富生动、成效卓著的伟大实践相比，对公共文化服务跨区域协作进行理论阐释、实践总结、经验提炼的研究成果却并不多见。长安大学金栋昌教授团队的新著《共同迈向高质量：公共文化服务领域的苏陕协作实践》，可以说弥补了研究领域的这一短板，体现了作者敏锐的问题捕捉能力和独到的研究视野，展示了"苏陕协作"对新时期公共文化服务跨区域协作、共同迈向高质量的典型示范意义和创新引领价值。

本书研究的时间跨度覆盖"苏陕协作"迄今为止的全过程，从1991年苏陕干部互派到"十四五"时期苏陕全面协作。研究的背景视野，是将苏陕两省的公共文化服务协作置于国家扶贫发展战略、区域协作战略以及推进中国式现代化等宏大历史背景下进行解读阐释。研究的主要内容有两方面：一方面，引入区域均衡发展理论、横向财政均衡理论、府际关系理论、公共文化服务高质量发展理论、精神生活共同富裕理论等，阐释公共文化服务区域协同发展的必要性和协同机制，为苏陕公共文化服务协作构筑了理论支撑；另一方面，梳理总结了苏陕公共文化服务协作的模式、历程、内容选择，以及文化设施空间、人才交流培训、文艺创作展演、文化共创共享等方面的实践案例，描绘出苏陕公共文化服务深度协作的实践图景。本书所呈现的苏陕公共文化服务协作故事，堪称新时期我国跨区域协作推动公共文化服务均衡发展的缩影。

问题是时代的声音，回答并指导解决问题是理论研究的根本任务。本书的研究内容并没有止步于进展描述、成就展示，而是在此基础上，进一步分析了苏陕公共文化服务协作存在的主要问题，提出了新时代苏陕公共文化服务协作的发展目标、实践路径，进而又放眼全国，审视公共文化服务跨区域协作的总体形势，分析了京津冀、长三角、粤港澳、成渝地区双城经济圈等的协作模式以及闽宁协作、沪滇协作、浙疆协作、苏陕协作等东西部协作的经验启示，对未来我国推进公共文化服务跨区域协作进程中进一步完善政策体系、过程管理体系、长效发展机制提出了建议。这些问题导向型的总结性、前瞻性研究，显著增强了本书的参考价值。

经济社会发展的跨区域协作，是贯彻新发展理念、构建新发展格局、推进共同富裕的内在要求。党的二十大报告提出促进区域协调发展，构建优势互补、高质量发展的区域经济布局和国土空间体系。党的二十届三中全会部署健全宏观经济治理体系的改革任务，要求完善实施区域协调发展战略机制、完善区域一体化发展机制、构建跨行政区合作发展新机制。聚焦建设社会主义文化强国，聚焦提高人民生活品质、增强基本公共服务均衡性和可及性，已经被纳入了进一步全面深化体制机制改革的总目标。公共文化服务的区域协同发展，是完善区域一体化发展机制的重要内容，也是完善公共文化服务体系的重要内容，既为满足人民群众日益增长的精神文化需求指明了实践方向，又为实现全体人民精神生活的共同富裕提供了行动指南。理论指导实践，实践丰富理论，推动新时代公共文化服务跨区域协作实现新跃升，不仅需要以改革创新为动力的实践探索，也需要以问题为导向、以促进发展为目标的理论阐释与实践升华，金栋昌教授团队所著此书已经展现了良好的开端，提供了示范的样本。

李国新

2024 年 12 月于北京

序　二

  2016 年 7 月 20 日，习近平总书记在银川主持召开东西部扶贫协作座谈会，以"大战略、大布局、大举措"三个"大"阐述了东西部扶贫协作和对口支援的重要意义。2021 年 4 月，在宁夏举行的全国东西部协作和中央单位定点帮扶工作推进会明确提出将"东西部扶贫协作"扩展升级为"东西部协作"，再次强调了"开展东西部协作和定点帮扶，是党中央着眼推动区域协调发展、促进共同富裕作出的重大决策"。2024 年 4 月 23 日，习近平总书记在重庆主持召开新时代推动西部大开发座谈会，进一步明确"中央区域协调发展领导小组要加强统筹协调，完善东西部协作机制"的要求。在高质量发展的新阶段，东西部协作正在成为中国区域协调发展和实现共同富裕目标的重要抓手。长期以来，东西部协作主要集中在产业合作、资源互补、劳务对接、人才交流等领域，关注点也大多汇聚在上述领域。值得关注的是，东西部协作中的文化交流与合作恰是一股突出的力量，文化交流、文化协作已然成为新时代东西部协作不可或缺的重要内容之一。

  公共文化服务对满足人民群众美好精神生活的向往至关重要，是实现全体人民精神生活共同富裕的关键所在。新时代推动公共文化服务高质量发展，成为各级政府和公共文化机构共同关注的重要课题。特别是在国家层面，2021 年文化和旅游部、国家发展改革委、财政部三部委联合印发的《关于推动公共文化服务高质量发展的意见》，从公共文化服务标准化、数字化、品牌化、志愿服务等多个方面，明确了新时代公共文化服务高质量发展的主要任务，成为新时代公共文化服务高质量发展的基本政策遵循。但中国地域辽阔，南北方、东西部之间区域差异较大，仅靠国家层面的宏观政策指引，难以解决地方推进公共文化服务高质量发展中的突出矛盾和困境，例如，区域发展差距较大导致的区域发展不协调问题，以及公共文化服务均等化目标难以实现的问题。这就需要从全国各地广泛的公共文化服务建设实践中总结有益经验，探索研究新时代推动公共文化服务高质量发展的新路径和新方式。在此背景下，金栋昌教授团队的新著《共同迈向高质量：公共文化服务领域的苏陕协作实践》，契合了当下中国东西部协作和公共文化服务高质量发展的现实需求，体现了学术界立足于中国式现代化目标，致力于公共文化服务现代化实践的理论自觉。

本书系统梳理了公共文化服务苏陕协作的发展历程、主要内容以及发展路径，将苏陕两省在公共文化服务领域的协作实践置于国家现代化建设的宏大历史背景下进行解读，结合国家区域协调发展战略和公共文化服务高质量发展要求，明确了新时代公共文化服务建设、区域协作，以及共同富裕目标之间的逻辑关联，初步揭示了公共文化服务嵌入并影响新时代中国区域协调发展的内在机理。一方面，本书通过概述公共文化服务苏陕协作的发展历程，解构公共文化服务苏陕协作的主要内容，生动呈现了中国东西部协作战略从最初经济领域向包括文化在内的全领域拓展的实践图景，引领人们建构起一个从公共文化服务领域解读中国区域协调发展实践的考察视角。另一方面，学术界对于公共文化服务的相关研究大多聚焦在某一区域范围，较少有研究成果关注到跨区域之间的协作实践。因此，本书的鲜明价值在于以"公共文化服务跨区域协作"为研究对象，不仅仅是对当前中国区域协调发展实践的理论探索，更是在深入认识公共文化服务与跨区域协作之间耦合逻辑的基础上，为把握新时代公共文化服务高质量发展方向的实践升华。

"十三五"期间，江苏省高度重视公共文化服务体系建设，积极推进全省文化设施建设工程，全省人才基地建设工程，全省文化畅通工程，精准惠民工程，全省文化遗产抢救保护、记忆传习、传播解读、展示服务工程，持续打造"精彩江苏"文化品牌。在《关于进一步加强东西部扶贫协作工作的指导意见》的指导下，江苏省和陕西省贯彻落实中央关于东西部协作的重要战略安排，积极推动公共文化服务苏陕协作走深走实走细。苏陕两省签订了《关于进一步加强扶贫协作和经济合作战略协议》，形成了新阶段苏陕协作的依据。特别是在文化领域形成了《陕西省文化厅江苏省文化厅合作备忘录》《江苏省文化厅 陕西省文化厅 文化交流合作框架协议》等合作共识，明确了在公共文化服务交流协作中的合作方向和重点任务。在实践层面上，两省通过文化走亲的方式开展相互送文化活动，"江苏文化周""陕西文化周"等公共文化服务活动精彩纷呈；通过交流培训的方式开展了"苏陕推动现代公共文化服务体系建设东西部对口研修班""苏陕对口协作——公共图书馆服务创新研修班"等诸多活动，深入交流学习双方在基层公共文化服务中心建设、图书馆文化馆总分馆制建设、公益性文化事业单位法人治理结构改革、数字化建设等方面的先进经验，两省公共文化服务协作成效显著，高质量发展势头更强劲。

"十四五"以来，习近平总书记对江苏发展提出了更高目标，要求"在推进中国式现代化中走在前、做示范"[①]，"在建设中华民族现代文明上探索新经验"[②]。坚持以高质量标准推进公共文化服务苏陕协作深入发展，这既是江苏、陕西两省探索公共文化服务高质量发展的重要举措，也是江苏省肩负起在"先富带后富"中发挥示范作用的时代使命。按照2021年《江苏省文化和旅游厅 陕西省文化和旅游厅 文化交流合作框架协议》和《苏陕公共图书馆"十四五"协作交流框架》要求，两省将持续以座谈会、学术论坛、挂职锻炼、业务交流、考察学习等方式，推动两省公共文化服务协作常态化。本书对公共文化服务苏陕协作问题的系统研究，不仅能够为新时代江苏省推进公共文化服务跨区域协作提供理论依据，更激励着苏陕两省公共文化服务从业者，以感恩之心、奋进之态

---

① 《习近平在江苏考察时强调：在推进中国式现代化中走在前做示范 谱写"强富美高"新江苏现代化建设新篇章》，中国政府网，https://www.gov.cn/yaowen/liebiao/202307/content_6890463.htm。
② 《江苏省宣传思想文化战线牢记习近平总书记"在建设中华民族现代文明上探索新经验"的重大要求》，人民网，http://js.people.com.cn/n2/2023/0709/c360300-40486836.html。

扎实推进公共文化服务高质量发展，共同承担起建设中华民族现代文明的文化使命。

"文变染乎世情，兴废系乎时序。"（《文心雕龙·时序》）立足新时代，无论是从文化建设角度审视，还是从社会发展角度观察，公共文化服务高质量发展与区域协调发展之间的有机协同已成为必然。显然，这离不开学术界学术研究和理论创新的支持。对于各级政府而言，要在区域协调发展、公共文化服务高质量发展、共同富裕以及国家现代化等多重背景下，实现观念层面的大步向前、技术层面的政策创新、实践向度的持续发力，则有赖于学术界原创性理论研究成果的支持。从这个意义上讲，金栋昌教授团队新著《共同迈向高质量：公共文化服务领域的苏陕协作实践》，对公共文化服务苏陕协作实践的归纳总结与理性思考，不仅有助于拓宽学术界研究视野，对于当下中国公共文化服务实践也具有重要的参考价值。

金栋昌教授日前将其研究成果发来，托我为之写一序言。作为图书馆管理研究与公共文化服务领域的一名老兵，我荣幸地参与并见证了公共文化服务苏陕协作的发展历程，在系统审读全篇后，写下上述文字，与栋昌君分享之。

是为序。

许建业

2024 年 5 月 6 日于南京

序 三

在波澜壮阔的中国式现代化进程中，公共文化服务犹如绚丽的色彩，为这幅时代画卷注入了充满活力的文化底蕴，彰显了中华民族的文化自信与蓬勃生机。

当前，中国正处于实现全面建成小康社会和第一个百年奋斗目标之后，迈向全面建设社会主义现代化国家新征程，并向第二个百年奋斗目标迈进的重要时期。实现中华民族伟大复兴的愿景目标和建设社会主义文化强国的战略部署，体现在公共文化服务领域，就是要健全现代公共文化服务体系，创新实施文化惠民举措，推动公共文化服务高品质、均衡、开放及融合发展，更好地满足人民群众对精神文化生活的追求和对美好生活的向往。金栋昌教授团队新著《共同迈向高质量：公共文化服务领域的苏陕协作实践》，就是这一宏大背景下的研究成果，其对区域文化交流的深度思考和理论建构，形成了有别于公共文化服务传统研究的独特论域。

在中国广袤的土地上，每一片区域都孕育了基于自然环境和深厚人文传统的独特文化。地域之间的文化差别不仅体现在风俗、语言、艺术和饮食方面，更深刻地影响着人们的生活方式、思维方式和价值观念。江苏和陕西分别处于长江流域和黄河流域，江苏文化以水乡风情、诗文园林为代表，展现了江南文化的精致与灵秀；而陕西文化则以历史文化底蕴和民族文化交融为特点，彰显了黄河流域文化的厚重与多元。从历史上看，两地之间的商贸往来、文化交流从未间断。但直到1991年苏陕建立全面协作关系以后，两省之间的全方位协作才进入正式的制度性安排阶段，这也极大地促进了两省在产业合作、资源互补、劳务对接、人才交流、文化交流等诸多方面的战略合作。两省在公共文化制度建设、设施建设、人才交流培养、资源共建共享、文化艺术精品展演、文化服务品牌培育等方面合作的丰硕成果，又对双方全方位战略协作产生了积极影响。充分体现区域协调发展和共同富裕的国家意志，是本书的显著特征和独特价值。

苏陕协作的足迹遍布城市的繁华街道和乡村的宁静田野，从古老的艺术殿堂到现代的文化空间，处处都弥漫着文化的芬芳，记录着协作的力量。金栋昌教授团队的著作《共同迈向高质量：公共文化服务领域的苏陕协作实践》，以细腻的笔触和全新的历史视角，详细记录了苏陕协作从萌芽到高质量发展的历程，全景展示了苏陕在文化交流与合作方面的突出成就及深远影响。其对公共文化服务高质量发展、区域协调发展、精神生活共同富裕与中华民族现代文明建设之间内在关系的深刻剖析，为读者提供了一种观察和理解中国区域协调发展的全新视角，体现出作者对构建地域文化交流理论体系的学术自觉。

地域间的文化交流如同历史长河中流淌的清泉，跨越时空的限制，让各地文化珍宝得以汇聚一堂，在相互碰撞与融合中绽放出更加璀璨的光芒。作为陕西公共文化服务领域的研究者，我有幸见证这部以跨区域文化交流和协作为主题的著作诞生，并受邀为之作序。愿每位读者都能从本书中领略公共文化服务跨区域协作的独特魅力和不可估量的文化价值。

段小虎

2024 年 5 月 11 日于西安

目　录

第一章　研究缘起

党的二十大报告指出，要"健全现代公共文化服务体系，创新实施文化惠民工程"①。在新的历史时期，如何以公共文化服务高质量发展，让人民群众享有更加充实、更为丰富、更高质量的精神文化生活，保障人民群众基本文化权益，并满足人民群众对美好生活的新期待，成为理论与实践都必须思考的重要问题。公共文化服务跨区域协作是实现区域协调发展的重要途径，也是推动公共文化服务高质量发展、完善现代公共文化服务体系的重要方式。以高质量为主题，推动公共文化服务跨区域协作，能够有效促进公共文化服务均等化，实现区域协调发展。在新形势下，基于苏陕公共文化服务跨区域协作的实践探索和经验，探讨公共文化服务跨区域协作的理论内涵与实践价值，对于推进公共文化服务高质量发展具有重要意义。

第一节　基本概念

公共文化服务苏陕协作，是江苏和陕西两省协作总体框架下的文化协作过程。从理论上总结公共文化服务苏陕协作故事，需要厘清公共文化服务、跨区域协作与公共文化服务苏陕协作的基本概念，这是讲好公共文化服务苏陕协作故事的前提条件。

---

① 《习近平著作选读》第一卷，人民出版社 2023 年版，第 37 页。

一　公共文化服务

公共文化服务是公共服务在文化领域的一种表现形式，它具有与公共产品相同的非竞争性、非排他性和公共性等特点。公共文化服务概念的提出最早可追溯到 2005 年，党的十六届五中全会提出要"加大政府对文化事业的投入，逐步形成覆盖全社会的比较完备的公共文化服务体系"[①]，这是"公共文化服务"最早见诸中央文件。2007 年，中共中央办公厅、国务院办公厅印发的《关于加强公共文化服务体系建设的若干意见》明确指出，"公共文化服务体系建设"是深入贯彻落实科学发展观、从中国特色社会主义事业总体布局和全面建设小康社会全局出发提出的一项重要任务。2011 年党的十七届六中全会通过的《中共中央关于深化文化体制改革 推动社会主义文化大发展大繁荣若干重大问题的决定》明确指出，"让群众广泛享有免费或优惠的基本公共文化服务"，并将公共文化服务概括为保障人民群众读书、看报、看电视、听广播、进行公共文化鉴赏、参与公共文化活动等基本内容。但此时学术界关于公共文化服务概念，尚未形成统一认识，公共文化产品、公民文化权益和政策管理是其常见解读视角[②]。其中，公共文化产品视角偏向于经济学理念，强调公共文化服务就是以政府为主导，生产与提供文化产品的活动和制度体系等。周晓丽和毛寿龙认为："公共文化服务就是基于社会效益，不以营利为目的，为社会提供非竞争性、非排他性的公共文化产品的资源配置活动。"[③] 公共文化权益视角着重考虑公共文化服务作为一种政府产品，存在的合理性及满足公众需求的程度。王霞认为，公共文化服务体系就是以保障大众基本文化需求，满足大众的多层次、多样化、整体性的公共利益为目标的文化机构和服务的总称[④]。2015 年初，中共中央办公厅、

---

①　《中华人民共和国国民经济和社会发展第十一个五年规划纲要》，人民出版社 2006 年版，第 74 页。

②　陈昊琳：《基本公共文化服务：概念演变与协同》，《国家图书馆学刊》2015 年第 2 期。

③　周晓丽、毛寿龙：《论中国公共文化服务及其模式选择》，《江苏社会科学》2008 年第 1 期。

④　王霞：《论公共文化服务体系的构建》，《南阳师范学院学报》2007 年第 11 期。

国务院办公厅印发的《关于加快构建现代公共文化服务体系的意见》，根据国家经济社会发展水平和供给能力，首次提出了"建立基本公共文化服务标准体系"，并"明确国家基本公共文化服务的内容、种类、数量和水平"①。但对于什么是公共文化服务，官方政策文件中仍未给出明确说明。直到 2016 年《中华人民共和国公共文化服务保障法》的出台，以法律的形式将公共文化服务定义为"政府主导、社会力量参与，以满足公民基本文化需求为主要目的而提供的公共文化设施、文化产品、文化活动以及其他相关服务"②。《国家基本公共服务标准（2023 年版）》将基本公共文化服务概括为"7+1"个方面，即公共文化设施免费开放、送戏曲下乡、收听广播、观看电视、观赏电影、读书看报、少数民族文化服务、面向残疾人的基本公共文化服务③，公共文化服务内容体系日益健全。至此，公共文化服务的基本内涵在国家公共政策中得以清晰地界定。

"公共文化服务满足的是人类素质提升与自我发展的需要"④，具有兜底性、均等性、公益性以及共享性等基本特征。这源于两个方面：一是"公共文化服务由政府主导，主要由公共财政支撑"⑤ 所赋予的内在规定性；二是公共文化服务以全体公众为服务对象的内在要求。因此，公共文化服务不同于营利性文化产业，它更强调社会人民群众的文化权益，其主要目标在于"解决人民群众的基本文化利益问题，保证人民群众共享文化发展成果"⑥。必须注意的是，"公益性"并非指所有的公共文化产品和服务都是完全意义上的纯公共物品，而是按照公益性水平不同及排他化和竞争力程度，进一步细分为纯粹公益性质的公共文化服务、具有有限排他性的公共文化服务和具有有限竞争性的准公共文化服务⑦。通

---

① 《关于加快构建现代公共文化服务体系的意见》，人民出版社 2015 年版，第 7 页。
② 《中华人民共和国公共文化服务保障法》，中国政府网，https://www.gov.cn/xinwen/2016-12/26/content_5152772.htm。
③ 国家发展改革委等：《国家基本公共服务标准（2023 年版）》，中国政府网，https://www.gov.cn/zhengce/zhengceku/202308/content_6897591.htm。
④ 肖希明、唐义：《公共数字文化资源整合动力机制研究》，《图书馆建设》2014 年第 7 期。
⑤ 李国新：《对中国现代公共文化服务体系建设的思考》，《克拉玛依学刊》2016 年第 4 期。
⑥ 闫平：《试论公共文化服务体系建设》，《理论学刊》2007 年第 12 期。
⑦ 周晓丽、毛寿龙：《论中国公共文化服务及其模式选择》，《江苏社会科学》2008 年第 1 期。

常来说，准公共文化服务以营利为主要目的，社会公众在体验这一类公共文化服务时需要支付一定的费用，如收费性质的电影院、体育馆、电竞馆等，其受众面相对较窄，具有一定的门槛。而纯公共文化服务是由政府主导，以公共图书馆、文化站、科技馆、美术馆等文化设施空间为主要载体，以综合文化站、基层文化中心为基础提供的免费的、无偿的公共文化服务。这一类公共文化服务不是为了获取一定收益，而是为了实现公共文化服务的均等化，强调文化服务的兜底性、共享性以及便利性。有偿的准公共文化服务和免费的纯公共文化服务都是以社会公众异质性、多层次的文化需求为主线而提出的不同形式的公共文化服务，最终目的都是实现社会公众基本的文化权利，以及适应社会公众差异化的精神文化需要。

公共文化服务是公共服务的有机组成部分，具有公共性、公益性、均等性、基本性、共享性、便利性等特征，具体表现为以政府为公共文化服务的供给主体，民间企业和其他社会力量等积极参与经营，形成"政府、市场、社会共同参与公共文化服务体系的格局"[①]。通过公共文化服务设施空间合理再造、公共文化服务供给与需求的匹配、公共文化资源融合发展，为人民群众提供公共文化基础设施、活动、文化产品及相应公共服务，实现公共文化服务领域的帕累托最优。

二 跨区域协作

马克思认为："人的本质不是单个人所固有的抽象物，在其现实性上，是一切社会关系的总和。"[②] 这种社会关系是人与人在交往的过程中形成的，许多人在同一生产过程，或在不同的但相互联系的生产过程中有计划地协同劳动，形成了协作关系。协作就是基于共同目标而采取的集体行动，关系到多个利益主体。区域协作将这种社会关系拓展辐射到更广的范围，区域协作以区域经济一体化为推动力，而区域协作过程中

---

① 李国新、李斯：《现代公共文化服务体系实现跨越式发展》，《中国报道》2022 年第 10 期。
② 《马克思恩格斯选集》第一卷，人民出版社 2012 年版，第 135 页。

建立起来的制度和相关机制，又能够为经济的可持续发展提供制度保障，经济一体化和政治一体化相互促进、协同发展，最终形成良性循环①。跨区域协作运行"不仅是整个协作过程的一个环节，而且协作运行本身就是一个动态操作过程，是由不同的小环节构成的，每一个小环节又包括一系列的协作行动与协作产出"②。

　　结合以上学者的观点，我们认为跨区域协作是指不同地理位置的组织、团体或个人基于共同的目标和利益，通过正式或非正式的协议和机制，实现资源整合、能力互补、信息共享和风险分担的一种合作行为，具有目标性、制度性、动态协同性和持续性的特征。其中，目标性是指跨区域协作的双方或多方为实现经济发展、社会进步、资源共享、环境保护、文化交流传播等共同目标而聚集在一起的意愿，核心动力在于实现共同的发展目标。制度性是指跨区域协作通常受到国家或地方法律法规的支持与规范，协作双方或多方会制定并签署合作协议、管理办法、操作流程，通过联席会议、联络办公室、协调小组的形式，建立行之有效的协调机制，明确操作规范和制定行为指南，确保协作活动的顺利进行以及有序开展。动态协同性是指跨区域协作涉及经济、政治、文化、社会等多个方面，需要协调好这些层面之间的关系；动态协同性要求双方或多方以实际问题为导向，不完全拘束于协作框架，根据实践做出相应的动态调整，公平合理地分配资源、分享成果，确保各方的利益得到满足。持续性是指跨区域协作并不是一蹴而就的，可能无法在短时间内起到立竿见影的效果，要尊重协作过程中的周期规律，持之以恒地进行协调互动，确保协作各方的合法权益得到保障、协作成果得以惠及广大人民群众。

　　跨区域协作通常涉及跨学科、跨行业、跨部门和跨国界的合作，旨在提升整体效率、创新能力和竞争力，促进区域之间的协调发展和可持

---

① 赵海燕：《我国区域经济一体化进程中的合作治理论析——基于地方府际合作的视角》，《中外企业家》2010 年第 16 期。

② 孟华：《西方跨区域协作治理的理论分析框架——一个基于过程视角的文献综述》，《集美大学学报》（哲社版）2019 年第 3 期。

续性。在跨区域协作的过程中，要求具有明确的协作框架、高效的沟通渠道、有效的协调机制以及持续的评估和改进过程，从而确保各参与方能够在协作中实现互利共赢，共同推进项目或任务的顺利完成。

三 公共文化服务苏陕协作

苏陕协作是跨区域协作的生动实践，公共文化服务苏陕协作是苏陕协作领域拓展和协作程度深化的结果。公共文化服务苏陕协作是指江苏省和陕西省在公共文化服务领域开展的跨区域合作，旨在通过资源共享、优势互补、协同发展，推动两省公共文化服务高质量发展，满足人民群众日益增长的文化需求，促进文化事业和文化产业的共同繁荣。

自 1991 年干部交流叩开苏陕协作大门以来，苏陕两省之间协作的领域和深度不断拓展。进入 21 世纪以来，随着公共文化服务概念的提出与发展，公共文化服务协作也逐渐成为苏陕协作的重要内容。经过 30 多年的演变，两省的公共文化服务协作由萌芽向高质量发展的新征程持续迈进。从高位推动来看，公共文化服务苏陕协作是在江苏省委省政府与陕西省委省政府的领导下，基于苏陕协作的主体框架，实现资源、人才、文化、技术等的互动共享。公共文化服务苏陕协作截取了文化领域的公共文化服务部分，聚焦于两省人民群众最真实、最广泛的文化权益，通过协作实现文化资源的双向融通、文化成果的有机共享。从实施主体来看，苏陕两省公共文化服务协作的实施主体是两省的基层单位和公共文化服务中心。目前全国层面已经形成了六级公共文化服务网络，旨在推进公共文化服务的标准化和普惠化，苏陕协作经过长期发展也形成了"省级规划、市级引领、县级发力"的整体格局，以"市市结对子"与"县县结对子"为主要形式的协作方式极大地推动了双方的公共文化服务发展。基层单位作为贴近群众的最低行政层级，能够准确地反映人民群众的文化诉求，并且借势发力、精准施策，及时满足人民群众的文化需求；公共文化机构作为直接为人民群众提供公共文化服务的公益性机构，与人民群众的日常文化需求息息相关，通过协助基层单位和公共文化机构承担起为人民群众提供便捷性、普惠性公共文化服务的使命，极大地丰富两省人民的精神世界。从参与主体来看，社会组织是公共文化服务苏陕协作的有效补充。政府作为公共文化服务的供给主体，以满足居民基本文化需求为基础；公共文化机构既具备为两省群众提供基本公共文化服务的公益性职能，也具备提供特殊公共文化服务的职能；社会力量既包括企业等营利性主体，也包括志愿服务机构等非营利性主体，在公共文化服务苏陕协作的过程中，既有民间企业参与公共文化服务供给，也有社会组织的支援参与，它们激活了两省公共文化服务的发展活力。

文化资源互换、文化活动联合举办、文化项目共同投资、文化人才共育、文化品牌共建构成了公共文化服务苏陕协作的重要组成部分，在 30 余年的协作过程中，两省不断加深交流沟通与联系，并建立相应的合作机制和管理体制，确保协作活动有序进行，促进双方公共文化服务协作的良性展开。

第二节　研究意义

共同富裕是社会主义的本质特征，推动公共文化服务跨区域协作是精神生活共同富裕的重要途径。基于公共文化服务苏陕协作丰富的实践内容，从理论层面对其成效、经验以及发展路径等内容进行阐释，对于丰富精神生活共同富裕理论、推动公共文化服务高质量发展、实现区域协调发展，具有理论与实践双重价值。

一　研究背景

习近平总书记指出，"共同富裕是社会主义的本质要求，是中国式现代化的重要特征"[①]，并多次强调要扎实推进共同富裕，要求"到 2035年，全体人民共同富裕取得更为明显的实质性进展"[②]，这标志着"共同富裕从一种理念转变为一种国家发展阶段的目标，并将这一目标付诸行

[①] 《习近平：共同富裕是社会主义的本质要求，是中国式现代化的重要特征》，求是网，http://www.qstheory.cn/zhuanqu/2021-08/22/c_1127784024.htm。

[②] 习近平：《扎实推动共同富裕》，《共产党员》2021 年第 21 期。

动"①。党的十九届六中全会进一步强调"全面深化改革开放，促进共同富裕"②。在现代化的进程中，共同富裕的提出可以追溯到 20 世纪 80 年代。改革开放初期，面对中国经济发展整体落后，且区域发展极度不均衡、东西部发展差距扩大的局面，改革开放的总设计师邓小平同志创造性地提出了"共同富裕"思想，他认为可以先让一部分人、一部分地区富起来，以带动和帮助落后的地区，从而逐步实现共同富裕的根本目标。在 1985 年中国共产党全国代表会议上，邓小平同志指出"鼓励一部分地区、一部分人先富裕起来，也正是为了带动越来越多的人富裕起来，达到共同富裕的目的"③，并认为"社会主义最大的优越性就是共同富裕，这是体现社会主义本质的一个东西"④。区域发展不平衡是中国实现共同富裕道路上的短板，而"共同富裕是新时代解决中国社会主要矛盾的重要抓手"⑤。近年来，为了进一步推动共同富裕建设，着力解决区域发展不平衡的现实问题，党中央陆续出台了《关于建立更加有效的区域协调发展新机制的意见》《关于新时代推进西部大开发形成新格局的指导意见》等一系列利好政策。党的二十大报告中提出要"深入实施区域协调发展战略"，为进一步优化区域发展格局、缩小地区差异、实现区域之间的共同富裕提供了明确的政策遵循。

在全面推进共同富裕的战略背景下，苏陕协作是党中央共同富裕战略的重要实践。自 1991 年以来，从苏陕两省在全国范围内率先探索跨省干部交流、互派干部挂职锻炼揭开了两省协作序幕，到 1996 年正式成为中央确定的东西部扶贫挂钩协作省份，再到"十四五"苏陕协作向全方位战略合作升级，苏陕协作已有 30 多年历程。在这一过程中，随着东西部协作的结对关系两次调整，苏陕两省合作从江苏对陕西的单向帮扶向

---

① 李实：《共同富裕的目标和实现路径选择》，《经济研究》2021 年第 11 期。
② 《中国共产党第十九届中央委员会第六次全体会议公报》，人民出版社 2021 年版，第 16 页。
③ 《邓小平文选》第三卷，人民出版社 1993 年版，第 142 页。
④ 《邓小平文选》第三卷，人民出版社 1993 年版，第 364 页。
⑤ 刘培林、钱滔、黄先海等：《共同富裕的内涵、实现路径与测度方法》，《管理世界》2021 年第 8 期。

两省之间的双向合作转变，逐渐实现了多渠道和全方位的合作共赢，并在扶贫帮困、干部交流、捐资助学、人才培训、劳务合作、文化建设等方面取得了明显成效，苏陕协作关系也不断深化。特别是 2016 年以来，习近平总书记先后主持召开东西部扶贫协作座谈会、深度贫困地区脱贫攻坚座谈会和打好精准脱贫攻坚战座谈会，多次强调东西部扶贫协作和对口支援的重要意义，强调这是"推动区域协调发展、协同发展、共同发展的大战略，是加强区域合作、优化产业布局、拓展对内对外开放新空间的大布局，是实现先富帮后富、最终实现共同富裕目标的大举措"①。在习近平总书记关于东西部协作理念的引领下，2017 年江苏省 10 个市 52 个县（市、区）与陕西省 10 个市 56 个贫困县（区）分别建立结对帮扶关系（见附表 1），助力陕西脱贫攻坚，苏陕协作关系也进一步深化。

　　文化领域的交流合作是苏陕协作的重要领域和内容。2018 年苏陕两省签署了《江苏省文化厅 陕西省文化厅 文化交流合作框架协议》，共同推进两省在艺术创作生产交流合作、公共文化服务体系建设、文化产业发展、非物质文化遗产保护利用传承、文化市场监管、文化艺术人才交流培训以及合作工作机制等方面的协作发展。特别是在公共文化服务领域，两省在基层综合性文化服务中心建设、公益性文化事业单位法人治理结构改革、文化馆图书馆总分馆制建设等方面进行了广泛的交流合作，开展了形式多样的活动，为推动苏陕两省公共文化服务体系建设和高质量发展提供了重要支撑。例如，在南通举办的"苏陕推动现代公共文化服务体系建设东西部对口研修班"、在苏州举办的"苏陕对口协作——公共图书馆服务创新研修班"以及在南京市开展的"2019 年苏陕图书馆协作座谈会"等，都为苏陕两省公共文化服务创新经验交流与合作提供了助力。苏陕书屋、苏陕图书馆协作论坛以及苏陕文化馆联盟等也成为推动陕西省公共文化服务高质量发展的重要抓手。

　　新时代赋予新使命，新起点开启新征程。"十四五"时期既是公共文化服务高质量发展的关键时期，又是深化区域协调发展、推动实现人民

---

① 《习近平关于社会主义经济建设论述摘编》，中央文献出版社 2017 年版，第 231 页。

群众精神生活共同富裕目标的重要发力期。多年来，"苏陕协作"通过深化合作、发挥两省比较优势，在促进双方公共文化服务体系高质量发展、深化文化领域交流合作等方面取得了较为突出的成效，也为深化区域协作、推进共同富裕贡献了力量。但在高质量发展新阶段，如何放大公共文化服务苏陕协作实践经验，以文化协作的示范效应辐射更广泛的协作领域，推动苏陕协作高质量发展成为亟待思考的问题。这就要求从理论层面及时总结、凝练、阐释公共文化服务苏陕协作的突出成果和有益经验，探析新时代苏陕协作推进公共文化服务高质量发展的内在逻辑，并从实践层面结合公共文化服务苏陕协作的新形势和新要求，持续健全现代公共文化服务体系，提升两省公共文化服务水平，满足广大人民群众文化生活需求，助力实现精神生活共同富裕的发展目标。

二　研究价值

基于苏陕协作丰富的实践内容，系统总结公共文化服务苏陕协作实践经验，讲好苏陕协作故事，具有理论和实践双重价值。从理论层面来看，从两省公共文化服务协作实践出发探讨公共文化服务跨区域协作议题，有利于丰富文化共生理论的内涵，促进文化与社会的协调发展，为区域协调发展理论增加文化意蕴，并拓展公共文化服务高质量发展的理论空间。从实践层面来看，总结公共文化服务苏陕协作的前期经验，梳理新时代协作发展面临的总体形势和发展困境，有利于为新时代推动苏陕协作走深走实以及苏陕公共文化服务高质量发展提供新思路。

（一）理论价值

1. 丰富文化共生理论

文化共生是共生理论在文化领域的应用，主要表现为不同文化间的多元化存在。其中，"共生"一词源于希腊语，由德国生物学家德贝里（Anton De Bary）于1879年提出，是指由于生物生存的需要，它们之间必然按照一定的模式相互依存和相互作用，从而形成共同生存、协同进化的共生关系。文化是人类社会特有的现象，贯穿于人类社会的各个领域，"任何文化都是人的本质力量的展现"①。"共生"不是"融合"，也不是简单的和平共处，而是保持并发展各自独特优势，相辅相成，齐头并进。文化共生主要是指"不同民族、不同区域间的文化多元共存、相互尊重、兼容并包、相互交流和协调发展的文化形态"②。苏陕两省文化发展具有明显的差异，以苏陕协作促进区域文化资源的有机融合与交流创新的过程，与文化共生的理论内涵具有高度的耦合性。基于公共文化服务苏陕协作实践，探讨不同区域文化如何在协作过程中交流、融合与共栖共存，不仅能够拓展文化共生理论的应用场景，还有助于丰富文化共生的理论内涵和实践样态，突破不同区域文化堕距，追寻文化共生的和谐状态。

2. 促进文化与社会的协同

文化是社会的组成，社会因文化的出现而发展，文化与社会相互关联、相互渗透、相互作用。公共文化服务苏陕协作过程在价值属性、功能属性以及实践动能等维度具有一体性，系统探讨公共文化服务苏陕协作问题，有利于从理论层面促进文化与社会的协同。从价值属性看，公共文化服务苏陕协作在践行社会主义核心价值观方面具有重要作用。这种生成于中国特色社会主义实践过程、反映中国人民根本利益、被中国人民所共同认同的价值观，"广泛凝聚多方共识，成为全国各族人民团结奋斗的共同思想基础"③。厘清苏陕两省如何通过公共文化服务协作，强化公共文化服务的文化价值属性，实现不同文化的相互借鉴和融合，对于进一步以社会主义核心价值观增强人民精神力量，满足两省群众的精神文化需求具有重要意义。从功能属性看，文化是社会的灵魂，充分发挥文化效能是促进文化与社会协同发展的重要抓手，更是推动社会向前发展的重要力量。从理论层面探讨公共文化服务苏陕协作如何通过文化

---

① 殷安阳：《关于马克思主义文化理论的几个认识问题》，《学习与实践》2007 年第 3 期。
② 王淑婕、顾锡军：《安多地区宗教信仰认同与多元文化共生模式溯析》，《西藏研究》2012 年第 3 期。
③ 孙伟平、贺敏：《培育社会主义核心价值观 铸牢共同思想基础》，《人民教育》2023 年第 23 期。

资源共享、项目合作，打破地域界限，使跨区域文化资源得以更充分地配置利用，有利于发挥跨区域协作过程中文化治理的优势，进一步满足不同地区人民的文化需求，从而为深化苏陕两省的文化交流与融合、增进相互了解和认同、促进文化的普及和社会的均衡发展、形成文化认同感和社会凝聚力提供理论支撑。从实践动能看，公共文化服务苏陕协作驱动了公共文化服务体系完善创新。从理论维度考察苏陕两省在协作过程中多元主体功能发挥的机制，有利于在公共文化服务高质量发展过程中，探索数字化服务、社会化运营等新的服务模式和管理机制，提高公共文化服务的效率和质量，为形成政府主导、市场运作、社会参与的多元化治理格局提供理论借鉴。

3. 丰富区域协调发展战略的文化内涵

以经济建设为逻辑主线，中国的区域协调发展战略总体经历了"以重大项目促重点建设、以试点探索促分工协同、区域协调发展战略全面实施、区域协调发展战略高质量发展"① 四大阶段，并完成了从区域平衡发展到区域非均衡发展，再到区域协调发展的历史转变。公共文化服务苏陕协作是区域协调发展战略重要组成部分，在缩小东西部文化发展差距、促进文化事业和文化产业协同发展等方面发挥了重要作用。从缩小区域文化差距来看，江苏省作为经济发达地区，拥有丰富的文化资源和先进的文化服务体系，而陕西省则拥有深厚的历史文化底蕴和丰富的民族文化资源，二者协作能够将江苏先进的文化理念和服务模式引入陕西，推动陕西文化事业的发展；同时陕西向江苏输出独特的文化资源和艺术魅力，实现文化资源的互补和共享，二者的良性互动与资源互补有助于缩小两省之间的文化发展差距，促进区域文化的均衡发展。从文化事业与产业的协同发展看，"文化事业和文化产业'双轮驱动'、全面发展是我们党推进文化建设的重要内容，是建设社会主义文化强国的重大任

---

① 魏华、丁思薇：《以新发展理念推动共同富裕：实施区域协调发展战略的历史演进和政策路径》，《天津师范大学学报》（社会科学版）2024 年第 1 期。

务"①。苏陕两省在文化产业领域有着各自的优势和特色，通过协作可以实现资源共享和市场拓展，共同打造文化旅游品牌，开发文化创意产品，推动文化产业与旅游、科技等行业的融合发展，形成新的经济增长点，推动文化产业的协同发展。讲好苏陕协作故事亦是区域协调发展战略的生动实践。公共文化服务苏陕协作，是中国区域协调发展战略在文化领域的生动实践，不仅促进了文化资源的优化配置和共享，体现了文化在推动区域协同、促进社会和谐中的重要作用，而且成为区域协调发展战略向更大范围、更宽领域和更深层次拓展的文化探索。从理论维度剖析公共文化服务苏陕协作实践过程，有利于丰富区域协调发展的文化内涵，为区域协调发展注入了强大文化源动力。

4. 拓展公共文化服务高质量发展的理论空间

"十四五"时期是公共文化服务高质量发展的新阶段，这意味着公共文化服务不仅要满足《中华人民共和国公共文化服务保障法》中关于基本公共文化服务供给的要求，还要坚持"品质、均衡、开放、融合"的发展原则，多元协同，动态优化公共文化服务理论机制与服务模式。公共文化服务苏陕协作通过区域间文化资源的优势互补与资源整合，强调以跨区域的文化合作来打破传统的行政边界，摆脱传统单一主体服务的局限，有利于促进文化资源要素有效流动和共享，提升公共文化服务的整体效能和覆盖面，为公共文化服务的均衡化发展提供了新的思路。从品质化角度看，单纯的文化服务供给已无法满足人民群众日益增长的文化需求，必须转向提升服务质量和效益。公共文化服务苏陕协作通过引入先进的文化服务理念和技术，推动服务模式的创新，提高服务的个性化、差异化水平，从而提升公共文化服务的整体质量和效益。从均衡化角度看，两省通过互补性合作，促进文化资源的优化配置，能够有效减少区域、城乡公共文化资源配置的不均衡现象，缓解双方基层的公共文化服务压力，实现公共文化服务的普惠性和平等性。从开放化角度看，通过跨区域合作，两省互相学习对方的文化特色和服务经验，促进文化

---

① 范周：《推进文化事业和文化产业全面发展》，《红旗文稿》2022 年第 9 期。

的交流与传播，丰富各自的文化内涵。协作过程中的文化交流与互动，为文化创新提供了良好的土壤和条件，有助于产生新的文化形态和服务模式，推动公共文化服务的持续创新和发展。从融合化角度看，公共文化服务嵌入基本文化服务领域是满足人民高品质文化需求的必然要求，更是当代文化经济发展的重要趋势，公共文化服务苏陕协作促进文化与旅游、教育、科技等产业的融合，拓展了文化服务的领域和范围，也为文化产业的发展带来了新的动力和机遇。相较于一般理论研究关注地区内部公共文化服务高质量发展的逻辑和机制而言，公共文化服务苏陕协作过程为新时代公共文化服务高质量发展提供了跨区域协作的视角，为探索公共文化服务高质量发展的实践路径提供了有益的理论借鉴，有助于拓展公共文化服务高质量发展的理论空间。

（二）实践价值

1. 有利于提升文化人才素养

"创新是现代社会发展的核心动力和引擎，人才是推动知识、科学、技术、产业和经济等领域创新的第一资源。"[①] 公共文化服务苏陕协作的模式打破了地域限制，为两省文化人才交流提供了广阔的平台。一是文化资源为文化人才培养提供了广阔平台。江苏的现代文化产业发达，为文化人才提供了更多的就业机会和创业平台；陕西的历史文化底蕴深厚，为文化人才提供了更多的研究和创作素材。通过协作有助于实现人才资源的互补和共享，让不同文化人才在不同的文化环境中找到适合自己的发展方向，实现个人价值的最大化。二是文化协作提供更多的文化实践机遇。人才是文化软实力的重要支撑，通过协作，双方可以共同制定人才培养计划，培养具备跨文化交流能力和创新精神的文化人才。双方通过联合举办培训班、研讨会等活动，使文化人才能够接触到更广阔的知识领域和实践经验，提升自身的专业素养和综合能力。同时，协作支持鼓励文化人才参与到对方的文化项目和活动中，亲身感受不同文化背景下的工作环境和创作氛围，拓宽视野，增强创新能力。三是文化实践机

---

① 孙上茹：《跨学科：博士生创新能力培养的基本路向》，《当代教育论坛》2023 年第 1 期。

制强化文化人才社会责任感。双方通过互派干部开展交流学习参与公共文化服务协作，不仅能够提升自身的专业素养和综合能力，还能够为社会做出贡献。在交流学习过程中，文化工作者能够打开工作思路，先进观点、模式、经验让文化工作者在获取新知的同时，发挥主观能动性与积极创造性，通过参与当地的公益活动、志愿服务等方式，更好地体验服务的差异，总结真实的体验，不断回馈社会，增强社会责任感。

2. 有利于增强协作双方的文化软实力

习近平总书记指出："文化软实力集中体现了一个国家基于文化而具有的凝聚力和生命力以及由此产生的吸引力和影响力。"① 公共文化服务领域"文化软实力的构成要素包括文化凝聚力、文化吸引力、文化创新力、文化整合力和文化辐射力"②。通过跨区域协作的方式，苏陕两省共同挖掘和弘扬各自的文化特色与文化内涵，以双方共同的发展目标增强文化凝聚力，以各自的文化特色增强文化吸引力，以文化人才共育增强文化创新力，以文化资源共享增强文化整合力，以文化协作案例（成果）增强文化辐射力。在共同目标的驱动下，双方致力于提升公共文化服务水平。从江苏角度看，江苏作为经济发达地区，拥有较为先进的文化服务体系和丰富的现代文化资源，通过公共文化服务协作，江苏能够更清晰地了解陕西红色文化、黄河文化、汉水文化、秦岭文化、巴山文化内涵，借助其发达的经济和科技优势，助力陕西在文化遗产的数字化保护、文化产品的创新开发等方面取得突破，提升陕西文化的现代传播力和影响力，并使陕西的文化元素在江苏绽放。从陕西角度看，陕西拥有深厚的历史文化底蕴和众多的文化遗产，通过协作既有利于这些文化资源"走出去"，也有利于将文化人才、文化技术、文化经验等"引进来"，通过持续举办合唱、广场舞、诗歌朗诵、音乐会、书画摄影展等形式多样的文化活动，促进文化交流与融合，不断提升双方公共文化服务的专业

---

① 《习近平关于社会主义文化建设论述摘编》，中央文献出版社 2017 年版，第 198 页。
② 肖希明、石庆功：《文化软实力视角下中国图书馆学教育发展研究》，《中国图书馆学报》2023 年第 4 期。

化和系统化水平。围绕空间共建、资源共享、品牌建设、人才共育等层面，不断放大两省公共文化服务的功能属性与价值属性，采取多元化的方式助推苏陕两省文化软实力的持续提升，为推动中华文化的传承与发展贡献力量。

3. 有利于促进文化传承创新

习近平总书记指出："中华文明的创新性，从根本上决定了中华民族守正不守旧、尊古不复古的进取精神，决定了中华民族不惧新挑战、勇于接受新事物的无畏品格。"① 公共文化服务苏陕协作突破了以往区域协作聚焦于"扶贫与经济"层面的领域桎梏，聚焦于"公共文化服务"的深层次精神协作层面。这既印证了两省协作关系的持续深化，又是促进文化交流融合与创新发展的重要契机。对江苏省而言，陕西省在充分利用现代数字技术推动传统文化保护传承发展方面的经验，有利于江苏省传统文化的保护传承弘扬。例如，央视龙年春晚陕西西安分会场《山河诗长安》，通过 AR 技术让"李白"穿越时空与现场观众一起吟诵《将进酒》，让更多人体验到古老的文化场景，彰显了"数字+文旅"的爆发力。对陕西省而言，江苏省在文化惠民工程、城市书房、农家书屋等公共文化服务领域的创新实践，也为陕西省公共文化服务高质量发展提供了实践借鉴。例如，江苏省在书屋建设中融入图书借阅、传统文化体验、旅游信息查询、文化志愿服务、资讯交流分享等功能，极大丰富了人民群众精神文化生活体验，实现了从"公共文化服务最后一公里"向"公共文化服务最美一公里"的华丽转变。此外，江苏省的大运河文化、海洋文化、长江文化、江南文化与陕西省的红色文化、黄河文化、秦岭文化、黄土文化交相辉映，婉转与深沉有机互鉴，在历史文化积淀、艺术风格、民俗习惯等方面各具特色，构成了文化传承和创新的宝贵财富。以苏陕协作有效整合两省的文化资源，促进两省文化共享和交流，有利于促进双方文化元素相互传播，进而实现文化的传承创新，增强文化的生命力和影响力。

---

① 习近平：《在文化传承发展座谈会上的讲话》，《求知》2023 年第 9 期。

第三节　研究现状

本书尝试从理论层面对公共文化服务苏陕协作实践进行系统总结和分析，以提炼跨区域公共文化服务协作的苏陕经验，为新时代跨区域协作和公共文化服务高质量发展提供理论借鉴和思路参考。因此，有必要对区域协调发展、公共文化服务以及公共文化服务跨区域协作相关理论研究进行梳理，从理论上拓展本书的创新空间，以及为后续研究奠定理论基础。

一　区域协调发展相关研究

区域协调发展是缩小区域差距、实现共同富裕的有力抓手。本部分从区域协调发展的内涵、测度方法、保障机制与实现路径等方面梳理了区域协调发展的理论现状，以此溯源，为讲好公共文化跨区域协作故事提供理论支持。

（一）区域协调发展的内涵

国内对区域协调发展的研究最早可追溯到 1991 年国务院发展研究中心开展的"中国区域协调发展战略研究"课题。1996 年，国家"九五"计划中首次将"促进区域经济协调发展"作为重要的国民经济发展方针，这标志着区域协调发展战略上升至国家战略高度。此后，关于区域协调发展的研究不断增多，但学术界尚未形成对区域协调发展概念的统一认识。代表性观点主要包括以下几种。一是强调区域协调发展的状态，如彭荣胜将区域协调发展定义为地区和地区之间经济的来往逐渐密切起来、互通有无，区域内的分工逐渐明确合理，进而达到经济相互协调、相互合作、相互促进的状态①。二是以地域为基本单元，强调区域发展差距的缩小②。三是强调区域内经济、社会、生态等子系统之间的协调发展，强

---

① 彭荣胜：《区域经济协调发展内涵的新见解》，《学术交流》2009 年第 3 期。
② 庞玉萍、陈玉杰：《区域协调发展内涵及其测度研究进展》，《发展研究》2018 年第 9 期。

调系统内部各要素的良性互动关系，达到不同要素耦合协调的状态。四是强调区域协调发展是一种发展过程，这一过程包含了"区域经济联系日益紧密、区域分工更加合理、经济社会发展差距逐渐缩小并趋向收敛、整体经济效率持续增长"[1] 等特征。这些观点从不同视角体现了区域协调发展的基本内涵，包含了人与自然之间的协调、人与人之间的协调以及不同区域之间的协调三个层次，其结果维度上强调发展基础上的区域差距缩小，过程维度上强调各要素、多主体之间的协同与合作，最终实现"共同富裕"的发展目标。2016 年国家发展改革委印发的《关于贯彻落实区域发展战略促进区域协调发展的指导意见》提出，区域协调发展内涵应包含"要素有序自由流动、主体功能约束有效、基本公共服务均等和资源环境可承载"[2] 四个方面，这与学术界关于区域协调发展的基本理念具有较高的一致性。

国外学术界没有与"区域协调发展"直接对应的研究话题，但国外学术界探讨的"区域趋同"（Convergence）与"区域协调发展"具有一定的相似性，能够为理解区域协调发展提供理论借鉴。区域趋同指地区间或国家间的收入差距随时间的推移存在减少的趋势。丹尼斯·古雷特认为区域趋同应包括生存、自尊和自由三个核心内容。在推动区域趋同的过程中，西方涌现出了区域经济均衡增长理论、区域分工与协作理论、区域空间结构理论、公共服务均等化理论，其中代表性的有：纳尔逊的"低水平均衡陷阱"理论、赫希曼的不平衡增长理论、威廉姆森的倒 U 型假说、区域经济空间一体化理论、环境库兹涅茨曲线理论、罗尔斯公平理论、马克思与恩格斯的社会公平理论。

（二）区域协调发展的测度方法

如何客观测度区域协调发展水平是学术界共同关注的重要问题，其实质是通过构建特定的指标体系来测量不同领域的发展水平，并以此反

---

① 覃成林、姜文仙：《区域协调发展：内涵、动因与机制体系》，《开发研究》2011 年第 1 期。

② 中华人民共和国国家发展和改革委员会：《关于贯彻落实区域发展战略促进区域协调发展的指导意见》，中国政府网，https://www.gov.cn/gongbao/content/2017/content_5194894.htm。

映区域协调发展的总体水平。总体来看，学术界主要是从经济、社会、人口、资源、环境等维度来构建区域协调发展的评价指标体系，特别是经济领域，经济指标较为直观且便于测量，是区域协调发展评价研究中最为常见的表征性指标①。在早期的研究中，由于数据获得有限，大多采用单一指标来构建区域协调发展评价体系。例如，高志刚在对新疆南、北、东三个区域的经济发展状态的评价中，使用了人均 GDP、人均财政收入、GDP 增速等指标数据②。随着研究的逐渐深入，学术界开始采用复合指标体系来测评区域协调发展水平，且指标涉及维度也越来越广泛。例如，2003 年国家发展改革委宏观经济研究院较早从人均可支配收入（基尼系数、收入差距、恩格尔系数等）、人均可享有基本公共服务（基本口粮、卫生饮水、电力、教育、卫生等）以及地区发展保障条件（就业率）等维度构建了区域协调发展指标体系；李尊实等和张佰瑞分别从资源、环境、经济和社会四个系统设计了区域发展评价指标体系③；陈秀山和杨艳则认为应该包括"地区比较优势偏离度、区域差距、基本公共服务均等化以及地区市场一体化四个方面"④；张燕和魏后凯建立了"经济发展、生活水平、社会进步、环境友好四个方面的 12 个指标，构建了区域协调发展模型，设置了区域协调发展的评价标准"⑤。在具体测度方法使用上，主成分分析法、线性加权法、聚类分析法、模糊数学思想、层次分析法、标准差、离差系数、集中指数等都是常见的分析方法，而且学者们在具体测评过程中常常强调多种基础方法的组合使用，从而提高测评结果的科学性和合理性。值得一提的是，区域协调发展水平测度方法的变化过程实质上是学术界对区域协调发展内涵的深化与发展的过

① 庞玉萍、陈玉杰：《区域协调发展内涵及其测度研究进展》，《发展研究》2018 年第 9 期。
② 高志刚：《新疆区域经济协调发展的机制研究》，《新疆教育学院学报》2002 年第 3 期。
③ 李尊实、张炜熙、高铭杉：《区域发展协调度评价》，《经济论坛》2006 年第 12 期；张佰瑞：《我国区域协调发展度的评价研究》，《工业技术经济》2007 年第 9 期。
④ 陈秀山、杨艳：《区域协调发展：回顾与展望》，《西南民族大学学报》（人文社科版）2010 年第 1 期。
⑤ 张燕、魏后凯：《中国区域协调发展的 U 型转变及稳定性分析》，《江海学刊》2012 年第 2 期。

程，新的标准体系的提出和构建都是学术界对区域协调发展理论的重新审视和思考的结果，体现了学术界对区域协调发展理论不断审视更新的过程。

（三）区域协调发展机制研究

对区域协调发展机制的分析也是区域协调发展理论研究的重要问题。总体来看，学术界认为区域协调创新机制在遏制区域分化、规范区域开发秩序、推动区域一体化发展中发挥了积极作用。姜晓晖结合"粤桂模式"，提出"'初始条件—政策牵引—催化领导—协作过程—监督问责'的分析框架，尝试调适纠偏、重建协作机制"[1]；陈世海指出"东西部协作新模式必须有协作机制、合作领域、帮扶要素"[2]。对于区域协调发展机制的研究存在两种分异。一种是只侧重于强调单一机制的作用，如市场经济制度[3]、区域互动机制[4]、区际补偿机制[5]、财政平衡机制[6]，在这些机制的作用下，区域能够向着更好的方向协调发展，但区域协作作为一个大系统，内部的各要素相互联系、相互制约，需要有机平衡系统内的各种要素。另一种强调多种机制的动态协同与持续作用。覃成林、姜文仙认为，应尝试建立由市场机制、空间组织机制、合作机制、援助机制、治理机制组成的协调发展机制体系[7]；魏后凯和高春亮提出了"市场机制、补偿机制、扶持机制、合作机制、参与机制、共享机制"[8] 六位一体的机制体系。

（四）区域协调发展的实现路径

改革开放以来，中国逐渐形成了"沿海-内陆"的发展格局，区域发

---

① 姜晓晖：《跨域治理下的扶贫协作何以优化？——基于粤桂扶贫协作的图景变迁》，《兰州学刊》2020 年第 3 期。

② 陈世海：《"三个全覆盖"探索东西部扶贫协作新模式》，《当代贵州》2019 年第 40 期。

③ 樊明：《建立制度优势 实现跨越式发展》，《郑州日报》2006 年 8 月 25 日，第 11 版。

④ 范恒山：《区域政策与区域经济发展》，《全球化》2013 年第 2 期。

⑤ 孔凡斌、陈胜东：《新时代中国实施区域协调发展战略的思考》，《企业经济》2018 年第 3 期。

⑥ 孙志燕、侯永志：《对中国区域不平衡发展的多视角观察和政策应对》，《管理世界》2019 年第 8 期。

⑦ 覃成林、姜文仙：《区域协调发展：内涵、动因与机制体系》，《开发研究》2011 年第 1 期。

⑧ 魏后凯、高春亮：《新时期区域协调发展的内涵和机制》，《福建论坛》2011 年第 10 期。

展呈现出非均衡的总体特征，"虹吸效应"与"带动效应"在区域的协同发展过程中呈现出两种不同的增长外部性，"东南-西北"的梯度发展格局也日益显现，为有效缩小区域发展差距，学术界从理念革新、职能转变方面提出了区域协调发展的可行路径。

从理念更新的角度来看，发展理念的革新决定了发展战略的选择。"区域协调的过程实质是追求区域一体化乃至世界一体化的过程"[1]，从本质上而言是一种价值选择，即在一定时期对效率和公平的均衡和取舍。中国区域发展总体历程大致见证了区域协调发展的理念革新，从"非均衡发展"到"协调发展"，在共同富裕的总目标牵引下，缩小区域差距，提升协作效率成为第一原则，在这个过程中要树立新发展理念，牢记发展是第一要务[2]，注重地区间的"发展机会趋于均等，发展利益趋于一致"[3]，在区域发展过程中，要"更加注重跨区域合作的机制性安排"[4]，机会平衡是底线要求，能力平衡是基本要求，结果平衡是最高要求。从职能转变的角度来看，区域协调发展的核心关键在于处理好"有形的手"与"无形的手"的发展关系，市场与政府各司其职，确保资源的有效配置。政府应当"树立服务型政府的理念，通过加强教育、科研和职业培训提高落后地区人口素质"[5]，加大对"中西部和老少边穷地区在科技资源配置、资金投入、人才培养、制度创新等方面的支持力度"[6]，努力"推动区域基本公共服务均等化进程"[7]。实现区域协调发展要"健全国家基本公共服务制度体系，注重加强普惠性、基础性、兜底性民生建设，

---

① 吴殿廷、何龙娟、任春燕：《从可持续发展到协调发展——区域发展观念的新解读》，《北京师范大学学报》（人文社科版）2006 年第 4 期。

② 安虎森、李俊：《新时代以人民为中心的区域平衡发展研究》，《南京社会科学》2018 年第 3 期。

③ 徐康宁：《区域协调发展的新内涵与新思路》，《江海学刊》2014 年第 2 期。

④ 孙志燕、侯永志：《更有效发挥区域政策在推动经济转型中的作用》，《发展研究》2017 年第 12 期。

⑤ 王霞、孙中和：《美国区域协调发展实践及对中国的启示》，《国际贸易》2009 年第 7 期。

⑥ 王业强、魏后凯：《"十三五"时期国家区域发展战略调整与应对》，《中国软科学》2015 年第 5 期。

⑦ 孙久文：《论新时代区域协调发展战略的发展与创新》，《国家行政学院学报》2018 年第 4 期。

保障群众基本生活"①。国家先后实施了"精准扶贫、乡村振兴、对口支援、'一带一路'建设、'双循环'新发展格局构建等一系列政策措施"②，加大农村公共服务体系建设的财政投入力度，缩小收入差距，加速"提升城乡地区生产要素流动，推动区域间产业协同，配合财政转移支付政策，实现区域经济发展差异的逐步收敛"③，最终实现共同富裕的发展目标。

二　公共文化服务相关研究

对公共文化服务的研究广泛分布于政治、经济、文化、社会等多个学科领域，学术界从不同研究视角对公共文化服务的内涵、属性、价值意义、供给模式、社会化参与、均等化、数字化以及高质量发展等一系列问题展开了充分的讨论。前述对公共文化服务基本概念的梳理基本回答了公共文化服务的内涵、属性以及价值意义等问题，故不再赘述。

在供给模式方面，学术界主要持三种不同观点。第一种观点认为政府作为公共文化服务的承担者，其任务不仅仅是提供直接的文化服务，更重要的是保证公共文化服务得到提供以及保证公民的文化权利得到实现④，强调以政府为主导的公共文化服务发展模式。第二种观点认为应发挥市场在文化活动和文化服务供给方面的作用，将公共文化事业推向市场⑤。但单纯强调政府或市场的作用可能会面临政府失灵或市场失灵的困境，因此，有学者提出第三种观点，即构建政府、社会、市场等多元主体协同供给的模式⑥，形成高校领办、政府负责、社会组织参与的治理共

①　常露露：《区域协调发展视角下城乡公共服务均衡化发展的路径选择》，《区域经济评论》2022 年第 2 期。
②　刘应杰、陈耀、李曦辉等：《共同富裕与区域协调发展》，《区域经济评论》2022 年第 2 期。
③　白彦：《从区域均衡发展迈向共同富裕》，《人民论坛》2023 年第 13 期。
④　张波：《政府公共文化服务职能创新研究》，博士学位论文，吉林大学，2009 年。
⑤　傅才武、陈庚：《我国文化体制改革的过程、路径与理论模型》，《江汉论坛》2009 年第 6 期。
⑥　周晓丽、毛寿龙：《论我国公共文化服务及其模式选择》，《江苏社会科学》2008 年第 1 期。

同体①。

在社会化参与方面，学术界主要对社会化参与的主体、参与模式及必要性等问题进行了探讨。杨亚波认为，"市场力量、公众和社会组织是公共文化服务产品供给机制中不可缺少的主体"②，常见的社会化模式包括捐赠、合作、志愿服务等方式。王子舟在总结图书馆社会化模式时发现主要有"独立建馆办馆、捐资建馆与捐书助馆、与公共图书馆合作、志愿者服务"③ 四种模式。李国新提出要"全面、准确落实和践行公共文化服务社会化发展，建设'公共文化服务共同体'"④。在社会化参与的必要性方面，学术界也从缓解政府财政压力、促进供给主体多元化、提升公共文化服务供给能力等多个方面进行了探讨。进入新时代，公共文化服务要"与增强人民精神力量相统一，提供丰富的精神产品满足人民对美好生活的新期待"⑤，"社会力量广泛参与公共文化服务体系建设成为新时代公共文化创新服务模式、推进文化治理体系和治理能力现代化的重要抓手"⑥。

在公共文化服务均等化方面，均等化主要是指全体公民在享受基本公共文化服务机会、权利和标准等方面的均等，其在目标上应该实现区域均等、城乡均等和人群均等。赵迎芳认为："应从理顺和创新管理体制、制定完善政策法规、创新财政投入方式和管理模式、探索开展绩效评估工作等方面入手，提高公共文化服务效率，推进公共文化服务均等化。"⑦ 尚靖凯和赵玲立足于中国式现代化，认为基本公共文化服务均等

①　慈勤英、袁瑜：《生成治理共同体：公共文化服务的优化路径》，《图书馆论坛》2024年第4期。
②　杨亚波：《建立有效的公共文化服务体制 切实保障人民群众基本文化权益》，《西藏研究》2012年第6期。
③　王子舟：《伟大的力量来自于哪里——解读社会力量办馆助馆》，《中国图书馆学报》2010年第3期。
④　李国新：《"公共文化服务共同体"建设的引领示范意义》，《图书馆论坛》2024年第3期。
⑤　金武刚等：《"公共文化服务共同体"：大文化视野下的现代治理新路径——兼论公共文化设施质效测算模型构建》，《图书馆论坛》2024年第3期。
⑥　张小燕、沈肖炜：《中国式现代化进程中的现代公共文化服务体系建设特点、原则与任务》，《图书与情报》2022年第6期。
⑦　赵迎芳：《当代中国公共文化服务均等化的路径选择》，《云南社会科学》2016年第5期。

化建设应"以普惠性服务塑造全面发展的人、以标准化服务为中国式现代化建设厚植文化民生根基、以数字化服务探索融合发展方式、以引领性服务凝聚持久精神动能"[①]。为了衡量公共文化服务均等化程度，学者们尝试构建了不同的指标体系，常见的指标体系如下。一是从投入（人均文化事业费、财政支出比例、购书费等）与产出（公共文化设施、公共文化服务活动等）两个维度构建指标体系[②]。二是从投入、产出和公众收益（文化服务评价、文化产业程度）三个维度来构建指标体系[③]。三是从公共文化服务设施、公共文化服务产品、公共文化服务活动三个维度构建指标体系[④]，呼应了国家加快城乡基本公共文化服务均等化的政策目标和发展要求。

在数字化发展方面，"公共文化服务数字化、网络化、智能化发展是'十四五'公共文化服务高质量发展的时代特征"[⑤]。在国家文化数字化战略背景下，如何依托数字技术，打通公共文化服务"最后一公里"是公共文化服务理论与实践共同关注的新问题。张宏伟认为，数字化通过增加新生产要素、促进文化与技术的高适配、扩张传播边界等方式赋能公共文化服务[⑥]；张振鹏关注了公共文化服务产品的数字化运营机制[⑦]；周萍和陈雅利用 PEST 生态环境分析法和 SWOT 分析矩阵，发现公共文化

---

① 尚靖凯、赵玲：《中国式现代化新征程中基本公共文化服务均等化建设探赜》，《图书馆》2024 年第 2 期。

② 顾金喜、宋先龙、于萍：《基本公共文化服务均等化问题研究——以区域间对比为视角》，《中共杭州市委党校学报》2010 年第 5 期；王洛忠、李帆：《我国基本公共文化服务：指标体系构建与地区差距测量》，《经济社会体制比较》2013 年第 1 期。

③ 曹佳蕾、刘珺：《基本公共文化服务均等化评价指标体系构建与实证研究——以皖江城市带为例》，《池州学院学报》2015 年第 4 期。

④ 甘代军：《城乡基本公共文化服务均等化评价及其指标体系构建》，《中州学刊》2023 年第 12 期。

⑤ 李国新：《摹画未来 指引方向 明确任务 促进发展——〈"十四五"公共文化服务体系建设规划〉解读》，《图书馆论坛》2021 年第 8 期。

⑥ 张宏伟：《公共文化服务数字化赋能的影响逻辑和发展面向》，《图书馆论坛》2024 年第 3 期。

⑦ 张振鹏：《公共文化产品服务供给数字化运营机制》，《山东社会科学》2022 年第 2 期。

服务数字化转型中的风险具有普遍性、持续性、复杂性和可预知性等特征①。

随着高质量发展成为中国经济社会发展的主题，如何推动公共文化服务高质量发展也引起了学术界的广泛探讨。笔者认为："推动公共文化服务高质量发展是中国式现代化进程中建设社会主义文化强国的内在要求，有助于满足人民群众对美好文化生活的向往，有助于推动实现全体人民精神生活共同富裕。"② 这种高质量发展具有"布局更加均衡、效能更加提升、赋能人民美好生活更有效等方面的要求"③，特别是在"十四五"时期的新环境和新挑战背景下，其在"理念、目标、方向和路径方面都有新的内涵"④，这需要继续在习近平文化思想引领下，以公共文化服务高质量发展助力中国式现代化发展。

三 公共文化服务跨区域协作相关研究

公共文化服务一般被看作地方内部的文化建设工作，因此，理论层面和实践层面对公共文化服务跨区域协作问题的关注度都还不够。现有关于公共文化服务跨区域协作的研究，也大多聚焦于一个省内区域的合作行为。李雅娟发现"郑州、重庆等城市各自与省（市）内的部分其他城市建立了图书馆联盟协作模式"⑤；王爽以营口地区图书馆阅读推广实践为例，分析了其在区域协作实践方面的探索与成效⑥；王俊在对南通市

---

① 周萍、陈雅：《公共文化服务数字化转型中的风险演化特征与控制策略研究》，《图书馆》2022 年第 6 期。
② 金栋昌、王宇富、徐梦真：《中国式现代化进程中推动公共文化服务高质量发展的理论逻辑与实践进路》，《图书馆论坛》2023 年第 5 期。
③ 范周、侯雪彤：《"十四五"时期公共文化服务高质量发展的内涵与路径》，《图书馆论坛》2021 年第 10 期。
④ 杨乘虎、李强：《"十四五"时期公共文化服务高质量发展的新观念与新路径》，《图书馆论坛》2021 年第 2 期。
⑤ 李雅娟：《图书馆联盟建设推动公共文化服务协作发展模式与路径研究》，《河南社会学》2024 年第 2 期。
⑥ 王爽：《中小型公共图书馆区域协作的探索与发展——以营口地区图书馆阅读推广实践为例》，《图书馆学刊》2018 年第 12 期。

区域协作标准化实践的分析中认为，应"进一步加大区域协作的力度和深度"①。这些研究中的跨区域协作，大多以一个中心城市为研究点，延伸到中心城市周边的其他城市。

尽管学术界关于公共文化服务跨区域协作的研究并不多见，但学术界关于"区域一体化"背景下公共文化服务合作问题的探讨，能够为我们阐释跨区域公共文化服务协作问题提供理论参考。陈润好基于区域重大战略背景，认为"一体化是区域公共文化服务的发展内核和目标要求"②。司蒙蒙等在对长三角公共文化服务高质量发展的分析中发现："资源禀赋协同均等化、组织结构协同开放、区域内协同品质提高以及供需协同融合发展是区域公共文化服务高质量发展的核心逻辑。"③ 杨风云和马中红通过对长三角、珠三角、京津冀以及成渝一体化的公共文化服务协同发展经验梳理，提出要通过完善协同机制、凝聚文化共识、强化制度设计、加强多元合作等方式深化公共文化服务协同发展④。这些成果对区域协同、文化协同等问题的尝试性探讨，为本书从理论角度探讨公共文化服务苏陕协作的一系列问题提供了重要借鉴。

四 研究述评

目前学术界对于区域协调发展的研究聚焦于内涵、测度方法、保障机制以及实现路径等层面，从宏观视角勾勒出了区域协调发展的整体特征。从具体实践看，中国从顶层设计出发，持续发力，在持续推进西部大开发、东北振兴、中部崛起、东部率先发展四大区域板块战略的同时，持续推动京津冀协同发展、长江经济带发展、粤港澳大湾区建设、长三角一体化发展、黄河流域生态保护和高质量发展，不断缩小区域差距，

---

① 王俊：《公共图书馆区域协作标准化构建及实践》，《新世纪图书馆》2019年第6期。
② 陈润好：《区域重大战略下的公共文化服务：政策要求、现实响应和发展前瞻》，《图书馆学研究》2024年第1期。
③ 司蒙蒙、孙宁、陈雅：《长三角公共文化服务高质量发展逻辑与路径研究》，《新世纪图书馆》2022年第6期。
④ 杨风云、马中红：《区域一体化背景下中国公共文化服务协同发展研究》，《图书与情报》2023年第5期。

以"区域的非均衡发展"逐步推动"区域均衡发展",最终实现共同富裕的总目标。从政策支撑来看,国家出台了《关于贯彻落实区域发展战略促进区域协调发展的指导意见》《关于建立更加有效的区域协调发展新机制的意见》《革命老区重点城市对口合作工作方案》《东北地区与东部地区部分省市对口合作工作方案》等政策文件,推动区域协调发展与跨区域协作。区域协调发展的体制机制与政策文件日益完善,中国也在全面建成小康社会之后进入了高质量发展的新阶段,人民日益增长的对美好生活的需要与不平衡不充分的发展构成了时代发展的主要矛盾,也意味着区域协调发展战略应适当向"人民美好生活"的层面倾斜。

在公共文化服务领域,现有研究成果基于不同时代背景和时代要求,对公共文化服务发展的一般理论和地域实践案例进行了深刻的阐释与解读,构建起基于中国国情的公共文化服务理论体系,为推动公共文化服务理论与实践发展奠定了坚实的基础。尽管实践层面的公共文化服务跨区域协作成果突出,但从理论层面归纳和系统总结公共文化服务跨区域协作故事的成果较少。一方面是因为,相较于其他领域,文化领域的跨区域协作实践起步时间较晚,因此更晚进入跨区域协作理论研究视野之中;另一方面是因为,相较于经济成效能够以数据形式直观体现出来,公共性、普惠性等特征使公共文化服务成效不能总是以显性的数据统计体现出来,再加之公共文化服务具有文化弹性大的特征,具备"长周期、微效益"的总体特征,出于绩效与政绩的考虑,公共文化服务很难成为协作方的主动选择。

"十四五"时期,中国正在加速迈向高质量发展的新台阶,这需要在物质与精神需求的双重作用下,以跨区域协作推动区域协调发展。当前在跨区域协作层面涌现出了"闽宁协作""浙疆协作""苏陕协作""沪滇协作"等经典案例,协作多聚焦于经济、产业、技术、资源层面,重点解决的是区域经济发展的问题,缺少对公共文化服务协作的观照。公共文化服务具有兜底性、公益性、公共性、非竞争性等特征,而公共文化服务跨区域协作是丰富人民精神生活世界、满足人民群众多元化文化需求的必然选择,也是推动人民群众精神生活共同富裕的实践要求。

基于当前学术界对区域协调发展和公共文化服务领域相关研究成果的不足，本书聚焦公共文化服务领域的苏陕协作，尝试对苏陕两省公共文化服务领域的协作演变过程、协作内容、协作机制以及协作成效等问题进行系统化的理论阐释与总结，从而讲好苏陕协作故事。以此弥补区域协调发展在微观层面研究的不足，同时丰富公共文化服务理论体系内容，助力中国式公共文化服务理论体系的建构，并为进一步讲好东西部协作以及跨区域协作故事提供有力支撑。

第四节　研究内容

一　研究目标

本书在区域协调发展战略和公共文化服务高质量发展的目标导向下，以公共文化服务苏陕协作为切入点，对公共文化服务苏陕协作的具体实践进行系统总结，力求以讲好苏陕协作公共文化服务协作故事为基础，讲好跨区域协作故事。具体目标如下。

（1）基于苏陕两省的经济社会发展特征、资源优势、产业发展、社会组织等要素，总结两省文化资源优势、技术优势、人才优势，为苏陕公共文化空间高效利用、资源有机配置、成果共享提供理论参考。

（2）结合区域协调发展、公共文化服务高质量发展、精神生活共同富裕等发展目标，以苏陕协作为切入点，探讨公共文化服务跨区域协作的协作机制、运行模式、主要类型、发展经验与实践路径，以点带面，促进两省文化的交流协作，提升两省文化资源利用效率，共塑文化品牌。

（3）系统梳理公共文化服务苏陕协作经典案例，在基层的具体实践中，凝练总结出公共文化服务苏陕协作的实践做法，以能复制、可推广的实践经验为突破点，力图达到以公共文化服务苏陕协作推动东西部公共文化服务协作乃至跨区域公共文化服务协作的战略高度，以公共文化服务区域协调发展助推精神生活共同富裕目标的实现。

二　研究框架

本书基于区域均衡发展理论、横向财政均衡理论、府际关系理论、公共文化服务高质量发展理论、精神生活共同富裕理论，力图阐明公共文化服务苏陕协作的耦合机制，总结了公共文化服务苏陕协作的实践模式，分析了跨区域协作的影响因素，凝练了公共文化服务苏陕协作的主要内容，剖析了公共文化服务苏陕协作的问题挑战，并提出了苏陕公共文化服务高质量协作政策建议。具体研究框架及内容如图1-1所示。

第一章为研究缘起。首先，介绍了公共文化服务、跨区域协作、公共文化服务苏陕协作的基本概念，对公共文化服务苏陕协作形成了整体的认识。其次，阐明了本书的研究背景和研究意义，说明了本书写作的必要性。再次，结合区域协调发展战略，梳理了跨区域协作的研究现状，并总结了现有研究的成果与不足。最后，聚焦公共文化服务苏陕协作，提出了本书的研究目标、研究内容框架及研究方法。

第二章理论机制。该章以区域均衡发展理论、横向财政均衡理论、府际关系理论、公共文化服务高质量发展理论、精神生活共同富裕理论为基础理论，结合公共文化服务与跨区域协作的特性，总结了公共文化服务跨区域协作的必要性，并从内外部有机结合角度，阐明公共文化服务苏陕协作的机制。

第三章协作模式。该章从公共文化服务协作主体出发，从理论层面总结了公共文化服务苏陕协作的模式，认为：公共文化服务苏陕协作主要包括五种模式，即政府部门之间的协作模式、公共文化机构之间的协作模式、社会组织之间的协作模式、政府与公共文化机构之间的协作模式以及公共文化机构与社会组织之间的协作模式，并进一步探讨了不同协作模式的协作动能、职责和运行模式。

第四章协作历程。该章系统梳理了公共文化服务苏陕协作的历程，即以干部交流为基础的萌芽阶段、以经济和扶贫协作为主线的初探阶段、以文化协作为特色的深化阶段和以全面协作为推进的高质量发展阶段。

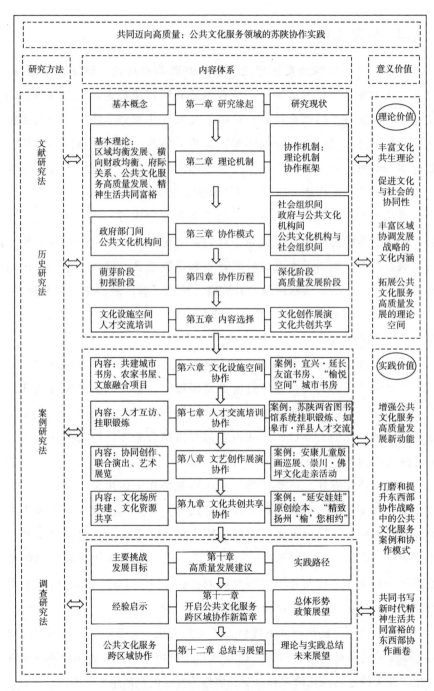

图 1-1　公共文化服务苏陕协作实践

　　第五章内容选择。该章通过总结"闽宁协作""浙疆协作""苏陕协作""沪滇协作"等公共文化服务协作模式，以及对比"长三角一体化""京津冀协同发展""长江经济带发展"等区域公共文化服务协作模式，总结了制约公共文化服务协作的因素，并根据公共文化服务协作的主要内容，结合政策要求与实践要求阐明了公共文化服务苏陕协作的实践选择。

　　第六章文化设施空间协作。该章通过梳理公共文化服务苏陕协作中文化设施空间类的涵义，从共建城市书房、农家书屋、文旅融合项目等方面总结了两省文化设施空间类的基本内容，以江苏省宜兴市与陕西省延安市延长县协作打造的宜兴·延长友谊书房、陕西榆林与江苏扬州合力打造的"榆阅空间"城市书房为例，凝练了两省公共文化服务协作的实践经验，突出了公共文化服务协作的重要效能。

　　第七章人才交流培训协作。该章对公共文化服务苏陕协作中的人才交流培训做出了定义，从人才互访和挂职锻炼两个方面总结了公共文化服务苏陕协作的基本内容，并以陕西省图书馆与江苏省图书馆系统馆员挂职锻炼、如皋市·洋县公共文化服务协作为例，分析总结了两省人才交流培训协作的实践经验，凝练了两省文化交流培训实践效能。

　　第八章文艺创作展演协作。该章对公共文化服务苏陕协作中的文艺创作展演做出了厘定，从跨地区协同创作、联合展示交流、艺术联合展览等方面构建两省文艺创作展演的基本内容。以江苏常州与陕西安康协作为基础的"平安顺利·幸福安康"儿童版画巡展与以江苏南通与陕西汉中协作为基础的文化走亲活动为例，总结出两省以优质成果扩大了品牌影响、以长效合作实现了特色创新、以文化交流丰富了文化生活的实践效果。

　　第九章文化共创共享协作。该章对公共文化服务苏陕协作中的资源共建共享做出了基本定义，从文化场所共建、文化资源共享的角度说明了公共文化服务苏陕协作的基本内容，并以"延安娃娃"和"扬榆协作"为案例，总结了其协作内容与实践成效。

　　第十章高质量发展建议。该章从合作模式、合作机制、资源分配和资金保障方面分析了公共文化服务苏陕协作的主要挑战，提出打造覆盖五级公共文化服务协作网络、加快形成文化资源共建共享的有机互动格局和坚持项目驱动形成具有重要影响力的协作招牌的发展目标，并从政策体系、体制机制、模式特色与多元融合角度提出公共文化服务苏陕协作的实践路径。

第十一章开启公共文化服务跨区域协作新篇章。该章分析了公共文化服务跨区域协作的总体形势，阐明了公共文化服务跨区域协作的必要性，放大了公共文化服务苏陕协作的经验启示，并从"事前设计、事中监督、事后保障"三位一体角度，提出了跨区域协作的政策展望。

第十二章总结与展望。该章梳理了本书的主要观点，并对本书的研究创新与不足进行了总结。

三　研究方法

（一）文献研究法

本书收集了大量区域协调发展、跨区域协作、公共文化服务等主题的国内外文献资料，整理出了公共文化服务跨区域协作相关领域的论著、论文、政策文件、理论文章、新闻报道等文献资料，为寻找本书的创新突破之处、从理论层面构建公共文化服务苏陕协作的分析框架，以及系统推进本书各部分内容研究提供了丰富的理论支撑和实践案例。

（二）历史研究法

历史研究法是运用历史资料，按照历史发展的顺序对过去事件进行研究的方法。本书从历史发展的逻辑视角，系统梳理苏陕协作，以及苏陕公共文化服务领域协作故事的演进历程、发展特征及各阶段的协作特点等，为清晰呈现公共文化服务苏陕协作故事及理论内涵提供历史视角。

（三）调查研究法

通过调查研究从实践层面获取公共文化服务苏陕协作的鲜活案例，是本书各部分内容研究的基本思路。本书综合采用了实地调查、资料搜集、问卷调查、访谈等多种调查研究方式，获取了大量与苏陕公共服务协作相关的第一手实证资料，深入了解了协作政策执行的效果、资源配置的合理性、服务供给的均衡性的实际情况，为评估公共文化服务苏陕协作的成效、发现存在的问题，以及提出公共文化服务跨区域协作的政策建议奠定了基础。

（四）案例研究法

在研究过程中，本书选取公共文化服务苏陕协作的典型案例，深入分析这些案例成功的合作项目、创新的服务模式、有效的协作机制等，提炼出协作的成功要素和面临的挑战，从而为其他地区的公共文化服务协作提供借鉴和参考，并为宏观的政策制定提供实践基础。

第二章　理论机制

苏陕协作是跨区域协作的生动实践，讲好公共文化服务苏陕协作故事需要从理论出发，找准实践与理论对话的结合点，从而为阐释公共文化服务苏陕协作的重要价值、构建理论分析框架提供基础。

第一节　基础理论

跨区域协作是实现区域协调发展，推动城乡一体化发展的重要途径，也是加快实现共同富裕，建设社会主义现代化强国的必然选择。综观现有研究成果，区域均衡发展理论、横向财政均衡理论、府际关系理论、公共文化服务高质量发展理论、精神生活共同富裕理论与公共文化服务苏陕协作具有较高的理论耦合度，能够为讲好公共文化服务苏陕协作故事提供理论支撑。

一　区域均衡发展理论

区域均衡发展理论源于瓦尔拉的古典均衡论，该理论核心思想为：区域内部资本逐渐积累，并在市场机制的力量作用下，各类生产要素可自由流动和有效配置，从而实现区域之间的均衡发展。该理论是建立在市场自动平衡机制之上的，认为在市场机制的作用下，价格机制和竞争机制会使资源达到最优配置。资本、劳动和技术作为区域经济发展的三个生产要素，在竞争的市场机制下自由流动，使得区域均衡发展。然而，无论从各国发展经验的实践来看，还是从学者提出的"核心-外围"理论、梯度推进理论、出口基地理论、贫困恶性循环理论、大推进理论等理论论证来看，都表征着区域平衡是一种动态的、发展的状态，区域发展不平衡是常态的、客观存在的规律。只有区域不平衡前提存在，才有可能实现区域平衡，区域不平衡向区域平衡的过渡是一个动态演进的发展过程。在市场机制的作用下经济增长的回流效应总是大于扩散效应，自然而然地拉大区域发展的差距。按照国家战略设想，政府期望通过国家干预方式，先将资源禀赋集中到经济发达地区，通过不平衡发展战略培育经济发展高地，再引导要素流动到经济欠发达地区，带动欠发达地区发展经济，缩小区域间发展差距，实现区域均衡发展。因此，推动区域均衡发展必须承认的是：非均衡发展过程是实现均衡发展的途径；经济运行的总体均衡中包含局部的非均衡；均衡是不断打破旧的均衡建立新的均衡。

第一，非均衡发展的过程是实现均衡发展的有效途径。事物总是存在动态发展的过程，以中国为例，中国区域发展总体上形成了"东南-西北"的梯度发展格局，即东部、南部地区相对富裕，西部、北部地区相对贫困。回溯历史，中国的区域发展整体经历了经济重心从中原地区、关中地区不断扩散，并经由黄河经济带逐渐转移至长江经济带的过程。中华人民共和国成立以后，国家的经济发展延续着这种差序格局，但此时并没有过于明显的区域差异，全国各地拧成一股绳投入大生产之中。改革开放以后，在坚持中国特色社会主义道路前提下，中国以惊人的速度实现了快速发展和崛起。在这个过程中，东部地区乘改革春风，实现"跨越式"发展。在市场经济的作用下，东部地区利用政策优势与区位优势率先发展起来，东部沿海地区的发展增速远超中西部地区，城市地区经济发展效率远超农村城镇地区[1]，实现了区域均衡发展的阶段性任务——非区域均衡发展，这种区域不均衡发展造就了中国经济 40 多年飞速增长的奇迹。

第二，经济运行的总体均衡中包含局部的非均衡。改革开放开创了

---

[1]　白彦：《从区域均衡发展迈向共同富裕》，《人民论坛》2023 年第 13 期。

中国发展史上的奇迹，从区域均衡理论视角来看，中国从"七五"期间开始实施非均衡发展战略，政策向东部沿海地区倾斜。东部地区经济社会发展的扩散效应不断扩大，并拉动周边地区快速发展，经济社会发展的这种点、线、面三位一体的推进方式，也实证了非均衡发展是事物发展必须经历的过程，只有存在差距，才会有弥补差距的空间。从局部来说，处于扩散区域内部的地区，仍然存在发展差距，但发展差距逐步缩小，区域内经济发展的优势地区仍占据着发展主动权；从整体来看，东部相对富强、西部相对薄弱的整体格局尚未改变。区域内总体均衡，东西部发展差距加剧成为这一时期发展的主要特征，这就需要发挥区域内均衡发展的优势，以小带大、以点带面，逐步缩小东西部发展差距。

第三，均衡是不断打破旧的均衡建立新的均衡。在区域均衡理论的指引下，允许一部分地区先富起来，形成经济发展优势，再运用国家宏观调控进行调节，以区域内的均衡带动整体均衡，即不断地打破旧的均衡建立新的均衡，这符合区域均衡发展的理论逻辑。东部地区在国家宏观政策的调节和改革开放的双重作用下，在技术、资金、人才、科技等方面形成了突出优势，实行产业的梯度转移，正是区域均衡理论的生动体现。为更好地服务中西部发展大局，国家实行了西部大开发战略与中部崛起战略，充分承接东部地区资源密集型、劳动密集型产业转移，并将中西部自然资源优势融入东部地区发展。东部地区"先富"带动中西部地区"后富"，引导东部发达地区对口支援西部地区，帮助西部欠发达地区发展经济，是推动区域均衡发展的生动实践，更是东部地区的责任与义务，是区域均衡发展战略的具体措施，为包括公共文化服务协作在内的对口协作提供了理论指引。

二 横向财政均衡理论

横向财政均衡理论最早由美国经济学家布坎南提出。横向财政均衡理论认为：在政府财政体系中，财政资金在同级政府间的转移，是由经济实力雄厚的地方向财力紧缺的地区转移，以实现财政资金均衡、地区间经济差距缩小、地方公共服务均等化的政策目标。因此，从某种意义上说，财政均衡是维护区域内经济稳定可持续发展的公平效应。一般而言，公平是指处于同等地位的人都得到平等的对待，以及财力相等的地区应该能在同样的税负条件下，为其居民提供相等的公共服务。实际上，在区域发展的过程中受市场机制作用、专业化生产以及产业集中化等因素影响，地区之间的经济发展会在发展过程中产生不平衡，经济发达地区往往能够拥有更多的税收收入，为辖区内居民提供更多、更优质的公共服务；相反，经济欠发达地区，在没有进行转移支付的情况下，想要为辖区内的居民提供同等的公共服务，只能通过增加税负的形式实现，或者是依据现有的财政发展水平，为辖区内的居民提供更少的公共服务。这种不均衡带来的结果是：相对发达地区可以获得更多的税收收入，可以提升区域内公共服务质量；而相对欠发达地区难以获得等量的税收收入，公共服务质量较低。不同区域财力之间的差异造成了公共服务差距，资源配置的不平等造成了区域间的发展不平衡。

按照横向财政均衡理论的逻辑，区域间财力差距导致了公共服务差距，降低了资源配置效率，难以实现区域间均衡发展。为此，必须采取有效措施改变区域资源配置失衡的现状，这就需要通过税收收入在地区间的转移支付来维持横向财政均衡。转移支付的目的并不是使被支援地达到支援地同等的经济发展水平，而是缓解资源配置不均衡的现状，降低被支援地的财政压力，为被支援地提供更多的公共服务。中国特色社会主义制度决定了中国既能以中央为核心，以国家宏观调控为导向，统筹兼顾东西南北，又能给予地方充分的自主权，合理地进行省际的交流沟通，更好地促进资源的合理配置。中央与地方之间建立了能够促进省际财力平衡的转移支付制度，地区间基本公共服务均等化成为公共财政建设的方向和趋势。尽管中国并没有明确地提出"财政均衡理论"，但是财政均衡理论的思想在许多地方政府的政策中都有所体现，特别是以对口支援为基础的东西部协作，本质上是横向财政转移支付的生动实践。

人均财政收入和人均财政支出是衡量财政发展能力的两个重要指标。《中华人民共和国预算法》第 28 条规定，地方各级预算需按照"量入为出、收支平衡"的原则编制，地方财政支出的额度由当地财政收入的数量决定，财政收入决定财政支出，构成了财政支出的基础。财政的职能在于实现收入在全社会范围内的公平正义，从公平和正义两个维度出发是有效发挥财政对资源配置作用的关键。对口支援是通过横向财政转移支付，在财政的宏观调控下，不断缩小不同区域之间差距的重要举措，但支援的力度与效度以支援方的财政收入为标准，按一定的比例确定支援的金额，对受援地进行帮助和支持。从实施主体看，对口支援以上级政府或部门为主导，以下级政府或部门为实施主体，实际上利益再分配的主体是地方政府；从援助方式看，对口支援主要是支援地区向受援地区提供财力、物力支持，包括提供资金支持，教育、医疗、文化援助，以及进行产业协作等方式，直接或者间接地向受援地区提供公共产品和服务；从具体实践看，对口支援既有包括苏陕协作、两广协作等在内的省际同级政府间协作关系，也包含对口援疆、对口援藏等不同级政府间协作关系。当然，中国无论是省际的对口协作，还是非同级之间的政府协作，都是在中央政府主导下，以实现地方政府、企业、社会间资源要素流动，促进欠发达地区经济社会整体发展为目标的。横向转移支付的对口支援既是横向财政均衡理论的生动实践，又为公共文化服务苏陕协作夯实了理论基础。

三　府际关系理论

关于府际关系的界定，学术界有多重界定视角。有的学者认为，"所谓府际关系，是指多边多级政府之间的利益博弈与权力互动的一种政治经济关系"[①]，强调不同政府之间的博弈与合作关系；也有学者认为，府际关系乃是一个国家内部不同政府间的相互运作关系，强调各层级政府之间垂直互动关系、特定政府机关内部各部门间协调管理，以及政府同民间组织的公共关系。实际上，府际关系就是为了政策执行或提供服务而形成的政府间的互动机制。在管理层面，府际关系体现的是"公共政

[①]　陈国权、李院林：《论长江三角洲一体化进程中的地方政府间关系》，《江海学刊》2004年第5期。

策工具及其科学有效地制定、传递与执行，确保公共政策过程的有效、高效成为府际关系的核心内容"①，并在实践中呈现出竞争型、互赖型和功能型三种模式。府际关系理论说明了政府间纵向、横向关系，无论是纵向的政府层级之间的互动，还是横向的政府部门之间的协调与合作，最终目的都在于推动政策的有效沟通执行。

对口支援是中央政府领导下地方政府间建立的沟通和合作关系，是典型的府际合作关系。在中国，中央政府是全国最高行政机关，地方政府行使的权力来自中央授予，中央与地方的纵向"央地关系"构成了府际关系的核心。对口支援同样是在自上而下的"行政发包制"中实施的。1994 年，国务院颁布实施《国家八七扶贫攻坚计划》，要求中央政府组织东部发达地区对口支援西部欠发达地区，将援助任务"发包"给地方政府，地方政府再在辖区内组织下级政府结对帮扶，帮扶任务"二次发包"，形成层层递进的责任机制。为了完成中央政府部署的任务，地方政府在考核与晋升的双重压力作用下进行对口帮扶，形成了对口支援的运行机制与动力源泉。对口支援是在纵向、横向府际关系的作用下产生影响的。从纵向角度看，对口支援制度是通过政治动员的方式，将中央政府职能向地方分派，要求经济发达地区帮助经济欠发达地区，通过"以强扶弱"的方式，利用地方资金带动整体经济的发展；从横向角度看，合作双方的地方政府不存在隶属的政治关系，而是在中央政府作用下的援助与被援助关系。

对口支援制度建立在平等协商、自愿合作的基础上，以生产要素的互补和高效利用为直接目标，推动生产要素以跨越行政边界的方式实现优化配置，能够有效缩小区划限制产生的资源差异和发展差异，增加地方政府间经济与政治联系，是实现互利共赢的区域经济发展模式。以公共文化服务协作为核心的苏陕文化协作，促进了苏陕两省文化资源要素的跨地区流动，并成功将东部地区在公共文化服务领域的先进经验带入

① 边晓慧、张成福：《府际关系与国家治理：功能、模型与改革思路》，《中国行政管理》2016 年第 5 期。

中西部地区。从府际关系视角出发，探讨公共文化服务苏陕协作过程与机制，是讲好苏陕协作故事的重要理论维度。

四　公共文化服务高质量发展理论

"21 世纪以来，在政府主导型政策供给下，中国公共文化服务体系建设整体经历了建章立制、初步成网的转型起步发展期，体系现代化、制度精细化、创新立体化的跨越式发展期，以及聚焦品质化、数字化、精神生活共同富裕的高质量新发展期三个发展阶段，并总体建成了覆盖城乡、结构合理、效能充分、治理有序的现代公共文化服务体系。"① 高质量发展成为当前以及今后一段时间公共文化服务发展的基本实践趋向。2021 年，文化和旅游部、国家发展改革委、财政部联合印发了《关于推动公共文化服务高质量发展的意见》，其中关于公共文化服务"品质、均衡、开放、融合"的四项基本原则，构成了公共文化服务高质量发展的实践指南。

在品质发展方面，无论是《国家基本公共服务标准》中有关基本公共文化服务的标准要求，抑或国家"十四五"规划和 2035 年远景目标纲要、《关于推动公共文化服务高质量发展的意见》、《"十四五"公共文化服务体系建设规划》、《"十四五"文化发展规划》等一系列政策指引，都强调了要以体系化为新起点、以标准化为突破点、以均等化和便利化为着眼点、以高品质为侧重点，不断完善总分馆体系、基层公共文化服务中心、"15 分钟便民服务圈"、"10 分钟居民生活圈"等，切实提升公共文化服务与人民群众生产生活的融合水平，实现公共文化服务高质量转型升级。这要求在高质量发展新的历史起点上继续推动文化繁荣发展，建设社会主义文化强国和中华民族现代文明，让人民群众享有更高质量、更有效率、更加公平、更可持续的公共文化服务。

在均衡发展方面，公共文化服务高质量发展是"城乡公共文化服务

---

① 金栋昌、王宇富、徐梦真：《中国式现代化进程中推动公共文化服务高质量发展的理论逻辑与实践进路》，《图书馆论坛》2023 年第 5 期。

一体化、均衡化的发展"①。这必然是"公共文化服务供需两端实现精准衔接、供需结构持续优化的过程"②。推动公共文化服务高质量发展必须以均衡化、标准化为导向，着力解决区域发展与供需匹配问题。这既包括国家东西部公共文化服务差异问题、"老少边穷"公共文化需求的供需匹配问题，也包括 Z 世代、留守老人、流动人群等特殊群体文化需求问题。解决之道便是深化以人民为中心的供给侧结构性改革，核心是供需匹配逻辑。这就要求做到统筹兼顾，即以高质量发展为主线，以文化供给侧结构性改革为抓手，聚焦区域均衡发展、城乡一体化发展、线上线下一体化发展，精准发力，持续优化公共文化服务半径，以均衡发展反哺公共文化服务高质量发展。中国东中西部公共文化服务发展存在明显差异，为有效推动公共文化服务高质量发展，一方面需要国家从顶层设计的角度出发，结合东中西部的发展差异，给予相应的政策照顾；另一方面，经济发达省份应承担起援助中西部地区文化发展的使命，以东部地区的精细化、超国家标准的创新型供给经验做好对中西部公共文化服务的支援工作，在有效衔接乡村振兴战略、城乡一体统筹中消弭发展鸿沟，加快缩小区域均衡发展中的地区差距，确保实现东中西部相对均衡发展，中央、省、市、区（县）、镇（街）、村（社区）六级公共文化服务网络协调发展。

在开放发展方面，推动公共文化服务高质量发展需要构筑稳健的文化发展生态。这就要求在发展公共文化服务过程中形成内外融通的发展格局，既要以县域公共文化机构为枢纽，做好文化的交流沟通工作，激活内生动力，实现公共文化服务内部纵向的协调沟通与横向的有机配合，又要海纳百川发挥外界效能，实现与教育、科技、卫生、体育、社会保障等其他公共服务有机互动，并吸引群团组织、企事业单位、社会公益力量等社会力量参与公共文化服务协作，以公共文化服务设施的"软硬

①　李少惠：《推动公共文化服务高质量发展》，《中国社会科学报》2022 年 12 月 20 日，第 8 版。

②　彭丽丽、彭松林：《公共文化高质量发展：政策渊源、概念内涵与着力方向》，《图书馆》2024 年第 3 期。

兼备"与公共文化体系的"内外融通"，促进公共文化服务机制的优化创新，以循环可持续的发展理念优化公共文化服务的供给格局，形成开放共享的公共文化服务发展格局。

在融合发展方面，推动公共文化服务高质量发展是一个"空间-人-资源"三位一体的融合发展过程。一是以"小而美"公共空间增强公共文化服务的发展效能。公共文化服务在发展的过程中需要以人为中心，融入各类资源空间和载体，在有限的空间中进行多元化功能嵌入，延展公共文化空间的服务效能，推动"文化+"模式的持续优化，嵌入国学、美学、科技等元素，实现公共文化服务"微"空间单一功能的复合式升华。二是以"精而智"的服务模式展现人的创造性。人民既是公共文化服务的建设者，更是公共文化服务的享用者，"要把人民作为推动公共文化服务高质量发展的根本力量"①，高质量满足人民群众多元化的文化需求，这是推动公共文化服务高质量发展的出发点和落脚点。要发挥人的主动性，结合公共文化服务特色化、数字化、网络化、智能化等高质量发展的新要求，创新公共文化服务模式，实现"数字+"和"智慧+"的现代化转型升级。三是以"多而优"的资源供给实现供需匹配。资源是公共文化服务高质量发展的有效载体，依托政府提供的"兜底线、保民生"公共文化服务，以及公共文化机构与社会组织提供的公共文化资源，三位一体，协同发力，围绕资源的高品质下沉、共建、共享的问题提供有效的公共文化资源供给，着力克服不均衡、不充分问题，做优东西部协作机制、跨区域合作共建机制，推动公共文化服务资源全国共建共享。

在以高质量发展为主题的新发展阶段，以"品质、均衡、开放、融合"的基本理念推动公共文化服务苏陕协作持续向纵深推进，并以此推动苏陕两省公共文化服务在相互合作、相互支持的基础上实现高质量发展，共同实现高品质的共同富裕，这既构成了苏陕协作的理论基础，又为推动公共文化服务苏陕协作高质量发展提供了实践指南。

---

① 谢中榜：《公共文化服务创新的空间建构——以浙江实践为例》，《温州大学学报》（社会科学版）2022年第6期。

五　精神生活共同富裕理论

精神生活共同富裕是共同富裕理论的有机组成部分，是以人民为主体、物质与精神生活协同的总体性丰沛。精神生活共同富裕是顺应物质生产发展需要，不断实现个体幸福感与获得感的满足，达到社会价值凝聚、人与人和谐发展与社会整体文明提高的发展状态。"精神生活共同富裕"语境中的"共同"指的是人民在获取精神、文化资源时较为公正地享有，强调的是精神、文化资源公平分配的问题。一般而言，只有当个体精神生活权益得到公平保障，人们才会更有意愿在此基础上进行再创造，只有在"共同"的基础上进行精神生产与精神消费，才能够相对公正地获取精神资源以及精神创造的机会，才能够以均等化的公共服务带动共富。在这个过程中，不能孤立"物质"与"精神"的关系，个体在满足基本的物质需求后，拥有更多相对自由的时间追求精神生活共同富裕。

习近平总书记强调："全体人民共同富裕是一个总体概念，是对全社会而言的。"[①] 作为全体人民共同富裕的重要内容，精神生活共同富裕并非孤立地存在于人头脑中的纯粹的精神富足现象，而是由"全体人民共建共享的、社会生活整体协调推进的、人民精神世界丰盈的总体性富裕"[②]。"促进人民精神生活共同富裕是实现中华民族伟大复兴的必然要求"[③]，更是现代公共文化服务体系矢志不渝的发展目标。

第一，全体人民共建共享是精神生活共同富裕的首要前提。精神生活共同富裕不是坐享其成的富裕，精神上的满足和充实不可能依靠外在力量，全体人民共建共享是实现精神生活共同富裕的有效手段。一方面，利用丰富的精神文化资源，调动广大人民的积极性和主动性，参与精神

---

① 《习近平谈治国理政》第四卷，外文出版社 2022 年版，第 142 页。
② 郭广、李佃来：《精神生活共同富裕的核心要义、价值意蕴和实践路径》，《学习与实践》2023 年第 11 期。
③ 杨勇兵：《精神生活共同富裕的生成逻辑、科学内涵与实践路径》，《党政研究》2022年第 5 期。

文化产品创造生产，为社会提供丰富的符合主流价值观的精神食粮和优质文化产品，这既保证了全体人民拥有相对公平的自我实现机会，也确保了丰富的精神文化供给，为全体人民共享精神文化成果奠定了基础。另一方面，随着人民精神需求的日益增长，满足这些需求需要提供更为丰富且优质的精神文化产品。精神文化产品的供给质量越高，带给人民群众的精神生活就越丰富。以高级的文化理念、高雅的艺术情趣、高尚的道德情操以及健康的审美等净化人们的心灵，提升人们的精神境界，能够让人民群众的精神生活变得更加多姿多彩。

第二，社会生活整体推进是精神生活共同富裕的内在要求。精神生活共同富裕是一种充实富足的精神状态，包括精神需求、精神生产、精神交往、精神享受等活动形式，涉及政治、哲学、文化、法律、艺术、科学等多个方面，表现为思想交流、文化阅读、文艺欣赏、社会交往、寻求真理等思维和心理活动。社会生活整体推进要求我们关注社会各阶层的精神需求，尤其是弱势群体的文化权益，为他们提供公共图书馆、博物馆、剧院等文化设施以及网络文化资源等多样化的文化服务，确保他们能够平等地参与到精神文化生活中来。关注公共文化产品和服务的质量，通过艺术、文学、影视等多种形式，传播积极向上的价值观，提升公民的道德素养和审美情趣，丰富人民的精神世界。政府、企业、社会团体和个人应当协同推进，共同营造有利于精神生活共同富裕的社会环境。

第三，人民精神世界丰盈是精神生活共同富裕的价值旨归。精神生活共同富裕是全体人民精神领域的富足和充实，马克思认为，社会主义"以所有的人富裕为目的"①，旨在实现个人心灵的充实、社会的共同发展以及国家的繁荣昌盛。在全面建设社会主义现代化国家的进程中，精神生活共同富裕被赋予了重要的战略地位。这不仅是为了满足人民日益增长的美好生活需要，而且是为了实现人的全面发展和社会文明的进步。消除地区间、城乡间以及不同社会群体间的文化差距，让每一个人都能

---

① 《马克思恩格斯选集》第二卷，人民出版社 2012 年版，第 787 页。

享受到丰富多样的精神文化产品和服务，以均衡发展有效推动构建和谐社会，高质量推进文化供给侧结构性改革和文化创新，以优质的公共文化服务产品丰富人民的精神世界，提升人们的审美能力和价值观念，从而推动社会整体的精神文明建设，增进人民的幸福感和归属感。

精神生活共同富裕并非整齐划一的平均主义，也不是所有地区同时达到一个富裕水准，而是意味着每个人都能够平等地享用精神文化成果，实现不同区域之间公共文化资源的均衡性和公共文化设施的完备性统一。由于当前中国精神文化建设依然存在不平衡不充分的问题，如何确保人人享有平等参与文化生活的权利，就需要注重分配的公平正义，兼顾不同区域、不同人群以及不同个体之间精神生活的潜在差异，支持相对薄弱地区公共文化服务建设，缩小精神文化差距，实现公共文化资源共建共享。公共文化服务苏陕协作既是推动精神生活共同富裕的生动实践，也是促进两省文化交流互鉴的必要举措，其以丰富的内涵、显著的成效开启了公共文化服务东西部协作的新篇章。

第二节　公共文化服务跨区域协作的必要性

促进公共文化服务跨区域协作是提升公共文化服务均等化水平、推进公共文化服务高质量发展的必然之举。以跨区域协作的方式创新公共文化服务内容和供给方式，能够有效缩小东西部公共文化服务差距，促进文化交流融合，实现文化资源共建共享，丰富群众文化选择，持续提升公共文化服务实践效能。

一　实现公共文化服务高质量发展的内在要求

由于不同地区在发展基础、经济水平、区位因素、政策体系等方面的差异性，公共文化服务供给水平参差不齐。中国不同区域公共文化建设投入具有明显的层次性，特别是东西部在公共文化资源配置方面的失衡，使得公共文化服务体系的发展存在地域鸿沟，东西部之间的公共文化服务发展差距依然明显。以协调发展、协同发展、共同发展为目标，以跨区域协作为动力，改变"东西南北中"公共文化服务发展不均衡的差序格局，是公共文化服务高质量发展的曲率引擎。在坚持"品质、均衡、开放、融合"高质量发展原则的基础上，推动公共文化服务跨区域协作能够有效缩小东西部公共文化服务发展差距，改善城乡公共文化服务发展的"二元结构"，以均等有效的公共文化服务内容提升公共文化服务品质。坚持均等发展，能够弥补发展不均衡的短板，实现更高水平的公共文化服务均等化、普惠化；坚持品质发展，组织学习培训、辅导交流等活动，培育文化团队，打造公共文化空间，提升公共文化服务效能；坚持开放发展，构建"政府主导、社会参与、市场引领"的公共文化服务供需匹配机制，优化公共文化服务发展格局；坚持融合发展，推动"文化+"模式持续升级，促进文化与经济、农业、科技、旅游相融合，不断强化公共文化服务的功能属性，在推动区域协调发展的过程中弥合发展差距，衔接好乡村振兴战略，以"高品质、多元化"的公共文化服务内容保障人民群众基本文化权益，促进全体人民共享文化成果。

二 创新公共文化服务品牌的必然选择

文化品牌是"彰显存在的强烈符号，是不同时代和区域的精神标志，它代表了一个地区、一个国家的形象和实力"①。公共文化服务跨区域协作，是充分发挥地方公共文化服务优势，促进文化交流融合，彰显文化品牌的重要举措。一方面，东西部之间文化的差异性，赋予了公共文化服务跨区域协作的文化底色，有利于促进东西部不同省份文化资源的互补共享。特别是通过引入数字化技术、互联网等现代科技手段，深入了解东西部地区的民族风情、历史传承以及公共文化服务先发优势，能够在保持自身文化特色的基础上，寻找共同的文化价值和审美取向，突破地域限制，锻造具有区域特色的文化融合体。另一方面，在跨区域协作的过程中，结合新时代的时代背景和群众需求所打造出的符合地域特色的文化传播符号，能够以体系化的 IP 布局传播，推动文化活动、文化资

---

① 李雪：《"水韵江苏"品牌的形象建构与价值传播》，《艺术百家》2023 年第 6 期。

源的嵌入式发展，从而联结不同人群的地域文化认同情感，实现以文化交流融合推动文化"走出去"，以文化品牌"走出去"打造具有时代感和吸引力的文化招牌。

三　推动文化繁荣发展的实践要求

"当前社会经济的迅速发展，推动文化资源整合进程加快"[①]，文化资源共建共创共享的时空场域持续拓展。一方面，文化资源传播更加便捷，人们能够跨越地域限制享受多样化的文化产品；另一方面，不同区域间的文化差异带来了交流协作的需求。促进文化资源跨区域共享既是公共文化服务跨区域协作的核心内容，又是实现公共文化服务跨区域的目标所在。面对当前部分地区（特别是西部地区）公共文化服务体系建设过程中公共文化服务资源整合不够、服务供给不足、内容品质不高等堵点和难点，结合区域资源特色，以跨区域协作方式促使地区公共文化服务加大资金投入和政策倾斜力度，促进公共文化服务、文化消费等领域的深度合作，有利于形成区域间共建文化设施、共办文化活动、共享数字资源的协作局面。文化是人类共同的财富，以文化资源共享促进文化的繁荣发展是地方文化建设的基本方式。通过公共文化服务跨区域协作，不断完善基本公共文化服务标准，推动区域文化产业与文化事业协调互补，使文化资源得到更广泛的传播和利用，能够为公共文化服务体系建设提供新的发展空间。特别是在东西部省情差异较大的背景下，推动跨区域协作能够有效促进不同地域、民族之间的交流与融合，通过资源共享、技术交流、人才培训等方式，不同区域的公共文化机构相互学习、借鉴先进的管理经验和服务模式，相互理解与尊重，推动公共文化服务体系持续完善，以文化资源的借鉴共享增强公共文化服务高质量发展活力。

[①]　王欣：《文化资源共享背景下的文物数据管理研究》，《文物鉴定与鉴赏》2023 年第 2 期。

四　丰富人民精神世界的现实选择

公共文化服务的出发点与落脚点是人民，人民满意始终是衡量公共文化服务的重要标尺，也是推进公共文化服务高质量发展的价值旨归。推进公共文化服务跨区域协作，丰富公共文化服务供给体系，提升公共文化服务的发展水平，构建人民满意的现代公共文化服务体系，是促进文化大繁荣、大发展的现实要求。在高质量发展背景下，以人民为中心不断提升服务质量与效能，让人们享有更加充实、更为丰富、更高质量的精神文化生活，不断满足人民群众多样化、多层次、多方面的精神文化需求，成为以公共文化服务高质量发展推动全体人民精神生活共同富裕，建设文化强国和中华民族现代文明的基本要求。面对新形势与新要求，公共文化服务跨区域协作为公共文化服务发展提供了更广阔的平台和机会，在本土与外来文化之间找到创新的结合点，推动公共文化服务的创新发展，从而为人民提供更多元、更高质量的精神食粮。特别是对于西部发展薄弱地区而言，引入东部发达地区公共文化服务领域积累的先进管理经验和服务理念，有利于提升公共文化服务品质，使公共文化服务内容更加丰富多样。这种提升不仅能增加公共文化服务和产品的选择范围，也有利于提升人民群众对公共文化服务和供给的满意度。因此，跨区域协作成为缩小区域公共文化服务发展差距、促进文化资源共享的必然举措，而缩小区域公共文化服务差距、促进文化繁荣又是实现共同富裕的必然前提，二者有机互动支撑精神生活共同富裕目标的实现。

第三节　公共文化服务跨区域协作机制

在区域协调发展的背景下，苏陕协作逐渐从传统的经济发展领域向公共文化服务领域拓展和深化，这既包括了公共文化服务领域内部跨区域协作的耦合因素，又体现了苏陕协作在整体上的外部协作耦合机制，并在政策协同、资源共享、信息交流和动态评估等维度共同形成了公共文化服务苏陕协作的结构框架。

一　公共文化服务跨区域协作的内外部理论机制

从理论层面来看，公共文化服务跨区域协作之所以能够发生，取决于两方面条件：一是基于体系同质性和内容异质性相结合的内部协作机制；二是以横向协作和纵向协作为基础的外部协作机制。内外两个维度有机互动，共同推动苏陕两省公共文化服务协作走向纵深（见图2-1）。

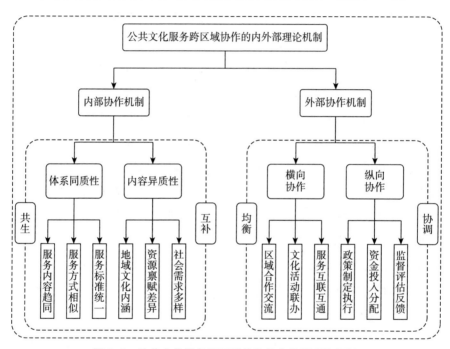

图2-1　公共文化服务跨区域协作的内外部理论机制

（一）内部协作机制

苏陕两省在公共文化服务体系建设方面的同质性特征，是推动形成两省公共文化跨区域协作的前提条件。同质性耦合即具有"相同或相近的历史、文化等因素的区域进行要素耦合，以实现扩大产业规模、降低发展成本"①。不同地区、不同机构之间在服务内容、服务方式、服务标

①　朱佳俊：《文化产业与金融服务耦合机制研究——以无锡市为例》，《江南论坛》2019年第11期。

准等方面的相似性和一致性是同质性耦合的前提，同质性耦合强调的是文化要素的融合，以形成独特的文化系列或文化品牌赋能公共文化服务体系建设。在党中央的统一领导下，苏陕两省公共文化服务的同质性耦合主要表现在公共文化服务内容趋同、服务方式相似与服务标准统一。在服务内容方面，两省都遵循《国家基本公共服务标准》，注重提供"保民生、兜底线"的基础性公共文化服务，持续推动图书馆、博物馆、文化馆、美术馆、综合文化站、基层公共文化中心的建设和管理，组织文艺演出、巡回展演等基本公共文化活动，保障公民最基本的文化需求，促进文化知识普及和文化素质提高。在服务方式方面，两省均采用政府主导、社会参与的模式来提供公共文化服务。政府是公共文化服务的基本主体，扮演着规划者、监管者和资金提供者的角色，其在文化方面的基本职能是提供满足公民最基本需求的公共文化服务，而社会资本、非政府组织和民间力量作为政府力量的有机补充，积极参与公共文化服务的供给，扩大公共文化服务的覆盖面，形成多元化的服务供给机制。在服务标准方面，两省遵循国家关于公共文化服务的相关法规和标准，制定并实施统一的服务标准和评价体系。公共文化服务设施的建设规模、服务项目的种类、服务人员的配备标准等都具有系统内的一致性和相似性，以确保不同地区的公民能够享受到大致相同水平的公共文化服务。同质性耦合为苏陕两省公共文化服务的协作提供了坚实的基础，使得两省在资源共享、项目合作、信息交流等方面有了共同的出发点和合作空间。通过协作，两省可以在保持各自文化特色的同时，实现资源的优化配置和服务效能的提升，推动区域内公共文化服务的均衡发展。

　　苏陕两省公共文化服务之间的异质性特征，是两省推动公共文化服务协作的重要原因。异质性耦合即具有"不同历史、文化等因素的区域进行要素耦合，以实现优势互补、加快产业结构调整"[①]。这种异质性耦合体现在地域文化内涵、资源禀赋差异、社会需求的多样性以及公共文

---

① 朱佳俊：《文化产业与金融服务耦合机制研究——以无锡市为例》，《江南论坛》2019年第11期。

化服务体系发展方式等方面，这也为两省公共文化服务协作互补、互利共赢、共同发展提供了基础。一是地域文化差异大。江苏和陕西两省在地域文化上存在显著差异。江苏地处江南水乡，文化底蕴深厚，注重文化的精致和细腻；陕西位于西北内陆，历史悠久，文化厚重，注重文化的粗犷和豪放。这种地域文化差异使两省在公共文化服务内容的选择和服务方式的设计上具有异质性耦合的可能。二是资源禀赋差异大。两省在经济发展水平、人口分布、自然资源等方面的差异，导致公共文化服务资源的配置存在差距。江苏经济发达，财政收入较高，可以投入更多的资金用于公共文化服务的建设和运营；而陕西经济相对欠发达，财政收入有限，需要通过优化资源配置，提高服务效率。两省公共文化服务协作有利于将江苏的资金与技术优势转化为文化供给优势，也有助于将陕西的资源优势转化为文化消费优势，在这个过程中以文化资源的有机互动，撬动两省公共文化服务发展，实现两省"发展长板"的有机互鉴。三是公共文化服务的社会需求各异。随着社会主要矛盾转变，人民对公共文化服务的需求也日益多样化和个性化。异质性耦合在苏陕公共文化服务内部耦合机制中体现为两省在文化服务上的差异性和特色化。江苏作为沿海经济发达省份，其数字文化服务、创意文化园区的建设在全国遥遥领先，而陕西作为资源大省更侧重于秦腔、陕北民歌等非物质文化遗产的保护和传承。在发展方式上，江苏省公共文化服务体系在现代化探索方面积累了较多的经验，能够利用互联网、移动应用、5G技术、人工智能等现代科技手段，为人民群众提供便捷高效的文化服务；陕西则是依托传统的公共文化服务模式提供贴近民众生活的公共文化服务。

苏陕公共文化服务内部协作机制既包含了同质性耦合（两省在公共文化服务体系建设上的共性和一致性），也包含了异质性耦合（两省在服务内容、方式和特色上的差异性和互补性）。这种耦合协作机制既能提供满足公民基本文化需求的公共文化服务，又能体现各自的地方特色，促进文化的多元发展和社会和谐进步。在公共文化服务苏陕协作过程中，应注重结合两省不同地区、不同群体的需求，提供具有针对性的公共文化服务，既以基本的公共文化服务为基础，保障公共文化服务的便民性与可及性，又提供特殊公共文化服务等，形成普惠的公共文化服务体系。

（二）外部协作机制

除了公共文化服务领域的内部协作机制，以"府际关系"为核心的纵向协作机制和横向协作机制构成了公共文化服务苏陕协作的外部协作机制。其中，纵向协作聚焦于中央与地方、上级政府与下级政府在公共文化服务方面的协调互动，而横向协作侧重于苏陕两省之间在公共文化服务领域的合作交流。

纵向协作机制是指在不同行政层级和不同职能部门之间建立的一种协同合作关系，通过上下贯通、左右协调的方式，实现资源整合和政策对接，以提升公共文化服务的整体效能。中国的国家体制，决定了纵向协作机制在公共文化服务苏陕协作中的作用方式。中央政府在制定全国性公共文化服务政策时，会考虑到全国各省的实际情况，中央政府专项资金支持、政策也会适当倾斜，确保政策既有普适性也具备地方性；地方政府在执行中央政策的同时，也会根据自身特点和居民需求进行适当调整，形成上下联动的纵向协作机制。这种机制体现为，中央的政策会传到省级，再到市、县区、乡镇、村社，形成"中央-地方"的六级政策体系，进而从政策制定与执行、资金投入与分配以及监督评估与反馈等维度立体架构跨区域协作的纵向机制。一是政策制定与执行的垂直对接。在纵向协作机制下，中央与地方政府在公共文化服务政策方面形成了"制定-执行-反馈"关系，中央出台文化政策、规划和标准，需要地方政府根据实际情况进行细化、落实，确保政策落地生效。同时地方政府在执行过程中遇到的问题和困难，需要及时向上级政府反映，达到早发现问题早解决的效果，并争取政策支持和资源倾斜，发展和打造具有地方特色的公共文化服务品牌。二是资金投入与分配的纵向统筹。中央政府通过转移支付、专项资金、财政补贴等方式，鼓励和支持地方公共文化服务发展进步，确保基层文化服务的基本运转；地方政府根据自身财力和公共文化服务需求，合理安排资金投入，并积极吸引社会资本参与公共文化服务体系建设，形成中央与地方共同投入、多元保障的公共文化服务格局。三是监督评估与反馈的纵向联动。中央政府通过设立专门机构或委托第三方机构对地方公共文化服务进行监督评估，确保政策执行效果和服务质量。地方政府则需要根据评估结果进行自我反思和改进，及时向上级政府反馈工作进展和成效，形成上下贯通、相互促进的监督评估机制。

横向协作机制是指江苏省和陕西省在公共文化服务领域内，通过政策制定、资源配置、项目实施等方面的相互衔接和配合，实现两省公共文化服务系统的有机结合和功能互补。这种机制既强调宏观层面上的协同与整合，又注重微观层面上的服务模式与服务内容的供给，目的是优化公共文化服务资源的配置，提升服务质量和效率，满足人民群众对文化生活的普惠性需求，实现苏陕公共文化服务领域的相互学习、资源共享和合作共赢。一是区域合作与交流。在横向协作机制下，苏陕两省可以通过签订合作协议、搭建公共文化服务平台、开展联席会议等方式，共同制定区域文化发展规划，推动文化资源共享、项目合作和人才培养等方面的合作，定期交流文化服务经验，加强区域合作交流，协调解决跨区域文化服务问题，实现互利共赢和共同发展。二是跨区域文化活动的举办。苏陕两省联合举办文化节、艺术展览、演出等跨区域文化活动，促进文化交流与传播。通过举办跨区域文化活动，集合两省的优势资源，展示各自文化特色和优势，增进彼此之间的认知和了解，共同打造具有区域特色的文化服务项目，促进文化融合与创新。三是公共文化服务的互联互通。在横向协作机制下，两省公共文化服务体系通过线上线下渠道的互联互通，为民众提供更加便捷、高效的服务。这种服务联动要依靠建立统一的服务平台来实现，一方面，将两省的公共文化服务云进行有机整合，共同开发文化服务小程序和网站，使民众能够跨区域访问和享受文化资源。另一方面，依托文化服务志愿者团队，实现文化服务的地域覆盖和社会参与，进一步提升公共文化服务的可达性和满意度。

二　公共文化服务苏陕协作的结构框架

跨区域协作是一个复杂的系统工程，需要协作双方系统谋划协作过程，并完善协作机制，以此为协作运转提供科学遵循。在内外部协作基础上，公共文化服务苏陕协作还从政策、资源、信息和评估等维度构建了四位一体的协作框架。其中，政策协同从顶层设计发力明确了协作的发展方向与主要任务，是两省协作的重要保障；资源共享实现了两省资源的共建共享，是两省协作的重要基础；信息交流促进了两省的互学互鉴，是两省协作的合作动能；动态评估反馈了两省的发展状况，是两省协作效果的有力见证。这四个维度立体架构了公共文化服务苏陕协作的结构框架（见图2-2）。

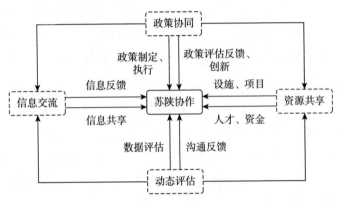

图2-2 公共文化服务苏陕协作的结构框架

（一）政策协同

政策协同贯穿于双方政策制定、政策执行、政策评估反馈与政策创新的全领域、全过程。在中央政府的集中统一领导下，苏陕两省从顶层设计角度持续发力，制定相应的公共文化服务领域合作协议和政策措施，确立双方协作的基本框架和目标。从政策制定的角度看，苏陕两省在广泛地调研与收集民意的基础上，通过主体协商、高层会晤、工作座谈等形式，就公共文化服务的发展方向、重点任务等进行深入交流，共同制定了涵盖文化资源共享、文化项目合作、人才培养交流等多个层面的协作政策。从政策执行角度看，双方在形成共识的基础上，以公共政策为基础，细化协作协议执行计划，并明确各自的责任和任务，建立常态化的工作机制和沟通渠道，确保政策落地执行。从政策评估反馈角度看，双方建立健全评估反馈机制，根据政策施行效果进行科学评估与正向反馈，及时调整政策或协议中的不合理之处，及时解决协作中出现的问题，确保公共文化服务质量不断提升。从政策创新角度看，双方在协作的基础上，总结经典案例与实践经验，持续探索公共文化服务领域的新模式、新方法，促进跨区域公共文化服务水平的整体提升。

（二）资源共享

苏陕两省在公共文化设施、文化活动、人才培训等方面的资源交流共享，是实现资源优化配置的有效举措，更是推动公共文化服务苏陕协作高质量发展的关键环节。苏陕两省的文化差异为两省公共文化服务协作发展提供了互补和耦合空间，推动两省文化资源共建共享是惠及双方群众精神文化生活的重要举措。从文化设施资源共享看，苏陕两省通过互开分馆、巡回展览等形式，实现文化场馆、图书馆、博物馆等公共文化设施资源的共享，让双方群众享受到优质的公共文化服务。从文化项目资源共享看，持续挖掘苏陕两省的文化资源，找到两省公共文化服务的共通点与衔接点，以联合举办文化节、艺术展演、文化论坛等活动为媒介，共同策划实施一些跨区域文化项目，扩大文化项目的影响力和覆盖面，增强公共文化服务的实践效能。从文化人才资源共享看，双方通过人才交流、培训合作、挂职锻炼等方式，互相派遣文化管理人员、艺术家进行短期工作或学习交流，提高双方文化服务人员的专业水平和工作能力，实现文化人才资源的共享。从文化资金资源共享看，双方探索建立跨区域的文化基金等，支持双方共同感兴趣的文化项目和服务，促进文化资源的有效利用和文化事业发展。

（三）信息交流

公共文化服务的信息交流是实现两省公共文化服务高质量发展的关键环节，依托公共文化服务信息平台，进行文化宣传、需求反馈与跨区域协作，能够实现文化资源、活动信息、服务经验等的互联互通共享。从文化信息资源共享看，一方面建立公共文化服务信息平台，实现文化资源、活动信息、政策法规、服务指南等数据的集中存储和共享，方便双方查询和获取各类文化服务信息，及时了解彼此公共文化服务的动态和需求，实现文化资源信息的互联互通；另一方面，通过定期的工作会议、通讯简报、政策研讨会、在线论坛等形式，相互通报各自的公共文化服务进展、成功案例和政策创新实践，促进经验交流和知识传播，推动双方在公共文化服务方面的互利共赢。从文化服务需求反馈看，一方面通过问卷调查、意见征集等方式收集公众对公共文化服务的意见和建议，及时传递给协作对方，更好地满足民众的文化需求；另一方面，充分利用网络、新媒体、短视频等新兴自媒体平台，将文化资源转化为数字化信息，采取"线上+线下"相结合的方式，鼓励公众通过网络平台参与公共文化服务的讨论和评价，通过相关数据的收集和分析，及时回应公众关切，以数据驱动的方式优化公共文化服务的供给，不断优化服务内容。

（四）动态评估

公共文化服务苏陕协作既有政策上的协同共建、资源上的共建共享、信息上的交流互通，也有服务效能的动态评估。动态评估能够及时反映公共文化服务苏陕协作存在的问题，并根据实际情况进行调整矫正。建立公共文化服务苏陕协作的动态评估机制，定期对合作项目和活动进行评估反馈，确保协作效果的高质量提升。从数据评估角度看，两省共同制定一套涉及公共文化服务覆盖率、参与度、满意度等的科学合理的评估指标体系，通过问卷调查、访谈、数据分析等方式，定期收集有关公共文化服务协作实施情况、资源使用效率、受众反馈等的数据信息，并运用统计分析方法对数据进行处理和分析，以获得客观准确的评估结果。从沟通反馈角度看，一方面，通过定期的工作会议、报告等形式，将评估结果反馈给相关的管理部门和服务提供者；另一方面，对公共文化服务项目的实施效果进行绩效评估，判断项目是否达到预定目标，识别协作中存在的问题，形成评估报告，并根据评估结果，及时调整和优化协作策略和实施方案，提高服务质量和效率，提升公共文化服务的社会认知度和影响力。

第三章 协作模式

公共文化服务苏陕协作是两省多层次、多维度主体共同参与的重要实践活动。双方政府部门之间的协作、公共文化机构之间的协作、社会组织之间的协作以及公共文化机构与社会组织之间的协作构成了公共文化服务苏陕协作的主要模式。多主体相互推进、协调发展构成了公共文化服务苏陕协作的实践特色。

第一节 政府部门之间的协作模式

政府部门协作是政府部门之间相互协调配合，建立起职责分配关系，"是各层级政府履行职责、完成任务的重要机制"[1]。苏陕两省政府部门之间的公共文化服务协作是一种区域间的政府合作模式，旨在通过整合两省公共文化资源，实现公共文化服务的互补与共享。这种协作动能来自两省政策协同创新、资源有机共享、数字化服务创新、人才素质提升的实践需要，涉及两省文化设施建设、文化资源整合、文化产业发展、文化人才培养等方面，从而确保两省在政策制定、资金投入、项目实施、人才培养、数字化服务等方面的协同行动（见图3-1）。

---

[1] 王铮：《政府部门间协作的影响因素及其组织逻辑：基于组织角度的分析》，《公共管理与政策评论》2023年第2期。

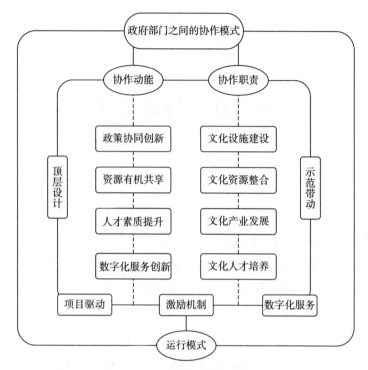

图 3-1　政府部门之间的协作模式

一　协作动能

构建政府部门良性合作机制是"提升政府整体效能、实现政府职能的重要手段"①，也是推进治理能力与治理体系现代化的必然要求。在苏陕协作的整体框架下，两省公共文化服务相关部门重点围绕政策协同创新、资源有机共享、人才素质提升与数字化服务创新展开交流协作，促进了两省文化资源的有效配置与优化利用，为两省公共文化服务高质量发展配备了"稳定器"和"加速器"。

第一，政策协同创新为两省政府部门公共文化服务协作奠定基础。两省政府通过定期召开联席会议，共同研究制定文化发展规划和政策措

---

① 高德强、陈琳：《论政府部门良性协作机制构建的现实障碍及实现路径》，《长江论坛》2018 年第 2 期。

施，确保文化工作有序推进。在具体政策层面，两省不仅在税收、土地等方面给予文化产业优惠政策，还在文化市场监管、知识产权保护等方面进行了紧密的合作。同时积极开展"文化走亲"活动，鼓励和支持文化遗产保护、文化信息传播、文化资源共享，为公共文化服务发展保驾护航。

第二，资源有机共享为两省政府部门公共文化服务协作提供重要支撑。随着文化消费的升级，公共文化服务需求日益增长，而单一省份的财力往往难以满足这种需求。苏陕两省通过共同设立文化发展基金、整合文化资源等方式，实现了公共文化服务发展的规模化和专业化。在资金方面，两省政府争取专项基金，支持基础文化设施建设、开展文化活动以及推动文化产业发展。在资源整合方面，两省充分利用各自的文化资源优势，实现了文化资源的互补和共享。例如，两省图书馆建立了互借互还机制，使得读者可以在任何一家图书馆借阅到对方省份的图书，两省博物馆定期举办联合展览，让观众能够在家门口欣赏到对方省份的珍贵文物，增强了公共文化服务动能。

第三，人才素质提升为两省公共文化服务协作提供核心动力。通过举办培训班、研讨会、工作坊等活动，文化从业人员可以了解到对方省份的文化发展经验和成功案例，从而激发自己的创新灵感，这不仅提升了文化从业人员的专业技能，更促进了文化理念的交流碰撞。在培训方面，两省针对文化管理、文化创意、文化市场营销等不同领域，开展了一系列针对性强的培训项目，不仅提高了文化从业人员的业务能力，也拓宽了他们的视野和思维。

第四，数字化服务创新增强协作亮点。在两省政府统筹下，积极探索新的文化服务模式，通过信息化手段，推动公共文化服务的智能化发展，为公众提供更加便捷、高效的文化体验。一方面，将虚拟现实（VR）、增强现实（AR）等技术应用于文化服务中，为公众提供沉浸式的文化体验；另一方面，通过移动应用程序提供在线阅读、在线展览等服务，让公众享受"指尖"的公共文化服务。

二 协作职责

政府部门作为公共文化服务的提供者和服务者，决定了公共文化服务的性质、水平与质量。两省政府部门之间的协作涵盖了文化设施建设、文化资源整合、文化产业发展、文化人才培养等诸多方面。聚焦这些领域，协同互鉴，既是履行协作职责的基本要求，也是推动公共文化服务高质量发展的使命要求。

在文化设施建设方面，两省公共文化服务部门积极争取专项资金、筹集其他资金用于公共文化服务基础设施空间建设，特别是结合两省人民日益增长的文化需求，共同投资建设一批具有示范效应的新型公共文化空间，探索可持续发展的模式，合作开展文化设施的运营和管理，提升公共文化服务水平，确保文化设施的长期效益。

在文化资源整合方面，政府各部门协同发力，对两省历史文化遗产、非物质文化遗产以及民间艺术资源进行梳理总结，共同开展非物质文化遗产的挖掘、整理和展示工作，促进传统文化与地方文化的保护传承，并通过举办文化节、艺术展览等活动促进文化资源的活化利用。

在文化产业发展方面，两省共同探索文化产业的创新发展路径。两省通过主体协商制定积极的协作政策，鼓励围绕两省重点文化产业项目进行招商引资，吸引国内外优质文化企业投资兴业。同时，共同研发文化产品和服务，推动文化产业的多元化和品牌化发展，以文化产业反哺公共文化服务事业。

在文化人才培养方面，双方制定人才交流培训管理办法，积极推动两省政府部门人才、公共文化机构人才、社会组织人才进行专题学习、经验分享，提升文化从业人员的专业素质和创新能力。

三 运行模式

基于平等、互助的协作关系，两省政府部门通过完善顶层设计、实施项目驱动、建立激励机制、推动数字化共建与示范带动等方式实现两省公共文化服务协作的平稳运行。

在顶层设计方面，以协作协议为基本遵循，推进协作有序开展。一方面，在两省省委省政府的领导下，两省先后签订了《苏陕协作战略合作协议》《关于深化四方结对共建示范村的协议》等协议，明确了两省在公共文化服务领域协作的具体内容和基本方向。例如，2018 年 7 月，双方签署了《江苏省文化厅 陕西省文化厅 文化交流合作框架协议》，并就加强两省基层综合性文化服务中心建设、公益性文化事业单位法人治理结构改革、图书馆文化馆总分馆制建设等方面的交流合作，签订了多项文化合作协议，明确了相互开展送文化活动，为苏陕两省基层提供优秀文化产品和服务等协作目标，这为双方协作的开展提供了制度框架。另一方面，建立了以两省文化和旅游厅厅长担任组长的苏陕文化协作领导小组，负责统筹协调两省文化服务合作事宜，共同致力于推动公共文化服务苏陕协作向多形式、多层次、全领域、全方位拓展。

在项目驱动方面，以特色文化资源为基础，撬动两省文化项目协作活力。围绕两省文化资源共享、文化设施建设、文化活动开展等重点领域，开展了一系列具体的合作项目，促进文化资源的优化配置和服务效能的提升。陕西制定了新阶段《省级苏陕协作项目资金管理办法》，有效规划优化项目资金投入、资金分配比例，以项目协作带动公共文化服务效能提升。如皋市文体广电和旅游局、如皋市教育局、洋县文化和旅游局联合主办文艺创作展演活动，在如皋市文化馆 19 万元资金的支持下，演出团队在如皋市如城区及各街道社区、学校以每天轮流到各地演出两场皮影戏的形式，推出了《谢村桥》《孙杨大战》等皮影戏演出，有效传播了陕南的地域文化。

在激励机制方面，以政策支持鼓励社会力量参与公共文化服务建设。依托文化发展专项基金，通过奖励和补贴等方式，支持合作项目的实施，鼓励文化企业和社会力量参与公共文化服务的建设和运营。江苏省根据《中华人民共和国预算法》《江苏省省级财政专项资金管理办法》等规定，制定了《江苏省文化旅游发展和文物保护利用专项资金管理办法》《江苏省宣传文化发展专项资金管理办法》《江苏省公共文化服务体系建设补助资金管理办法》，支撑和保障公共文化服务高质量发展，陕西也依托《文化产业发展专项资金管理办法》鼓励和支持社会力量参与公共文化服务建设。在两省的协作中，通过出台相关文化政策，激励了社会主体参与公共文化服务建设，完善了公共文化服务的供给体系。

在数字化共建方面，以数字平台共建推动文化保护传承。一方面，由政府部门牵头，积极配合国家文化大数据平台的建设，推进实施"数字化引领工程'演绎云'数字化生产线"的搭建，组建"数字演艺创新中心"。另一方面，聚焦文物领域数字化探索实践，建成集文物安全与执法监控、行业管理与数据分析、资金申报与项目管理于一体的文物综合管理平台，让观众"足不出户，游遍全馆"。

在示范带动方面，以点带面鼓励公共文化服务领域创新实践。政府主管部门加强与结对地区党委、政府和有关部门的沟通联络，积极争取更多资源，由点及面促成更多公共文化服务项目协作。"郁林家园"是扬州市与榆林市的文化设施空间共建项目，以"郁林家园"为基点，两地9个"榆阅空间"城市书房实现通借通还，并协作规划共建50个"榆阅空间"24小时城市书房，不断满足人民群众的文化需求，共同构筑城区一刻钟阅读服务圈。

第二节　公共文化机构之间的协作模式

提供公共文化服务是公共文化机构的基本职能。公共文化机构是提供公共文化服务活动供给和服务的主体，也是公共文化服务苏陕协作的主体，公共文化机构之间的协作也构成了公共文化服务苏陕协作的基本形式。协作动能在于以协作促进了两省公共文化机构的机制更新、优势互鉴与模式创新，协作职责涵盖了文化资源共享、文化活动开展、文化人才交流培训、公共文化服务体系建设等多个方面。在动能驱动与职责规制下，两省通过建立健全协作机制、加强项目协作、推动资源共享、进行人才培训等多种形式实现公共文化服务的有机运行（见图3-2）。

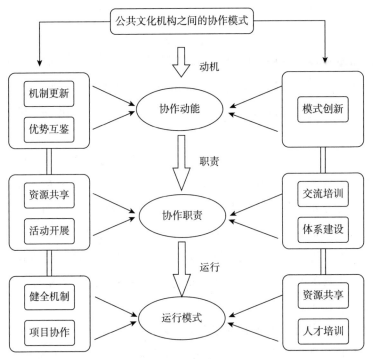

图 3-2 公共文化机构之间的协作模式

一 协作动能

能否为广大人民群众提供均等、便捷、优质的公共文化服务是衡量公共文化服务机构服务水平的重要标准。提高基本公共文化服务的覆盖面和适用性，持续推动公共文化服务标准化、均等化，是满足人民群众精神文化需求的必然要求。在公共文化服务苏陕协作中，公共文化机构之间的协作是实现高品质共建共享的重要环节。基于双方公共文化服务高质量发展的共同追求，在协作中逐渐形成了资源共享的良好机制、资源互补的协作优势与协作协同创新，增强了双方的协作意愿，为两省公共文化服务协作提供了重要基础。

第一，机制更新促进资源共享。苏陕两省的公共文化机构不仅为双方提供读书看报、看演出、看展览、参加文化活动等基本公共文化服务，更通过建立资源共享平台，既实现了图书、艺术品、展览等实体资源的共享，又实现了数字资源、在线服务平台等信息资源的共享。这种资源共享不仅丰富了各自公共文化服务资源，而且提高了资源的利用效率，避免了重复投资和浪费。同时，资源共享也带来了双方在文化服务项目上的合作，以双方的公共文化机构为桥梁，共同策划和组织各类文化活动，从而为广大人民群众提供了层次更多、覆盖更广、服务更优的公共文化服务。

第二，优势互鉴激发了协作活力。苏陕两省的公共文化机构在各自领域都有着独特的专业优势和服务特色，通过协作实现了有效分工，双方都能够充分发挥各自的优势，充分发挥"长板效应"。特别是江苏省公共文化机构中的数字化运用、虚拟展播技术、古籍保护等在全国领先，派遣专业人士进行学习交流，以及人才援助与技术支持，能够有效地促进陕西文化资源的开发、利用和保护，为丰富两省民众的精神文化需求提供全新的介质。

第三，模式创新增强了协作效能。随着人民群众对精神文化需求的增加，人们对公共文化服务的需求由"缺不缺、够不够"转为"优质化、均等化"，如何增强文化服务的实效性、精准性，让更多人就近享受、积极参与，成为公共文化机构亟须解决的关键问题。苏陕公共文化机构在协作中注重创新服务模式，依托国家公共文化云平台、智慧图书馆、"云端博物馆"和"云上村晚"等各类数字化服务，双方开展线上线下融合的文化服务，利用互联网技术为民众提供便捷的文化服务，利用文化元素共同开发文化创意产品，积极探索新的合作模式和服务模式，以适应时代发展的需要和民众日益增长的文化需求。这种协同创新模式，调动了公共文化服务机构的创新性，激活了两省的公共文化元素，不仅推动了公共文化服务的创新发展，更提升了两省公共文化机构的创新力和竞争力。

二 协作职责

公共文化服务苏陕协作中公共文化机构之间的合作范围广泛而深入，涵盖了文化资源共享、文化活动开展、文化人才交流培训、公共文化服务体系建设等多个方面。这不仅促进了资源的优化配置和服务的创新发展，而且增强了机构的服务能力和竞争力，有助于为苏陕两省乃至更广泛区域的民众提供更加优质、多样化的文化服务。

在文化资源共享方面，两省公共文化机构通过建立共享平台，不仅丰富了各自的文化资源库，扩大了服务范围，还提高了资源的利用效率，避免了重复建设和浪费现象，实现了图书、资料、展览、演出等资源的互联互通和共享。在文化活动开展方面，苏陕两省的公共文化机构紧密合作，共同策划传统的文艺演出、书画展览、读书活动，以及新兴的数字文化、网络文化节等文化活动，着力打造具有影响力的文化品牌。在文化人才交流培训方面，注重人才培养和交流，通过互派干部挂职锻炼、联合举办培训班、开展学术研讨等方式，促进了人才的成长和交流，为公共文化服务事业高质量且可持续发展提供了有力的人才保障。在公共文化服务体系建设方面，苏陕两省的公共文化机构积极探索合作模式，建立合作机制、资源共享与协同发展机制，共同推动公共文化服务体系的建设和完善，促进了公共文化服务的均衡发展，提高了服务的覆盖率和满意度。

三　运行模式

苏陕公共文化机构之间的协作是一种基于区域合作和资源共享理念的创新机制。在两省政府文化主管部门的统筹规划和指导下，依托各自的文化资源和优势，通过建立常态化的沟通协调机制、项目合作平台和资源共享机制，实现公共文化服务的互补和共赢。这种模式强调区域合作，通过跨省界的文化交流与合作，拓宽文化资源的辐射范围，丰富公共文化服务的内涵。

第一，建立健全协作机制。两省公共文化机构定期召开联席会议，共同研究解决协作中的重大问题，制定协作计划和年度工作要点，及时发布政策信息，分享文化资源和项目成果。同时积极探索新的合作模式和合作领域，建立定期沟通协调机制、项目合作机制、资金保障机制等，拓展了合作范围和深度，为双方的合作提供了有力的保障和支持。

第二，加强项目协作。两省公共文化机构围绕共同感兴趣的文化领域，通过整合公共文化领域的资源优势，联合举办文化艺术节、文化展览、艺术展演、音乐会、戏剧表演等活动，打造出高质量的文化活动和公共文化服务品牌，满足民众的文化需求，提升公共文化机构的品牌影响力和社会认可度。

第三，推动资源共享。两省公共文化机构之间通过建立联盟、合作网络等形式，共享文物藏品、图书资料、艺术作品、文化设施、文化技术等优势资源，打破地域和机构的界限，避免公共文化服务空间的重复建设和浪费，提高资源利用效率，提升公共文化服务的专业化水平，实现资源的共享和优化配置。

第四，进行人才培训。两省公共文化服务机构通过互派干部挂职锻炼、共同举办培训班、学术交流和合作研究等方式，提高两省文化机构的人才素质和服务能力，同时分级分类开展业务培训，引导优秀文化人才向基层下沉，提升基层公共文化服务队伍的综合素质和业务能力。

两省公共文化机构协作是两省协作最集中、最普遍的形式，特别是在图书馆和文化馆领域。例如，2020年11月宝鸡图书馆派两名馆员参加了苏陕协作培训，重点在读者服务和古籍保护修复方面进行了专业提升。2020年以来，延安市图书馆三次带队分别前往江苏金陵图书馆、南京图书馆、无锡市图书馆、常州图书馆、苏州第二图书馆、江阴图书馆开展学习交流，金陵图书馆两次带队回访，双方就人才交流与业务共享、文献支持与信息共享、资源整合与活动共享、党建合作共享等方面达成协议或共识。2021年5月13—20日榆林市公共文化服务中心及榆林市博物馆、榆林市图书馆、榆林市文化馆主任和馆长带领市图书馆工作人员及各县市区图书馆馆长赴江苏、浙江、江西等省考察大型公共图书馆工作理念、馆藏分布、智慧图书馆建设、特色资源建设、读者服务工作，以及自动化、网络化、数字化、大数据服务平台等现代信息技术在图书馆的应用等情况，促进了两省资源共享、品牌共建与人才共育。

第三节　社会组织之间的协作模式

"社会组织的地域广泛性、利益多元性以及组合的灵活性都有助于其内部不同利益群体之间的利益表达、利益竞争、利益妥协和利益合作"[①]，满足不同群体的社会需求，从而实现公共治理价值的区域化。社会组织之间的合作模式是两省公共文化服务协作的补充形式，涵盖非政府组织、非营利组织、民间团体等多元主体，协作动能在于能够汇聚多方资源、促进模式创新以及动员资本参与，涉及文化资源共享、文化活动开展、文化人才培养、文化科技应用、文化遗产保护等诸多领域，以多样化、灵活性和创新性的方式，实现政府以及公共文化机构职能的有机互补（见图3-3）。

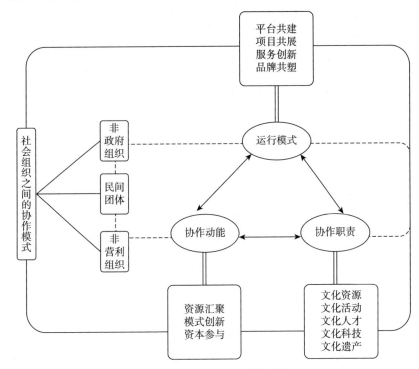

图 3-3　社会组织之间的协作模式

---

① 吴巧瑜、黄颖：《第三方治理：粤港澳大湾区社会组织跨区域协作治理研究——以 Y 青年总会为例》，《学术研究》2022 年第 3 期。

一 协作动能

公共文化服务苏陕协作中社会组织之间的协作指的是苏陕两省公共文化服务领域内，各自的非政府组织、非营利组织、民间团体以及其他形式的社会组织之间，基于共同目标和利益，通过协商一致形成合作伙伴关系。这种协作遵循平等互利、共同发展的原则，通过建立合作机制、签订合作协议等形式，明确合作内容、责任分工和利益分配，旨在整合双方资源，优化服务供给，提升服务效能，满足人民群众日益增长的文化需求，促进两省文化的交流与发展，确保协作活动的顺利进行和目标的实现。汇聚多方资源、促进模式创新与动员资本参与构成了公共文化服务社会组织协作的动力源泉。

第一，汇聚多方资源，形成强大的服务能力。在资源有限的情况下，单一社会组织很难满足广大民众的文化需求，而在两省社会组织的通力协作下，实现了资金、人才、场地等的共享，扩大了公共文化服务覆盖面，增强了公共文化服务适用性，提高了公共文化服务质量，提升了社会组织的运营效率，让更多民众能够享受到优质的文化服务。

第二，促进模式创新，增强合作动能与效能。公共文化服务不仅是政府与公共文化机构应当承担的职责使命，也包括社会组织协作提供的公共文化服务与公共文化产品。社会组织之间的合作，为公共文化服务注入发展活力，不同的社会组织通过相互学习、相互借鉴，吸收彼此的优点，形成新的服务模式和方法，丰富了文化服务的内容和形式，使文化服务更加贴近民众的实际需求，提高了文化服务的吸引力和影响力。

第三，动员资本参与，增强协作凝聚力。通过文化资源的共建共享，双方的社会组织瞄准具有发展前景的文化资源进行协作，并积极动员、组织与吸引社会资本参与公共文化服务协作。协作过程中社会组织之间会建立起信任和合作关系，这种关系不仅有助于社会组织之间的长期合作，也有助于社会组织与政府、企业等其他主体的合作，增强了社会组织的社会影响力，为社会的和谐稳定做出了贡献。

二 协作职责

社会组织之间的协作弥补了政府和公共文化机构之间的协作不足，创新了服务模式，协作范围广泛而深入，涵盖了文化资源共享、文化活动开展、文化人才培养、文化科技应用、文化遗产保护等多个领域。

在文化资源共享方面，两地社会组织通过建立资源共享平台，实现图书、艺术品、文化设施等资源的互联互通，有效缓解了文化资源分布不均的问题，让更多民众能够享受到丰富的文化资源。在文化活动开展方面，社会组织发挥各自专长，联合举办各类文化节庆、展览、演出等活动，丰富了民众的精神文化生活，促进了文化传承与发展。在文化人才培养方面，两地社会组织在合作中注重人才的培养和交流，通过交流学习、联合展演、挂职锻炼等方式，提升了双方人才的专业能力和服务水平，为公共文化服务事业的可持续发展提供了有力的人才保障。在文化科技应用方面，利用现代科技手段，依托全国公共文化服务云，创新数字图书馆、数字文化馆、数字博物馆、在线教育等，让公共文化服务更加便捷、高效。在文化遗产保护方面，开展文化遗产调查、研究、修复等工作，保护和传承珍贵的文化遗产，以两地的文化精粹架起连心桥。

苏陕公共文化服务社会组织之间的协作以政府引导为前提、市场机制为基础、社会力量为主体，协作范围广泛而深入，在合作过程中社会组织与政府部门、企事业单位等建立良好的合作关系，争取更多的支持和资源，为公共文化服务协作提供有力保障。这种全方位的合作模式不仅促进了两地公共文化事业的繁荣发展，也为社会组织之间跨区域协作树立了典范。

三 运行模式

公共文化服务苏陕协作过程中，社会组织之间的运行模式呈现多样化、灵活性和创新性的特点。这些合作模式有效促进了两地文化资源的交流共享，推动了公共文化服务水平的提升，满足了两地人民群众日益增长的精神文化需求。

第一，以平台共建实现资源共享和优势互补。这些平台通常包括文化交流中心、公益活动组织、社区服务机构等，它们通过共享场地设施、人才资源、项目信息等，降低了各自的运营成本，提高了服务效率。

第二，以项目发展驱动需求满足。在协作中社会组织注重项目合作，围绕公共文化服务的重点领域和群众需求，共同策划和实施具有创新性和针对性的各类文化项目，以公共文化服务的多样性和包容性满足不同群体多层次、异质性的文化需求。

第三，以服务创新增强公共文化服务的体验感。在两地社会组织的协作过程中，依托江苏的数字文化技术和先进的公共文化服务理念，着眼于"一老一小"和特殊群体的文化需求，合作开发新的服务模式和服务内容，为陕西公共文化服务体系注入生机活力。一些社会组织针对青少年群体推出互动式文化体验项目，另一些社会组织则针对老年人群体推出传统文化传承项目，双方的合作可以实现服务的互补和拓展。

第四，以品牌共塑增强公共文化服务活力。两地社会组织在合作中注重品牌的塑造与推广，通过共同策划文化活动、联合举办展览等方式，增强双方社会组织的合作与交流，以文化促传播，以交流促发展，不断健全双方公共文化服务体系的体制机制，为公共文化服务事业的发展注入新的活力和动力。

社会组织聚焦于特殊群体的文化需求，拓宽了公共文化服务的受众面。在"苏陕协作"的帮扶机制下与崇川区委区政府的高度重视下，2022年10月，江苏崇川残联与陕西宁强县残联签订了《关于建设县图书馆视障阅览室的协议》，积极落实援建资金，为宁强县采购盲文图书及阅读设备，先后为宁强县捐赠轮椅120辆、励志书籍200本，投入共建资金8万元，建成了视障阅览室，帮助全县1000余名视障者亲身感受到高科技带来的便利，进一步促进了宁强县残疾人文化事业的发展。

第四节 公共文化机构和社会组织之间的协作模式

公共文化机构和社会组织之间的协作模式是苏陕两省公共文化服务

协作的重要形式，协作职责在于促进文化资源整合、文化活动策划执行、文化服务创新推广等诸多方面。在实践过程中，公共文化机构提供标准化、系统化公共文化服务，社会组织具备较强的动员能力和创新能力，这是公共文化机构和社会组织的协作动能。内容上注重跨界合作、服务上注重模式创新与主体上注重民众参与，三位一体推动公共文化机构和社会组织的协作有机运行（见图3-4）。

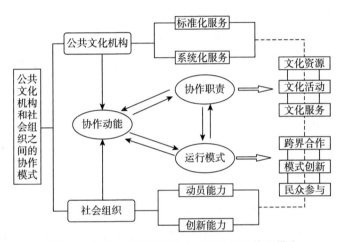

图 3-4　公共文化机构和社会组织之间的协作模式

一　协作动能

公共文化服务苏陕协作中，公共文化机构和社会组织紧密协作，形成了强大的协作效能，不仅推动了两地公共文化服务的均衡发展和民众文化福祉的提升，也为公共文化机构和社会组织的高质量发展提供了强大动力。

公共文化机构是文化服务领域的专业机构，不仅拥有丰富的文化资源和专业的服务团队，而且在提供标准化、系统化的公共文化服务方面具有不可替代的作用。通过与社会组织的合作，公共文化机构能够将自身的专业优势和社会组织的创新能力相结合，合力打造出高质量的文化服务产品。一方面，能够利用社会组织的力量，拓展服务范围，提升服务效率，优化公共文化服务半径，使更多的人能够享受到优质的文化服务；另一方面，能够利用"互联网+"、大数据、虚拟展播等新技术，更加精准地了解民众的文化需求，针对不同群体提供个性化的服务，提升公共文化服务的便捷性和互动性。

社会组织作为贴近生活、贴近现实的社会性组织，具备较强的社会动员能力和创新能力。社会组织凭借其灵活的运作机制和广泛的社会联系，能够敏锐地捕捉到社会文化需求的变化，迅速响应民众的文化需求，并策划和组织丰富多彩的文化活动。依托社会组织的专业优势，能够广泛而有效地调动社会资源，整合各方力量，推动文化服务项目的有效实施，为公共文化机构提供咨询和支持，加快提升其服务质量和效能。公共文化机构与社会组织协作通过引入新颖的元素和创新的方式进行高质量协作，突破了传统框架的束缚，使文化服务的供给更加多元化和个性化。

二 协作职责

公共文化服务苏陕协作中，社会组织与公共文化机构的合作范围广泛而深入，涵盖了文化资源整合、文化活动策划执行、文化服务创新推广等多个方面。

在文化资源整合方面，以资源共享打破地域和机构的界限。社会组织利用其广泛的社会联系和灵活的运作机制，有效地动员社会各界力量参与文化服务工作，为公共文化机构提供丰富的文化资源支持。公共文化机构则依托其专业的服务团队和能力，为社会组织提供专业的指导和支持，实现了双方的资源互补和优化配置。

在文化活动策划执行方面，以紧密协作合力打造丰富多彩的文化活动。社会组织善于捕捉社会文化需求的变化，能够策划出符合民众口味和需求的文化活动。而公共文化机构则具备专业的策划和执行能力，能够确保活动的顺利进行和高质量完成。双方的合作使得文化活动更加贴近民众生活，公共文化服务扎根人民，满足了民众广泛而真实的文化需求。

在文化服务创新推广方面，以协同共进促进模式更新。社会组织尝试使用新的服务模式和创新手段，为公共文化服务的发展注入新的活力。公共文化机构能够将创新成果转化为实际服务，推动公共文化服务普及推广。双方积极探索新的合作模式和合作领域，不断拓展合作的范围和深度，促进了文化服务模式的升级、文化服务内容的更新、文化服务效能的提升，提高了文化服务的质量和水平。这种合作不仅促进了双方的共同成长和进步，也推动了苏陕两省公共文化服务事业的蓬勃发展。

三　运行模式

在公共文化服务苏陕协作中，社会组织与公共文化机构的协作能够打破公共文化服务边界，创新服务模式，激发民众的文化创造力与参与热情，充分发挥社会组织与双方公共文化服务的实际效能。

第一，推动跨界合作，打破传统文化服务的边界，实现文化资源的共建共享。社会组织在协作中发挥着桥梁和纽带作用。一方面，依托自身广泛的社会联系和专业能力，积极搭建苏陕两省文化交流的平台，促进双方文化资源的共享和交流。另一方面，积极参与公共文化服务项目的策划和实施，组织文化活动、举办展览、开展培训，实现双方资源的最大化利用，为两地民众提供丰富多彩的文化体验，增进对彼此的了解和友谊。

第二，进行模式创新，提升苏陕公共文化服务的便捷性和互动性。依托自身的专业优势和丰富的文化资源，注重创新服务模式和方法，引入新的技术和理念，为民众提供多样化的文化服务，提升文化服务的品质和效率。公共文化机构积极与社会组织合作，通过数智赋能实现共享资源、互换信息、共同策划活动，实现资源的优化配置和服务的互补。

第三，吸引民众参与，激发民众的文化创造力和参与热情。公共文化机构在协作中承担着主体和实施者的角色。开展阅读推广、艺术教育、非物质文化遗产保护等活动，培育群众文化队伍，激发群众文化创造力，丰富群众的文化生活，进一步满足人民群众日益增长的文化需求，拓展公共文化服务的覆盖面和影响力。

公共文化机构与社会组织协作，有利于打造集成式、高层次、品牌化的公共文化服务，以文化惠民的方式丰富文化资源储备，为公共文化事业持续发展提供内生动力。江苏省读书会探索出政府主导、家校社协同的"1+N"共读新运行模式，研发出"'1+1'关爱留守儿童读经典"阅读课程；在江苏省东方娃娃杂志社的帮助下，在延安市文旅局的指导下，延安市图书馆积极参与协作，以延安精神为灵魂，以绘本为媒介，打造了涵盖生活习惯、情绪关注、知识体验等符合儿童心智年龄特征的原创性品牌——延安娃娃。这些协作突破了传统的公共文化服务边界，通过创新服务模式以及关怀特殊群体，实现了公共文化服务的提质升级，满足了多群体的公共文化服务需求。

第五节　协作模式小结

在公共文化服务苏陕协作的实践过程中，形成了政府部门之间的协作模式、公共文化机构之间的协作模式、社会组织之间的协作模式以及公共文化机构与社会组织之间的协作模式四种主要模式。其中，政府部门之间的协作模式是主导模式，公共文化机构之间的协作模式是关键形式，社会组织之间的协作模式是有益补充，公共文化机构与社会组织之间的协作模式是有机突破。

第一，政府部门之间的协作模式是公共文化服务苏陕协作的主导模式。政府是公共文化服务的供给主体，为人民群众提供"兜底线、保民生、固基本"的公共文化服务，在两省协作过程中，政府部门之间的协作模式自然而然地起主导作用。这种协作模式既涉及横向上的多个政府部门的协同，也包括纵向上的多层级公共文化服务相关部门的协作，以此保障公共文化服务的顺利实施和高效运行。在实践过程中，一方面，基于高质量发展的战略目标，在两省省委省政府的领导下，不断优化两省公共文化服务顶层设计，由两省的文化和旅游厅牵头，签订文化层面的协作协议，再由下级主管部门落地执行，推动两省公共文化服务走深走细。另一方面，聚焦于两省基层公共文化服务实践开展协作。在两省政府部门的主导作用下，通过政策、资金、技术、服务支持，加强基层综合性文化服务中心建设、公益性文化事业单位法人治理结构改革、图书馆文化馆总分馆制建设以及数字化建设，丰富两省公共文化服务内容，升级两省公共文化服务品质。

第二，公共文化机构之间的协作模式是公共文化服务苏陕协作的关键形式。公共文化机构是提供基本公共文化服务的关键场域，既包括图书馆、文化馆、博物馆、美术馆等传统的公共文化空间，也包括文化驿站、城市书房、农家书屋等新型公共文化空间。通过交流协作，能够实现两省公共文化资源的有效整合。一方面，面向大众化需求，满足人民群众基本公共文化服务需求。公共文化机构之间的协作模式与政府部门之间的协作模式具有内在的一致性，核心在于以公共文化服务设施的免费开放满足人民群众读书看报、观看电视、观赏电影等基本的公共文化服务需求，这也要求两省在公共文化服务发展薄弱地区重点发力，进行公共文化机构之间点对点的常态化交流协作，以此推动公共文化服务标准化与均等化目标的实现。另一方面，满足异质化需求，丰富公共文化机构服务的内容体系。公共文化机构除了提供基本性的公共文化服务外，还应该以公益性为底线，向人民群众提供满足不同群体需求的多样化服务，这就要求两省公共文化机构共同协作，将双方的文化资源、经验、技术等通过援助、协作的形式分享给广大人民群众。

第三，社会组织之间的协作模式是公共文化服务苏陕协作的有益补充。在公共文化服务领域，基于公共文化服务高质量发展的目标，两省各自的非政府组织、民间团体以及政府组织之间进行通力协作，建立合作伙伴、联盟等多种关系网络，着力提供政府与公共文化机构未能覆盖且能够为人民群众带来实效的公共文化服务，实现公共文化服务资源的整合协调、模式的创新优化、资本的有机嵌入、活动的有序开展，进而提升两省公共文化服务效率，为人民切实享受高品质的公共文化服务提供更多场域。

第四，公共文化机构与社会组织之间的协作模式是公共文化服务苏陕协作的突破形式。公共文化机构与社会组织之间的协作更多地涉及资源共享、活动合作等方面。这种协作模式，一方面能够扩大公共文化机构服务范围，提升服务品质。两省公共文化机构作为公共文化服务的主要供给主体，为两省人民群众提供标准化、系统化的公共文化服务。公共文化机构与社会组织之间的协作，丰富了文化供给资源，创新了文化活动形式，有助于以更加全面、系统和更具实效的公共文化供给服务更广泛的群体。另一方面，能充分发挥社会组织的积极作用，推动现代公共文化服务体系日益健全。社会组织具有灵活性，与人民群众的公共文化服务有着密切的联系，能够以其出色的创新与动员能力，推动跨界合作，进行模式创新，吸引民众参与，从而使得公共文化服务成效切实惠及人民。

上述四种协作模式基本涵盖了公共文化服务苏陕协作的基本形式，政府部门协作的主导性、公共文化机构协作的基础性、社会组织协作的参与性、公共文化机构与社会组织协作的突破性，有机结合、相互补充、相得益彰，共同服务于两省公共文化服务高质量发展目标。笔者总结梳理出这四种协作模式的协作动能、协作职责以及运行模式，期望以公共文化服务苏陕协作为有机参照，推动全国范围内公共文化服务跨区域协作的良性开展。

第四章　协作历程

　　基于"合理分工、各展其长、优势互补、协调发展"的理念优势，区域协调发展战略成为中国缩小地区发展差距、促进共同富裕的重要抓手。从20世纪80年代到国家"八五"时期，中国先后经历了从"两个大局"战略构想中的区域非均衡发展战略（即允许一部分人、一部分地区先富起来，再来带动其他未富地区），到区域协调发展战略的战略优化，再到区域协调发展成为国家极为重要的战略安排①。1991年，以干部交流为基础的苏陕协作，开启了跨区域协作的新序章。《国家八七扶贫攻坚计划》《关于组织经济较发达地区与经济欠发达地区开展扶贫协作的报告》也从政策体系上明确指出了"东西部协作"，并确定了"对口帮扶"关系。随着政策体系日益完善，东西部协作关系纵向推进，"苏陕协作""闽宁协作""粤桂协作""沪滇协作"等协作关系在推动跨区域协作发展取得积极成效的同时，也成为东西部协作战略背景下的经典案例。

　　苏陕协作是东西部协作先行军，随着协作关系的历时演进，两省之间的协作情谊持续加深，协作的内容也由经济、扶贫升华为更深层次的文化协作。以公共文化服务为抓手的苏陕协作，既为满足双方群众的公共文化需求提供了新动能，又为推动公共文化服务高质量发展增添了新内容。通过资料梳理、理论探讨与实践总结，本书认为公共文化服务苏陕协作大致经历了以干部交流为基础的萌芽阶段、以经济和扶贫协作为

---

① 石碧华：《改革开放40年中国区域发展战略的演变及成效》，中国社会科学院工业经济研究所，http://gjs.cssn.cn/kydt/kydt_kycg/201811/t20181121_4779427.shtml。

主线的初探阶段、以文化协作为特色的深化阶段和以全面协作为推进的高质量发展阶段（见表4-1）。

表4-1 公共文化服务苏陕协作历程

	萌芽阶段 （1991—1995 年）	初探阶段 （1996—2012 年）	深化阶段 （2013—2020 年）	高质量发展阶段 （2021 年至今）
主要任务	对口援助	扶贫协作	互学互助 脱贫攻坚	高质量发展
方式	干部交流	经济和扶贫协作	文化协作	全面协作
主要政策	《国家八七扶贫攻坚计划》	国家级： 《关于组织经济较发达地区与经济欠发达地区开展扶贫协作的报告》 《中共中央关于深化文化体制改革推动社会主义文化大发展大繁荣若干重大问题的决定》 省级： 《江苏省陕西省扶贫协作和经济合作协议》 《关于进一步加强对口协作的协议》 《江苏省陕西省教育对口支援工作协议》 《关于"十一五"期间进一步加强扶贫协作和经济合作工作的协议》	国家级： 《关于进一步加强东西部扶贫协作工作的指导意见》 《中华人民共和国公共文化服务保障法》 《关于加快构建现代公共文化服务体系的意见》 《国家基本公共文化服务指导标准（2015—2020 年）》 《"十三五"时期贫困地区公共文化服务体系建设规划纲要》 省级： 《陕西省文化厅江苏省文化厅合作备忘录》 《江苏省文化厅陕西省文化厅文化交流合作框架协议》	国家级： 《关于推动公共文化服务高质量发展的意见》 《"十四五"公共文化服务体系建设规划》 《国家基本公共服务标准（2023 年版）》 省级： 《江苏省陕西省"十四五"协作框架协议》 《江苏省陕西省"十四五"东西部协作规划》 《省级苏陕协作项目资金管理办法》
目标	治理边境地区和少数民族地区的贫困问题推动文化均衡发展	文化繁荣发展 文化强国	全面建成小康社会 文化强国	文化强国 中华民族现代文明

第一节 萌芽阶段

从历史来看，江苏与陕西之间的协作关系自古有之，只是在不同的历史阶段表现出的协作方向和重点内容有所不同。苏陕干部交流打通了苏陕协作的动脉，为公共文化服务苏陕协作奠定了基础。在实现共同富裕的目标导向下，苏陕干部交流的机会逐渐密集，擦出了思想、知识、技能的火花，为陕西带来了开放发展的新思路。

一 干部交流开启苏陕协作的序章

苏陕有悠久的协作历史。历史上，京杭大运河建成以后，打通了南北要道，沟通了南北交流，江苏和陕西两省也初步形成了联系。这一时期，江苏所处的江南地区因其丰富的物产资源与陕西所处的关中地区进行了大量的物资交换。随着经济重心的南移，江南地区的发展逐渐超越北方，取得了优势。近代以来，作为沿海地区的江苏率先受到西方现代思想的影响，现代化理念和发展相较于陕西而言走在前列。而陕西一带深处内陆，依旧受传统思维模式的桎梏，即使拥有丰富的自然资源、文化资源，也无法像江苏一样取得突破性发展。

中华人民共和国成立后（特别是改革开放以后），在共同富裕目标的驱动下，中国共产党领导中国人民走中国特色社会主义市场经济道路，提出了"先富共富论"，即"一部分地区、一部分人可以先富起来，带动和帮助其他地区、其他的人，逐步达到共同富裕"①。邓小平同志指出："沿海地区要加快对外开放，使这个拥有两亿人口的广大地带较快地先发展起来，从而带动内地更好地发展，这是一个事关大局的问题。内地要顾全这个大局。反过来，发展到一定的时候，又要求沿海拿出更多力量来帮助内地发展，这也是个大局。那时沿海也要服从这个大局。"② 在这

---

① 《邓小平文选》第三卷，人民出版社 1993 年版，第 149 页。
② 《邓小平文选》第三卷，人民出版社 1993 年版，第 277—278 页。

样的国家战略安排下，江苏省抓住了改革开放的东风，走在改革开放的时代前列，成为率先富起来的地区之一。如何充分发挥江苏快速发展和现代化的有益经验和突出优势，帮助尚未发展起来的西部地区，成为党中央思考的重要问题。

随着改革开放的深入推进，东西部的差距日益显现。中央开始对东西部扶贫协作做出制度安排。1992 年党的十四大报告指出，"经济比较发达的地区要采取多种形式帮助贫困地区加快发展"①；1994 年，国务院颁布实施《国家八七扶贫攻坚计划》，初步提出"北京、天津、上海等大城市，广东、江苏、浙江、山东、辽宁、福建等沿海较为发达的省，都要对口帮助西部的一两个贫困省、区发展经济"②，对口帮扶确定了"江苏帮助陕西"，苏陕两省也由此正式建立起协作关系，文化协作也被纳入对口帮扶的工作序列中。同时，在 1995 年第十四届中央委员会第五次全体会议上，时任中共中央总书记的江泽民同志提出，要"坚持区域经济协调发展，逐步缩小地区发展差距"③。

在国家关于区域协调发展和东西部协作的战略安排下，苏陕两省开始建立合作关系。1991 年，江苏与陕西两省本着东西互助、培养干部、共同发展的原则，率先探索跨省干部交流，互派干部挂职锻炼。为此，《瞭望》周刊专门刊发了一篇名为《苏陕干部交流：一个意义重大的创举》的文章，对苏陕干部交流的重要价值与意义给予了充分的肯定。自此，以干部交流为基础的交流协作，成为苏陕协作的敲门砖，开启了东西部协作的序幕。陕西开始选派干部去江苏交流学习，这为加快陕西的发展提供了有力支撑。干部交流不仅仅是人员的互换，更是思想的碰撞与交流，推动了双方文化资源的共享和优势互补。陕西省人大常委会原

---

① 《江泽民在中国共产党第十四次全国代表大会上的报告》，中国政府网，https://www.gov.cn/test/2008-07/04/content_1035850.htm。

② 国务院：《关于印发国家八七扶贫攻坚计划的通知》，中国政府网，https://new.nrra.gov.cn/art/1994/12/30/art_46_51505.html。

③ 《中国共产党第十四届中央委员会第五次全体会议公报》，环球网，https://china.huanqiu.com/article/9CaKrnJQxMO。

副主任陈再生，作为第一批苏陕协作挂职锻炼的干部（担任商洛地区的行署副专员，挂职江苏常州市市长助理），曾感慨道："一到苏南，我们的传统观念和思维方式受到强烈触动。"[1] 江苏干部的现代观念和小事效率为封闭落后的陕南秦巴山区带来了改革开放的意识，商品观念、人才观念、市场信息、文化交流等词也随之涌入。江苏苏南的 7 个市与陕西秦巴山区的 31 个县开展了以扶贫开发为主题的干部交流，这种模式被称为"新事物"，并在全国产生了深远影响。

二　干部交流的社会影响

干部交流作为一项重要的合作模式，在苏陕地区发挥着不可或缺的作用。这一模式不仅促进了各地区间的协作配合，更在深层次上推动了思想、知识和技能的交流碰撞。这一阶段，以干部交流为主要形式的协作拓宽了双方的发展视野，为贫困地区的文化经济发展、政策制定、文化建设等方面提供了有机参照。

在经济层面，干部交流为苏陕两省经济发展加装了强大的"助推器"。通过干部交流，贫困地区能够及时掌握对方经济发展的最新动态，学习发达地区的有益经验，探讨双方合作共赢的发展模式。通过干部交流，打开了贫困地区思想的枷锁，思想碰撞的火花将更好地反哺并作用于西部地区产业结构的优化升级，为西部经济持续增长创造了有利条件。同时，干部交流有助于两地间的政策沟通和信息共享，为企业和投资者提供更为有利的政策环境。一方面，能够放大江苏经济发展的模式经验，将先进技术、企业引进来；另一方面，能够激活陕西的资源优势，通过干部间的交流，将包括文化资源在内的优质资源推介出去。干部交流推动了经济优势"引进来"与资源禀赋"走出去"相结合，通过这种机制的持续运作，苏陕地区的经济发展进一步提档升级。

---

[1]　张永军、张静：《苏陕协作走过 30 个春秋》，西部决策网，http://www.xibujuece.com/xibudakaifadianziban/2021nian10qi/benqicehua/2021/1028/103889.html。

在政治层面，干部交流为两地文化政策制定、文化资源共享、文化产业和事业协同发展提供了重要支撑。一方面，通过干部的相互任职，两地政府在政治决策和行政管理上能够形成更为密切的沟通与合作。这种合作有助于两地在重大国家战略和区域发展计划中形成共识，实现资源共享和优势互补，推动区域一体化进程。特别是在文化方面，干部通过交流学习，能够深入了解对方的历史文化和风土人情，进而在文化政策制定的过程中，吸收和融合对方的优秀文化元素，自觉将所在地区的文化特色融入政策考量，制定更为包容开放、完善全面的文化政策。另一方面，两地吸收借鉴对方在公共服务、社区建设、环境保护等社会治理方面的成功经验，提升自身的社会治理能力，以文化为媒介进行交流沟通，有助于将文化元素融入产品开发和创新服务，打造独具特色的文化品牌，促进文化产业链延伸升级，推动经济效益和社会效益的双向提升，更好地满足双方群众的精神文化需求。

在文化层面，干部交流为苏陕地区文化资源的优化配置提供了创新活力。通过交流互鉴，两地文化工作者得以深入交流，共同探索文化发展新路径。这一机制不仅促进了彼此相互理解，更有助于充分挖掘和发挥双方文化优势，为区域文化的繁荣发展注入新的活力。同时，干部交流深化了对对方文化机构运作方式的了解，通过思想碰撞和经验分享，能够有效地挖掘出更多潜在的文化合作领域，促进了文化层面先进经验模式的传播，拓展了合作的深度与广度，这些有益的经验和模式为双方文化创新与发展注入新的活力，提升了人民精神文化方面的满意度与幸福感。

干部交流作为一项重要的合作机制，在苏陕地区发挥着不可或缺的作用。干部交流为苏陕地区经济、政治、文化等各方面的发展注入了新的活力，也为学习对方在公共文化服务方面的实践案例和先进经验提供了有益借鉴，为以高质量的服务水平满足人民群众日益增长的精神文化需求做出了积极贡献。

第二节　初探阶段

国家扶贫工作确定了"对口帮扶"的方针，正式将江苏与陕西挂钩，在国家战略指向、项目带动作用下，以经济和扶贫协作为主线的苏陕协作有机嵌入公共文化服务协作，不断拓展苏陕协作的深度与广度。

一　以推动扶贫工作为导向的新要求

1996 年 7 月 6 日，国务院办公厅转发国务院扶贫开发领导小组《关于组织经济较发达地区与经济欠发达地区开展扶贫协作的报告》。该报告指出："为了广泛动员社会各方面的力量参与扶贫开发工作，共同为贫困地区解决群众温饱、脱贫致富作出努力，根据党的十四届五中全会精神和《国家八七扶贫攻坚计划》的要求，经商有关地方政府同意，确定由北京市与内蒙古自治区，天津市与甘肃省，上海市与云南省，广东省与广西壮族自治区，江苏省与陕西省，浙江省与四川省，山东省与新疆维吾尔自治区，辽宁省与青海省，福建省与宁夏回族自治区，大连、青岛、深圳、宁波市与贵州省，开展扶贫协作。"[①] 该报告进一步明确了通过"对口帮扶"，广泛动员全国各地区和社会各方面的力量，促进经济较发达地区与经济欠发达地区之间的扶贫协作，这为解决贫困地区群众温饱问题、促进脱贫致富做出了重要贡献。

1996 年 10 月，中央召开扶贫开发工作会议，会议通过了《关于尽快解决农村贫困人口温饱问题的决定》，强调了对口帮扶政策的必要性，并明确在省一级的对口帮扶工作中，通过建立高效的协调机制，将帮扶任务逐级细化至县级单位，确保协作落实到具体的企业和

---

① 国务院扶贫开发领导小组：《关于组织经济较发达地区与经济欠发达地区开展扶贫协作的报告》，广东省人民政府网，https://www.gd.gov.cn/zwgk/gongbao/1996/24/content/post_3358310.html。

项目。通过双方经济合作与交流，富裕县与贫困县结对帮扶，人才、技术、信息、市场、管理、资金以及文化等得到了有机整合。这不仅有助于提升贫困地区的自我发展能力，更有助于促进富裕地区的产业结构优化。

1996年12月，江苏省党政代表团对陕西省进行了正式访问。经过深入的交流和探讨，双方正式签署了《江苏省陕西省扶贫协作和经济合作协议》。该协议的签署标志着苏陕两省在扶贫协作和经济合作方面迈出了重要步伐。根据该协议，双方本着互利共赢的原则，通过资源共享、技术交流、人才培训等多种形式，推动两地经济的共同发展，助力贫困地区脱贫致富。为确保协议的有效实施，1997年陕西省成立了苏陕扶贫协作与经济合作领导小组，负责组织开展相关合作工作。该小组由两省政府相关部门共同组成，致力于加强沟通协调，确保各项合作项目顺利推进。自协议签署以来，双方在基础设施建设、产业发展、人力资源、文化建设等领域展开了广泛合作，为陕西省的经济发展和贫困地区脱贫攻坚做出了积极贡献。

二　以项目协作带动扶贫工作的新典范

进入21世纪，中国先后制定并实施了西部大开发、东北地区等老工业基地振兴、中部地区崛起、东部地区率先发展等策略，不仅强化了区域协调发展的战略地位，更为包括苏陕协作在内的东西部协作提供了重要保障。随着合作的深化，江苏省与陕西省的协作模式已逐渐由传统的帮扶模式向项目协作转变。这种模式转换体现了双方合作模式的深化，反映出对地区经济发展新动能的共同探索。2001年，陕西西铜高速公路有限公司的正式成立，标志着苏陕两省最大的合作项目进入全面实施阶段，为两省进一步进行深度合作，开辟了新的道路。

在此之前，苏陕两省合作主要集中在干部交流与扶贫领域，通过公益性资金支持、资源互助、文化交流等方式推动陕西省的脱贫攻坚工作。在此过程中，双方都意识到单纯的公益性帮扶措施并不能从根本上解决陕西的贫困问题，需要创新协作模式，进一步深化双方的合作关系，以项目协作为基础的经济协作登上苏陕协作的时代舞台。通过具体项目建设，实现双方在基础设施建设、产业发展、资金合理配置等方面的深度协作，促进陕西与江苏经济社会的全面发展。西铜高速公路项目的启动，既是这种跨区域协作的生动实践，加强了江苏与陕西之间的交通联系，为沿线地区的产业发展提供了有力支撑，也标志着双方进入项目协作的新阶段。随着项目的深入推进，江苏省与陕西省在基础设施建设、产业配套等方面的合作日益紧密，为两省的经济发展创造了有利条件。西铜高速公路项目的成功为苏陕两省后续的合作项目提供了宝贵的经验。在此基础上，双方不断拓展合作领域，涉及能源、科技、教育等多个方面。这些项目的实施不仅促进了区域间的平衡发展，更为全国范围内的区域合作树立了新典范。

2003 年 11 月，陕西党政代表团赴江苏进行了重要的考察访问。其间双方决定在原有合作的基础上，进一步加强协作，签署了《关于进一步加强对口协作的协议》，进一步深化两省的友好合作关系。根据协议规定，两省将积极开展项目对接、经验交流和人才培训等合作，促进资源优势互补，实现共同发展。该协议的签署标志着陕西和江苏在经贸、科技、教育、文化等领域的合作迈上了新台阶。此外，双方还签署了《关于开展陕西省干部赴江苏培训工作的协议》《江苏省陕西省教育对口支援工作协议》，以上协议的实施有助于充分发挥江苏省教育资源优势，为陕西省提供人才培训、教育资源共享和师资队伍建设等方面的支援，增强互补性，挖掘合作潜力，提高陕西省干部队伍的整体素质与教育水平，为陕西的经济社会可持续发展提供有力的人才支持。

三 公共文化服务协作新航向

2005 年，《中共中央关于制定国民经济和社会发展第十一个五年规划的建议》中首次提出"公共文化服务"，自此，公共文化服务作为关乎人民文化需要的一项重要任务得到关注。公共文化服务是保障大众基本文化需求的基本公共服务，是实现、维护、发展人民群众基本文化权

益的主要途径①。建立现代公共文化服务体系是满足人民群众基本精神
文化需求的重要举措，也是继续推动文化繁荣发展、建设社会主义文化
强国的基础工程。在苏陕两省经济协作的过程中，有机嵌入公共文化服
务能够丰富人民群众的精神选择，满足人民群众日益增长的精神文化
需求。

2007 年，江苏省与陕西省共同签署了《关于"十一五"期间进一步
加强扶贫协作和经济合作工作的协议》。这一重要协议的签署，标志着两
省在扶贫事业和经济发展方面迈出了坚实步伐。双方本着"优势互补、
互利共赢"的原则，共同研究制定扶贫政策，深入交流扶贫工作经验，
推动扶贫资源有效整合，拓展合作领域，加强在产业结构调整、资源开
发、科技创新、基础设施建设等方面的合作，以实际行动促进共同脱贫
致富。在这个过程中，嵌入丰富多样的人文交流活动，凝聚文化合作潜
力，进一步加强了两省人民之间的联系和友谊，增进了相互理解和信任，
共同提升了人民群众的生活质量和福祉水平。

公共文化服务还包括"文化政策服务（包括文化相关法律法规、
政策等）和文化市场监管服务"②。随着苏陕协作的纵向推进，"县县有
图书馆、文化馆"的目标基本实现，覆盖城乡的公共文化服务体系初
步形成，两省的协作关系更为密切，协作领域持续拓展。2010 年江苏
省与陕西省签署了《关于进一步加强两省能源和其他优势产业战略合
作框架协议》《关于进一步深化两省经济社会发展合作协议》等一系列
重要协议，为两省的进一步深度合作奠定了坚实基础。这些协议不仅对
经济社会发展起到了重要的推动作用，更为两省在公共文化服务领域提
供了更多的资源和资金支持。每年的"西洽会"上，两省领导都会进
行专题会谈，共同商讨未来的合作方向和重点。这种定期的交流与沟
通，不仅增进了两省间的友谊，也为两省的合作提供了更为明确的

---

① 陈威：《大力构建公共文化服务体系 实现人民群众基本文化权益》，《领导之友》2007
年第 5 期。

② 张晓明、李河：《公共文化服务：理论和实践含义的探索》，《出版发行研究》2008 年
第 3 期。

方向。

2011年10月15日，党的十七届六中全会通过了《中共中央关于深化文化体制改革 推动社会主义文化大发展大繁荣若干重大问题的决定》，这是中国共产党成立以来第一次由党的中央全会研究部署文化建设与发展的重大决议，开创了中国特色社会文化建设新局面，在中国文化事业发展史上具有里程碑意义。建设文化强国就需要以强大的文化力量为支撑，基本公共文化服务作为人民兜底性的文化保障，对满足人民的文化需求具有不可替代的作用。公共文化服务的服务内容、服务标准、覆盖面和优先事项安排是随着经济社会和文化发展水平的提高而动态发展的。在苏陕协作的过程中不断健全公共文化服务体系。一方面，江苏省和陕西省充分发挥各自优势，共同推进产业结构调整和优化。江苏省在文化技术产业、现代服务业等方面具有较强竞争力，而陕西省则在文化资源、装备制造业等领域具有较大优势。通过持续合作，实现了公共文化服务事业与产业的良性互补和动态发展。在此基础上，两省合作使公共文化设施建设得到优化升级，进一步扩大了文化服务的范围和覆盖面。另一方面，双方共同举办各类文化交流活动，丰富了群众文化生活。公共文化服务不仅具有满足人民群众的文化需求、陶冶人的灵魂、提升群众文化审美等作用，还具有提升城市或地区文化形象、与现代科技相融合、引领社会文化发展等多样化功能，通过一系列的文化合作交流，将公共文化服务嵌入人民群众日常生活当中，这种区域间的协作模式，不仅推动了区域协调发展，也为国家发展战略提供了有益的实践经验。

第三节 深化阶段

党的十八大以来，公共文化服务体系建设成为推动文化繁荣发展、建设社会主义文化强国的基础性工程。这一时期，国家从顶层设计出发制定了一系列公共文化服务政策支撑文化繁荣发展，为公共文化服务苏陕协作提供了政策依据。在此背景下，公共文化服务苏陕协作目标更为明确，内容更为聚焦。

一　公共文化服务政策向体系化发展

"十二五"以来，基于全面建成小康社会、实现社会主义现代化和中华民族伟大复兴的多重复合目标，文化建设成为中国特色社会主义科学发展、创新发展、协调发展、开放发展、融合发展的基本内容构成。经过几十年的发展，人民群众的物质需求逐步得到满足，人民群众的"物质需求"提升逐渐转为"物质需求"与"精神需求"的双提升。

在党中央和中央政府的高度重视下，公共文化服务日益成为人们生活中不可或缺的基本服务，进入了跨越式发展的新阶段。特别是党的十八大以来，以习近平同志为核心的党中央，将加快构建现代公共文化服务体系纳入全面深化改革的战略全局，不断完善国家政策体系，构建起了包括法律法规、基本标准、规划纲要以及专项政策在内的系列政策体系，形成了《国家基本公共服务体系"十二五"规划》《博物馆条例》《关于加快构建现代公共文化服务体系的意见》《国家基本公共文化服务指导标准（2015—2020年）》《关于深入推进农村社区建设试点工作的指导意见》《关于推动国有文化企业把社会效益放在首位、实现社会效益和经济效益相统一的指导意见》《关于推进基层综合性文化服务中心建设的指导意见》《"十三五"时期贫困地区公共文化服务体系建设规划纲要》《国家"十三五"时期文化发展改革规划纲要》《中华人民共和国公共文化服务保障法》《"十三五"推进基本公共服务均等化规划》等政策文件。这些政策文件的制定与出台，不仅为国家层面的公共文化服务发展明确了基本方向和工作任务，也为公共文化服务跨区域协作提供了政策遵循。《国家基本公共服务体系"十二五"规划》中，明确了国家建立公共文化服务制度，保障人民群众看电视、听广播、读书看报、进行公共文化鉴赏、参加大众文化活动等权益。2015年中共中央办公厅、国务院办公厅联合印发的《国家"十三五"时期文化发展改革规划纲要》中提出，要"加大文化扶贫力度，建立健全'结对子、种文化'工作机制"①;《关于加快构建现代公共文化服务体系的意见》也提出要"加大对跨部门、跨行业、跨地域公共文化资源的整合力度"②。《"十三五"推进基本公共服务均等化规划》中的基本公共文化体育服务具体包括公共文化设施免费开放、送地方戏、收听广播、观看电视、观赏电影、读书看报、少数民族文化服务、参观文化遗产、公共体育场馆开放、全民健身服务 10 项内容。2016 年 12 月 25 日，第十二届全国人大常委会第二十五次会议通过的《中华人民共和国公共文化服务保障法》明确提出："公共文化服务是指由政府主导、社会力量参与，以满足公民基本文化需求为主要目的而提供的公共文化设施、文化产品和文化活动以及其他相关服务。"③ 以上政策文件明确了公共文化服务的供给主体是政府，公共文化机构是有效载体，社会力量参与是必要补充。同时强调了公共文化服务内容具有非竞争性、非排他性特征，机会均等和普惠共享成为基本公共文化服务的主基调，应当突出"以人民为中心"的发展理念，不断适应人民群众对公共文化服务需求的变化趋势，从以往提供"更多"的公共文化服务向努力提供"更好""更优"的公共文化服务转变，增强供给结构对需求变化的适应性和灵活性，促进公共文化服务供给和需求结构性耦合。

党的十八届三中全会对构建现代公共文化服务体系提出了进一步要求："要完善文化管理体制，建立健全现代文化市场体系，构建现代公共文化服务体系，提高文化开放水平。"④ 2017 年 5 月，《国家"十三五"时期文化发展改革规划纲要》进一步明确公共文化服务阶段性建设目标："到 2020 年，现代公共文化服务体系基本建成，基本公共文化服务标准

---

① 《国家"十三五"时期文化发展改革规划纲要》，中国政府网，https://www.gov.cn/gongbao/content/2017/content_5194886.htm。
② 《关于加快构建现代公共文化服务体系的意见》，人民出版社 2015 年版。
③ 《中华人民共和国公共文化服务保障法》，中国政府网，https://www.gov.cn/xinwen/2016-12/26/content_5152772.htm。
④ 《中国共产党第十八届中央委员会第三次全体会议公报》，共产党员网，https://news.12371.cn/2013/11/12/ARTI1384256994216543.shtml。

化、均等化水平稳步提高，公共文化供给与群众文化需求有效匹配。"①
推进基本公共文化服务标准化、均等化，就是我们"在国土辽阔而文化
事业发展不均衡、文化资源丰富而开发挖掘不够、文化生产力大幅增长
而仍难以完全满足人民群众日益增长的文化需求这个文化国情下，探索
解放和发展中国文化生产力的有力抓手，贯穿于涵盖创建公共文化服务
建设协调机制、统筹建设服务设施网络等内容的构建现代公共文化服务
体系过程之中"②。

在国家关于公共文化服务体系建设的一系列政策的指引下，如何以
区域协作推进公共文化服务资源共享，促进优质的公共文化服务资源、
公共文化服务理念的传播，成为新时代公共文化服务跨区域协作的重要
问题。这一时期，"江苏对陕西贫困地区援助资金 1.8 亿元，实施援助
项目 570 项，两省交流技术干部 810 人，协办企业 168 户，合作项目 95
项，投资 37.9 亿元"③。伴随着国家政策要求的战略引领，苏陕协作的稳
步推进以及双方合作领域的不断拓展，以文化交流为特征的协作项目日
益增多，为两地人民带来了文化盛宴。在满足人民群众对图书、报纸、
影视、广播、演出的基本文化需求的同时，两地轮流举办音乐会、书画
展览、非物质文化遗产展示等文化交流活动，促进公共图书馆、博物馆、
美术馆、文化馆（站）、艺术馆等公共文化设施的升级更新，增进两省人
民的友谊，使两省人民能够互相了解对方的文化底蕴，加强彼此的情感
联系。

二　公共文化服务苏陕协作的指向更为明确

2016 年 7 月，习近平总书记在银川召开东西部扶贫协作座谈会并发
表重要讲话，明确指出"要在发展经济的基础上，向教育、文化、卫生、

① 《国家"十三五"时期文化发展改革规划纲要》，中国政府网，https://www.gov.cn/
gongbao/content/2017/content_5194886.htm。
② 孔进：《公共文化服务供给：政府的作用》，博士学位论文，山东大学，2010 年。
③ 张永军、张静：《苏陕协作走过 30 个春秋》，西部决策网，http://www.xibujuece.com/
xibudakaifadianziban/2021nian10qi/benqicehua/2021/1028/103889.html。

科技等领域合作拓展"[1]，把东西部扶贫协作工作推向新的历史阶段。同年12月，中共中央办公厅、国务院办公厅印发《关于进一步加强东西部扶贫协作工作的指导意见》，进一步优化调整了对口协作关系（见附表2），并从开展产业合作、组织劳务协作、加强人才支援、加大资金支持、动员社会参与五个方面明确了东西部协作的主要任务[2]。作为东西部协作重要一环的苏陕协作，也将文化协作作为重要抓手贯穿于苏陕协作之中。

公共文化服务苏陕协作是苏陕协作的重要组成部分，是实现区域文化协调发展的重要举措。2016年9月，苏陕扶贫协作联席会议在西安召开，双方签订了《关于进一步加强扶贫协作和经济合作战略协议》，提出建立联席会议机制，加强两省党政主要负责人互访，启动了"十三五"苏陕扶贫协作规划编制工作等多项务实工作，拉开了新一轮苏陕合作帷幕。2017年《陕西省文化厅江苏省文化厅合作备忘录》推动了两省文化领域的合作与发展；2018年7月，双方签署了《江苏省文化厅 陕西省文化厅 文化交流合作框架协议》，进一步细化了合作内容，明确了双方在文化产业、公共文化服务、文化交流等方面的具体合作方向和重点任务。2020年6月和9月分别在安康和榆林召开了苏陕扶贫协作公共图书馆两期培训班，陕西六个贫困地区、边远山区、革命老区的市、县文化和旅游局负责人、公共图书馆馆长和业务骨干300余人参与培训。此外，根据协议双方还计划"相互开展送文化活动"，通过举办各类文化交流活动增进两省人民之间的了解和友谊。这些活动提高了公众对文化事业的关注度和参与度，进一步推动了苏陕文化协作的交融与发展。

在协作过程中坚持经济效益与社会效益相统一，在推动文化产业发展的同时，积极推进各类公共文化服务协作。从基层实践看，苏陕两省

---

① 《习近平在东西部扶贫协作座谈会上强调 认清形势聚焦精准深化帮扶确保实效 切实做好新形势下东西部扶贫协作工作》，新华网，http://www.xinhuanet.com/politics/2016-07/21/c_1119259129.htm。

② 《关于进一步加强东西部扶贫协作工作的指导意见》，中国政府网，https://www.gov.cn/zhengce/202203/content_3635239.htm。

在加强基层综合性文化服务中心建设、公益性文化事业单位法人治理结构改革、图书馆文化馆总分馆制建设等方面开展了形式多样的活动，为苏陕两省基层提供了内容丰富的优秀文化产品和服务。

在基层综合性文化服务中心建设方面，苏陕两省展现出了高度的责任感和前瞻性，作为基层文化的重要载体，基层综合性文化服务中心在普及文化、提升群众文化生活质量方面具有不可替代的作用，两省着力完善设施、拓展功能，使其成为综合性服务平台，满足了基层群众多样化的文化需求。江苏省和陕西省在加强基层综合性文化服务中心建设方面进行了深入的实践探索。基层综合性文化服务中心是传播优秀文化、提供公共服务的重要平台。加强基层文化建设，可以使基层群众在"家门口"享受到内容丰富的文化服务。这些服务中心功能完备，包括图书阅览、教育培训、文艺表演等，并且定期举办各类文化活动，以满足基层群众日益增长的精神文化需求。2018年全国基层文化队伍示范性培训"盐城-铜川"公共文化服务管理与创新专题研修班在中央文化和旅游管理干部学院举办，两地市、县文广新局分管领导与基层文化干部共41人参加了学习培训，这推动了双方协作的有序开展，极大地促进了双方的交流协作。

在公益性文化事业单位法人治理结构改革方面，苏陕两省采取了一系列有力措施，以转变政府职能、激发文化事业单位活力为核心，优化管理体制和运行机制，加强内部管理，提高服务质量，为基层文化事业注入了新的活力，推动了文化产品和服务更广泛地传播。为了实现文化事业单位的现代化管理，两省积极推动改革，优化治理结构，提高服务效能。通过引入社会力量参与治理、优化资源配置、创新服务模式等举措，公益性文化事业单位的服务水平和运营效率得到了显著提升。这不仅激发了文化事业单位的活力，还为基层群众提供了更加优质、便捷的文化服务。2018年9月11日，苏州民族管弦乐团带来的民族管弦音乐会《华乐苏韵》在西安音乐厅展演，以"江苏文化周"的形式呈现了历史悠久、底蕴深厚、南北荟萃的江苏文化，彰显了公共文化服务苏陕协作的文化特色。2020年8月2日，国家广播电视总局部署并重点支持的脱贫攻坚题材报告剧《脱贫十难》开机拍摄，其中《茶香飘飘》部分由江苏省委宣传部、陕西省委宣传部联合摄制，对平利县美丽乡村、脱贫攻坚、产业发展、乡风民俗等进行了全方位展示。

在图书馆文化馆总分馆制建设方面，苏陕两省积极探索实践，以城市图书馆、文化馆为龙头，推动总分馆制建设，实现资源共享、协同发展，极大地提高了公共文化服务的覆盖面和利用率，为基层群众提供了更加丰富、便捷的文化体验。同时两省还积极推动数字文化建设，利用先进技术打破地域限制，让基层群众随时随地享受优质文化资源。图书馆文化馆总分馆制建设也在江苏省和陕西省取得了丰硕的成果。总分馆制是一种高效的文化服务模式，通过整合各级图书馆、文化馆的资源，实现文化服务的上下联动和资源共享。这一模式提高了文化资源的利用效率，让基层群众能够更加便捷地享受到优质的文化服务。2018 年 6 月，江苏省南通市和陕西省图书馆联合举办了"苏陕推动现代公共文化服务体系建设东西部对口研修班"，这是首次针对公共文化服务人才队伍建设的深度交流。同年 10 月，陕西省图书馆与江苏省图书馆举办了"苏陕对口协作——公共图书馆服务创新研修班"，进一步强化了两省图书馆间的协作关系。其中，既有"走出去"（如 2018 年 6 月南通"苏陕推动现代公共文化服务体系建设东西部对口研修班"和 2018 年 10 月苏州"苏陕对口协作——公共图书馆服务创新研修班"），也有"请进来"（如 2020 年 6 月和 9 月在安康和神木举办的两期苏陕扶贫协作公共图书馆培训班），陕西公共图书馆选派了 30 名骨干赴南京图书馆、金陵图书馆、苏州图书馆、常州图书馆、扬州市图书馆、无锡市图书馆进行为期三个月的挂职锻炼学习。

坚持"请进来"与"走出去"相结合，以基层公共文化服务实践为突破，两省公共文化服务协作内容日趋丰富，以文化协作为亮点，促进了双方公共文化服务的品质升级与观念更新。

三 公共文化服务苏陕协作的内容更为聚焦

公共文化服务是满足人民日益增长的精神文化需求的基本载体，以标准化与均等化为基点，推动公共文化服务苏陕协作是践行区域协调发展战略、实现共同富裕的实践选择。区域文化协调发展是中国当前文化领域推进体制改革、文化产业与公共文化服务融合发展的重要手段。其中需要处理好区域公共文化服务资源与要素配置的关系，区域文化产业发展与经济增长的关系，区域精神文明、文化建设与区域经济发展的关系，区域公共文化服务与文化产业发展的关系。自上而下与自下而上地联通互动，加强基层综合性文化服务中心建设、公益性文化事业单位法人治理结构改革、图书馆文化馆总分馆制建设是这一时期公共文化服务苏陕协作的重要聚焦点。

苏陕两省在加强基层综合性文化服务中心建设、公益性文化事业单位法人治理结构改革、图书馆文化馆总分馆制建设等方面进行了积极的实践和创新，为两省基层提供了优质的文化产品和服务，有力地推动了基层文化事业的繁荣发展。尽管以文化为抓手的苏陕协作在这一阶段取得了长足发展，但与此同时在设施建设、经费保障、区域间均衡发展等方面仍存在一些不足和突出问题，基层综合性文化服务中心、公共图书馆、公益性文化事业单位提供的公共文化产品与服务还未能做到精准供给，在有效对接人民群众文化需求上亟须加强。

第一，利用好基层综合性文化服务中心，推进基本公共文化服务标准化、均等化建设。推进基层综合性文化服务中心建设，有利于完善基层公共文化设施网络，补齐短板，打通公共文化服务的"最后一公里"，在苏陕两省的公共文化服务体系中，基层综合性文化服务中心扮演着至关重要的角色。它们不仅是文化资源的集散地，还是居民文化活动的主要场所。一方面，深化治理结构改革是提升基层文化服务中心自主运营能力的关键。目前许多综合性文化服务中心仍然依赖于上级政府部门的直接管理和资金支持，缺乏足够的自主权和灵活性，因此要借鉴先进的实践模式，完善法人治理结构，赋予基层文化服务中心更多的自主权。另一方面，针对不同地区的文化特色和居民需求，设计符合本地实际的公共文化服务项目是提升服务针对性和有效性的重要途径。苏陕两省地域广阔，文化差异明显，因此不能简单地采取"一刀切"的服务模式，而是应该深入调研当地文化资源和居民需求，结合当地的历史、民俗、艺术等元素，打造具有地方特色的文化服务项目。此外，通过开展丰富多彩的文化活动、加强与媒体的合作与宣传等方式，提高基层文化服务中心的知名度和美誉度，吸引更多居民前来参观和体验，也是提升基层文化服务中心能力的重要途径。这需要通过与图书馆、博物馆、艺术馆等机构建立合作关系，实现资源共享和优势互补，提供更加丰富多样的文化服务，提升基层文化服务中心的形象和地位，增强居民对文化服务的认同感和归属感。

第二，稳步推进县域公共图书馆总分馆制建设，因地制宜，建立起上下联通、服务优质、覆盖城乡的县域图书馆总分馆服务体系。县域图书馆作为基层文化服务的重要组成部分，对于提升全民素质、促进经济社会发展具有不可忽视的作用。为了更好地实现这一目标，需要因地制宜，建立起上下联通、服务优质、覆盖城乡的县域图书馆总分馆服务体系。这就需要陕西图书馆系统有机借鉴江苏公共文化服务体系的经验，因地制宜，推进县域公共图书馆总分馆制建设。一方面，要考虑陕西各地经济发展水平、文化需求和图书馆建设状况，制定切实可行的发展策略。在经济较发达的地区，可以加大投入，加快图书馆总分馆制建设，而在经济欠发达地区，则可以优先发展一批具有示范作用的图书馆，逐步推进总分馆制建设。另一方面，提高图书馆设施的建设水平，提升图书馆馆员的业务素质，加强图书馆服务创新，以满足城乡居民不断增长的文化需求。在推进总分馆制建设过程中，要重点关注农村图书馆（室）的建设，通过政策扶持、资金补助等方式，提高农村图书馆的服务水平，缩小城乡文化服务差距。

第三，做好法人治理结构改革、公共文化服务体系示范区建设等工作，以点带面促进公共文化服务效能稳步提升。在深化法人治理结构改革方面，应充分调动社会各界力量参与，加强法人治理结构与公共文化服务体系的深度融合，形成政府、企业、社会组织等多方共同参与的法人治理模式，确保公共文化服务资源得到高效利用；在加强公共文化服务体系示范区建设方面，要充分调动地方积极性，发挥地方特色，注重政策创新、机制体制改革和公共服务能力提升，在形成可复制、可推广的经验时，要打造各具特色的公共文化服务体系示范区，为全国公共文化服务发展提供有益借鉴。

第四节　高质量发展阶段

"十四五"开启了高质量发展的新阶段，围绕高质量发展的主线任务，苏陕公共文化服务朝着高质量发展的目标稳步迈进，两省在协调机制、文化事业、文化产业、文旅融合、品牌共塑、人才培养方面的协作也尤为突出。

一　日益健全的政策体系支撑协作的良性开展

"十四五"以来，高质量发展成为时代主题，实现了从全面建成小康社会"三位一体"东西扶贫协作格局向"双循环"新发展格局下的东西部协作现代化转型①。围绕公共文化服务高质量发展，形成了一系列政策体系，为公共文化服务苏陕协作提供了重要支撑。

从国家角度看，形成了以《关于推动公共文化服务高质量发展的意见》为引领，以《中华人民共和国国民经济和社会发展第十四个五年规划和 2035 年远景目标纲要》《"十四五"公共文化服务体系建设规划》《国家基本公共服务标准（2023 年版）》为保障的政策体系；从省际合作看，形成了以《苏陕"十四五"协作框架协议》为核心，以《江苏省陕西省"十四五"东西部协作规划》《关于建立宁商协作及产业合作重大项目协调服务机制的通知》《省级苏陕协作项目资金管理办法》《钟楼区·镇坪县 2022 年苏陕协作和经济合作帮扶协议》为支撑的政策体系。

2021 年 3 月 8 日文化和旅游部、国家发展改革委、财政部联合印发的《关于推动公共文化服务高质量发展的意见》明确提出"举办全国或

---

① 王小林等：《东西部扶贫协作——中国脱贫攻坚的区域协作》，半月谈网，http://www.banyuetan.org/fpdxal/detail/20210528/1000200033138961622188651175013887_1.html。

区域性公共文化产品和服务采购大会，建设线上线下相结合的交易平台，促进供需对接"①。"千里之约·同心同行""三秦四季 苏陕同心"系列品牌，以及"精致扬州'榆'您相约"等苏陕公共文化服务品牌采取"线上+线下"相结合的方式，在双方的通力协作下，聚焦于双方居民的日常生活，精准实现了供需匹配。

2021 年 3 月 12 日，《中华人民共和国国民经济和社会发展第十四个五年规划和 2035 年远景目标纲要》指出，"完善公共文化服务体系，优化城乡文化资源配置，推进城乡公共文化服务体系一体建设"②。如何完善公共文化服务体系，更好地满足人民群众的精神文化生活需求？需要创新文化惠民设施，推进图书馆、文化馆、美术馆、博物馆等公共文化场馆免费开放，推进全民阅读，建设"书香中国"，加强公共文化服务人才培养锻炼，实现公共文化服务数字化和智能化建设。

2021 年 6 月 10 日，《"十四五"公共文化服务体系建设规划》再次强调"坚持和完善东西部协作和对口支援机制，常态化开展文化帮扶工作，更好促进发达地区和欠发达地区、东中西部地区协同发展"③。作为东西部协作起点的苏陕协作，要做好示范作用，以高质量发展为主线，以满足《国家基本公共服务标准（2023 年版）》规定的公共文化设施免费开放、送戏曲下乡、收听广播、观看电视、观赏电影、读书看报、少数民族文化服务④等基本公共文化服务为基础，以满足部分群众多元化、异质性文化需求为突破，以苏陕公共文化协作为抓手，在贯彻落实政策要求的同时，将江苏省公共文化服务先进经验传给陕西，让陕西的文化资源优势在地转化和在外传播。

---

① 文化和旅游部、国家发展改革委、财政部：《关于推动公共文化服务高质量发展的意见》，中国政府网，https://www.gov.cn/zhengce/zhengceku/2021－03/23/content_5595153.htm。

② 《中华人民共和国国民经济和社会发展第十四个五年规划和 2035 年远景目标纲要》，中国政府网，https://www.gov.cn/xinwen/2021－03/13/content_5592681.htm。

③ 文化和旅游部：《"十四五"公共文化服务体系建设规划》，中国政府网，https://www.gov.cn/zhengce/zhengceku/2021－06/23/content_5620456.htm。

④ 国家发展改革委等：《国家基本公共服务标准（2023 年版）》，中国政府网，https://www.gov.cn/zhengce/zhengceku/202308/content_6897591.htm。

苏陕公共文化服务是推动陕西公共文化服务高质量发展的有力抓手，为陕西提供了数字化资源、技术支撑与人才动力。2021 年 4 月 29 日，陕西省和江苏省在南京签署了《苏陕"十四五"协作框架协议》以及科技、文化旅游等方面的一系列专项合作协议。其中，《苏陕"十四五"协作框架协议》聚焦扶贫帮困、干部交流、劳务协作、经贸合作等重点工作，明确指出加强重大产业、重大工程、重大政策等方面的战略协同；《2021年苏陕协作工作要点》明确了苏陕两省在产业协作、人才交流、项目建设、劳务协作、园区共建、消费协作等多个方面的工作重点，提出 18 项具体工作举措，谋划涵盖人才交流、产业协作等六大类，总投资 1500 亿元的"十四五"苏陕协作项目。苏陕两省持续双向交流，不断拓宽交流深度，建立县级以下的交流互派机制，促进协作交流双方队伍素质和业务水平稳步提升。据统计，"十四五"以来苏陕两省"县县结对 56 个、镇镇结对 331 个、村村结对 448 个、企村结对 220 个、社会组织结对 28个、学校结对 389 所、医院结对 127 家"①。苏陕协作沿着高质量发展方向，持续向纵深拓展，向多层次、多形式、宽领域、全方位拓展。

二 高质量发展明确了协作的实践重心

"十四五"以来，苏陕两省完成了互访和具体对接，实现了市、县、镇、村四级结对帮扶全覆盖，苏陕协作组织领导全面加强、协作资金保持稳定、产业协作不断升级、劳务协作持续深化、消费帮扶不断加强、合作领域不断拓展，公共文化服务苏陕协作进入了高质量发展的新阶段。陕西省与江苏省文化和旅游厅签署了两省文化和旅游合作发展战略协议。该合作协议坚持以高质量发展为主题，以项目建设、市场开发、企业合作等领域为重点，明确了两省在协调机制、文化事业、文化产业、文旅融合、品牌共塑、人才培养等方面深度合作。

在协调机制方面，双方建立稳定、高效的沟通渠道和合作机制，确

---

① 陕西省人民政府：《苏陕深化市县乡村四级结对帮扶》，陕西省人民政府网，http://www.shaanxi.gov.cn/xw/sxyw/202206/t20220627_2226419.html。

保合作项目的顺利推进。通过主体协商、领导互访、联席会议、座谈会、学术会议的方式，就合作事宜进行深入探讨，及时解决合作过程中遇到的问题，为合作项目的顺利进行提供有力保障。2021年4月16日苏陕公共图书馆协作交流座谈会在延安召开，会上总结了苏陕公共图书馆协作和馆员挂职培训工作，提出要继续推动两省公共图书馆协作，深入开展苏陕公共图书馆馆员挂职培训，支持地市开展苏陕协作，打造苏陕书屋、苏陕图书馆协作论坛、苏陕文化馆联盟等新亮点，树立省际协作交流的典范，推动了公共文化服务的创新升级与高质量发展。

在文化事业方面，双方共同致力于文化事业的发展，推动文化设施的建设、文化遗产的保护以及文化创新工作的有序开展。通过举办文化交流活动，加强两省间文化底蕴的交流与互动，促进文化资源的共享，丰富人民群众的精神文化生活。南京图书馆与陕西省图书馆馆员合作开办"牛文化"主题展览，在南京图书馆馆藏资料中搜集了与牛有关的图片资料，内容涉及牛的历史地位、民俗风习、文化传承、艺术价值、精神象征等多方面，通过协作以40块展板图文并茂地展示了不同主题的"牛文化"。与此同时，在南京图书馆挂职学习的陕西省图书馆馆员，积极参与展览的策划和筹备，提供了相关主题的陕西鄠邑区农民画，以两省的地域文化为亮点，实现文化元素交流碰撞、文化活动有机互动，推动了两省文化事业的发展进步。

在文化产业方面，以创新驱动为引领，提升文化产业的核心竞争力，共同培育优质文化企业，以文化产业的优势反哺公共文化服务。以重点文旅产业链群为抓手，围绕陕北、关中、陕南的自然风光、历史人文、休闲度假等主题，实施重大项目带动战略，加大招商引资力度，对陕西知名景区、精品旅游线路、历史古迹等进行推介，强化市场推广营销，商洛市柞水县与南京市高淳区合作的金米村乡村旅游项目、商洛市洛南县和南京市江宁区共同打造的秦岭洛水文化民俗体验项目，以及宁强县羌族刺绣非遗产业项目、宁陕县望梅山居民宿项目、安康市安澜公园夜游项目、留坝县楼房沟民宿项目等苏陕协作资金重点产业引导项目，是两地公共文化领域协作的重要成果。

在文旅融合方面，双方通过整合旅游资源，打造特色旅游线路，吸引更多游客前来观光旅游。同时加强旅游宣传推广，提升两省旅游品牌的知名度和美誉度，以文旅融合讲好公共文化服务苏陕协作故事。两省合力推动"非遗+""文化+""科技+"等发展模式，实现公共文化服务与景区相结合。安康市推出全市首个沉浸式夜游项目——"安澜奇遇夜"，以"探索汉水文化、感受非遗安康"为主题，融合了精品文创、非遗手工、汉服体验等元素，有力地推动了安康公共文化服务的高质量发展，"安澜奇遇夜"成为安康夜间经济的新亮点。

在品牌共塑方面，双方共同开展品牌塑造工作，通过举办各类宣传活动，展示两省的优势产业、特色文化以及美好风光，提高省际合作影响力，双向赋能吸引更多投资者和合作伙伴的支持。2023 年第二届苏陕非遗消费年暨苏陕非遗文创产品联展联销活动在西安举办，以"南来北往 赓续传承"为主题，以线上线下相结合的方式展出，以动静结合的方式展出苏陕两地 47 个代表性非遗项目。在特色专题展区，江苏省参展的有苏绣、南通蓝印花布印染技艺、常州梨膏糖制作技艺、镇江恒顺香醋酿造技艺、南京板鸭盐水鸭制作技艺等 16 种非遗制作技艺；陕西参展的有华县皮影戏、凤翔木版年画、旬邑彩贴剪纸、富平流曲琼锅糖制作技艺、甘泉豆腐与豆腐干制作技艺、谢村黄酒酿造技艺等 25 种非遗技艺。同时创新非遗展现形式，增加了非遗演出、非遗盲盒、线上展示展销、线上直播等环节，以"陕西篇""江苏篇"系列讲述苏陕非遗故事，零距离地展现了苏陕非遗的看点与卖点，并利用云端使其成为永久性展示展销苏陕非遗商品和文创产品平台，擦亮了两省文化协作金字招牌。

在人才培养方面，双方通过优势互补、资源共享，加强人才培养合作，开展人才交流培训活动，提升两地图书馆的服务水平和综合实力。2021 年延安市图书馆与金陵图书馆、无锡市图书馆分别签署了《金陵图书馆与延安市图书馆交流合作协议》《无锡市图书馆与延安市图书馆合作共建协议》，定期举办各类专业培训、讲座等活动，提升图书馆从业人员的能力素质，开展人才交流互访，借鉴先进的管理经验，提高图书馆的服务质量和水平。通过培训和讲座，图书馆从业人员得以增强专业知识和技能，以更好地为读者提供服务；开展人才交流互访活动，促进双方人员的互动和交流，使从业人员有机会深入了解对方图书馆的运营模式和管理策略，从而借鉴先进经验，提升自身业务水平。

公共文化服务苏陕协作进入高质量发展的新阶段，在潜移默化中推动了陕西公共文化服务高质量发展。陕西坚持把推进国家公共文化服务体系示范区创新发展作为实现全省公共文化服务高质量发展的重要引领，将省级创建嵌入国家公共文化服务体系示范区创新发展，在创新发展中形成"政学研用"模式，以优质公共文化服务和产品供给，让高质量发展成果惠及更多群众，在国家公共文化服务体系示范区创新发展管理工作领导小组办公室公布的第三、四批国家公共文化服务体系示范区创新发展复核结果中，陕西省安康市、铜川市被评为优秀等次，安康市复核成绩位于西部地区第一名，这些优秀成果的取得也凝聚了公共文化服务苏陕协作的重要经验，为西部乃至全国公共文化服务体系示范区创新发展做出了示范。推动公共文化服务苏陕协作，就是把公共文化服务作为最基础的惠民工程嵌入合作交流之中，以标准化与均等化为底线，将公共文化服务的普惠性与便民性实实在在地惠及两省人民群众的高品质文化生活。

第五章　内容选择

公共文化服务跨区域协作是推进公共文化服务均等化、标准化的重要举措，也是完善现代公共文化服务体系、实现公共文化服务高质量发展的重要途径。公共文化服务跨区域协作是在政府主导下，不同地区的公共文化部门、机构与社会组织以高质量、均衡化为发展目标，以人才交流、资源共享、活动共办、空间共建为主要形式，通过优势互补提升公共文化服务效能的协同合作。在当前公共文化服务跨区域协作的具体实践中，其内容主要包括制度建设、空间共建、资源整合、品牌共塑、人才共育五个方面。不同地区之间经济、政治、文化、社会、生态等方面差异所导致的经济发展水平、政策规定、工作机制、供需关系、科学技术应用差异，使公共文化服务跨区域协作内容选择有所不同。本章以公共文化服务跨区域协作主要内容为基础，系统分析了公共文化服务跨区域协作的影响因素，在公共文化服务与区域协调发展政策的有机互动下，结合公共文化服务苏陕协作的主要内容与实践特征，总结提炼出了文化设施空间类、文艺创作展演类、人才培训交流类与文化共创共享类四大公共文化服务苏陕协作类型。

第一节　公共文化服务跨区域协作的主要内容

《中华人民共和国公共文化服务保障法》对公共文化服务进行了权威界定："公共文化服务是指由政府主导、社会力量参与，以满足公民基本文化需求为主要目的而提供的公共文化设施、文化产品、文化活动以及其他相关服务。"① 公共文化服务涵盖了供给侧和需求侧的范畴，内容涉及社会精神文化生活的方方面面，是一个系统性、综合性的体系。文化和旅游部、国家发展改革委、财政部三部委共同印发的《关于推动公共文化服务高质量发展的意见》，从公共文化服务标准化建设、基层公共文化服务网络、公共文化服务提质增效、全民艺术普及品牌、公共文化服务数字化、社会参与、文化志愿服务特色化发展以及乡村文化治理八个方面，明确了推进公共文化服务高质量发展的主要任务，也为公共文化服务跨区域协作的主要内容提供了基本遵循②。结合公共文化服务的主要内容和跨区域协作的实践来看，全国范围内公共文化服务跨区域协作主要包括制度建设、空间共建、资源整合、品牌共塑、人才共育五大协作内容。

一　制度建设

制度建设是公共文化服务跨区域协作的重要保障，稳定长效的跨区域协作体制机制支撑着公共文化服务跨区域协作与高质量发展。不同地区历史文化差异、经济社会水平差异等因素影响着公共文化服务跨区域协作的制度共建。制定分期政策规划、持续完善工作机制、健全监督反馈机制是以规范化、制度化保障公共文化服务跨区域协作长效化、高质量发展的必要前提。

第一，制定分期政策规划。协作各方通过制定相关政策文件、规章制度、规划建议等，明确协作的短期、中期、长期阶段目标，制定协作的宏观、中观、微观任务体系，保障跨区域协作的稳定可持续。2018 年苏陕两省合作签订的《江苏省文化厅 陕西省文化厅 文化交流合作框架协议》等政策文件，以及各市县区签订的对口协作协议，成为公共文化服

① 《中华人民共和国公共文化服务保障法》，中国政府网，https://www.gov.cn/xinwen/2016-12/26/content_5152772.htm。
② 文化和旅游部、国家发展改革委、财政部：《关于推动公共文化服务高质量发展的意见》，中国政府网，https://www.gov.cn/zhengce/zhengceku/2021-03/23/content_5595153.htm。

务苏陕协作制度建设的重要体现。通过协商制定政策规划，两省在合力推进艺术创作生产交流合作、基层综合性文化服务中心建设、公益性文化事业单位法人治理结构改革、图书馆文化馆总分馆制建设等方面，共同探索建设管理经验，为两省公共文化服务体系持续健全提供了明确的政策遵循。

第二，持续完善工作机制。构建现代公共文化服务体系，体制机制建设是重要保证。党的十八大以来，中国公共文化服务体系建设呈现整体推进、重点突破、全面提升的良好发展态势，人民群众的文化获得感与幸福感也在持续提升。在公共文化服务跨区域协作实践层面，在不断完善公共文化服务网络体系的基础上，通过建设联席会议制度、基层公共文化服务监督联络员制度，以创新驱动协作实践不断深化、迈向高质量发展，形成了一套成熟完备的、契合两地实际的工作运行体制、管理机制。例如，津甘协作发挥"统联"优势，完善公共文化服务跨区域协作的体制机制。一方面，统筹推动、统一落实，充分发挥统战部东西部协作社会动员专项工作组牵头单位作用，制定《东西部协作社会动员帮扶工作方案》，将重点任务和项目实施内容清单化，逐条逐项细化落实措施，明确责任分工和时限要求，做到清单化管理、台账式调度、全周期推进。另一方面，及时召开由专项工作组成员单位、帮扶单位、镇村负责人参加的座谈会，先后开展了"民族团结一家亲·百行百业交流行""津陇慈善情·农工健康行"等考察调研活动，增强了社会动员帮扶工作的针对性和实效性。

第三，健全监督反馈机制。供给端与需求端协同发力，做好公共文化产品的生产、传播与消费，探索建立健全覆盖全过程、全领域的监督机制，是保证跨区域协作中公共文化服务普惠性与公益性的重要方式。一方面，通过监督反馈机制着力解决公共文化服务设施的"建而不用"问题，对重要公共产品、重大项目和公益性文化活动，实行政府采购、项目贴息、定向资助、贷款贴息、民办国助等制度，积极鼓励行业竞争，形成多种艺术表演经营组织并存的竞争格局；另一方面，建立健全公共文化服务协作绩效动态评价体系，注重第三方评价的重要作用，建立以公众需求满足为基础的协作绩效考核和反馈体制，对协作项目特别是重大项目的实施与服务效能等进行有效监测评估。

二　空间共建

公共文化空间是集中提供公共文化服务的平台、场馆、设施的集合体。在跨区域协作中，公共文化服务空间共建是指通过整合各方资源，联通协作渠道，实现双方文化设施空间的高效利用，其中包括优化空间布局、促进设施资源共享与服务网络构建等内容。

在空间布局方面，根据区域发展战略和人民群众的公共文化服务需求，合理规划公共文化设施空间布局，实现文化设施空间与周边环境的有机融合，逐步缩小城乡之间、不同区域之间的差距，提升空间品质。

在设施资源共享方面，依托图书馆、博物馆、文化馆、科技馆、展览馆、纪念馆、工人文化宫、青少年宫、妇女儿童活动中心、老年活动中心、基层综合性文化服务中心、城乡阅报栏（屏）、美术馆、艺术馆、教育基地、演艺场馆、放映场馆、科普场馆、档案资料馆、文化公园等传统公共文化服务空间，通过资源整合、功能升级与场景优化等方式，使传统公共文化服务空间更多承载和满足人民群众的公共文化服务需求。

在服务网络构建方面，利用现代信息技术手段，构建覆盖城乡的公共文化服务网络。一方面，通过线上平台和线下实体空间的有机结合，提供便捷、多样化的文化服务；另一方面，不断加强基层文化服务设施建设，扩大与增强公共文化服务覆盖面与可达性，特别是注重城市书房、农家书屋等"小而美"的新型公共文化设施空间的建设，以及在城市驿站、长途客运站、公共广场、城市街角等开放场所进行公共文化服务嵌入，不断拓展公共文化服务的功能属性。

公共文化空间共建是公共文化服务跨区域协作的物质载体，是协作工作有序开展与协作成果持续丰富的重要体现。广西与广东签署《打造粤港澳大湾区重要战略腹地进一步全面深化粤桂合作框架协议》，积极拓展文化旅游精品线路，打造一批"红色旅游""绿色旅游""古色旅游"等特色旅游线路，特别是联结贵广高铁和高速公路，打造"粤桂画廊"，将沿线文化旅游资源、景区景点、重大文旅项目串珠成链，打造国家级文化旅游风景道，极大丰富了两地文化协作内容，实现了两地空间的共建共享。

三 资源整合

公共文化资源是一个集合性概念，是指为满足民众公共文化服务需求而提供的一切物质与精神产品和服务的总和。公共文化服务跨区域协作的资源整合是协作各方在政策引导、体制规范的前提下，科学合理地对各方的公共文化服务资源进行配置利用，实现资源共享、优势互补与协同发展。在实践层面，公共文化服务跨区域协作中的资源整合主要包括文化资金整合、文化设施资源整合、文化活动整合以及数字文化资源整合等方面，跨区域公共文化服务资源整合的实现既体现了跨区域协作的动态进展，也是跨区域公共文化服务协作成果的重要内容。

在文化资金整合方面，通过良好的协调机制，充分调动经济实力处于优势地位的协作方在财政支持方面的优势，利用一般公共预算、政府性基金预算、国有资本经营预算等渠道，广泛吸引鼓励社会力量投资，依托资金整合实现设施空间建设、活动组织举办、产品生产创造，为协作构建坚实的经济基础。

在文化设施资源整合方面，通过摸排双方的公共文化服务设施空间，并以政府部门与公共文化机构等提供的主要公共文化服务设施空间为基础，通过功能集合与品质提升，开展经常性、固定化的公共文化服务活动，避免公共文化服务空间的闲置，充分提升公共文化服务效能。

在文化活动整合方面，通过对文化活动策划与执行、文化设施利用与管理、文化内容创作与传播等各环节进行整合优化，打破原有的行政界限和机构壁垒，将分散的文化资源、活动和服务进行有效对接和优化配置，形成跨区域的文化联动机制，促进文化资源在空间上的互联互通和在时间上的互补互促，提高和扩大公共文化服务的整体效能和覆盖面，增强公共文化服务体系的整体功能和社会效益。

在数字文化资源整合方面，公共数字文化资源整合是一项大工程，需要人力、物力及财力等各方面的支持[①]。公共文化服务跨区域协作的数字资源整合主要以国家文化大数据体系为基础，依托互联网、大数据、人工智能、VR、虚拟展播、5G 网络、新型算力网络等现代信息技术手段，对各类文化资源进行数字化采集、整理、存储、分析和展示，实现文化资源的数字化、网络化、智能化和共享化。

文化资源整合是公共文化服务高质量发展的重要手段，也是公共文化服务跨区域协作的重要内容。2024 年 3 月 22 日在扬州举办的"数智技术助力公共文化服务"专题会议，主张通过融合开放，构建国家智慧公共文化云聚合产业生态，在公共文化空间中嵌入涵盖音乐、舞蹈、书法等的多功能文化艺术服务，共同推动建设"AI+文化馆"的线下体验空间。其本质上就是强调文化资源整合在公共文化服务协作中的重要性，特别是强调通过数字化方式整合公共文化资源，促进公共文化服务跨区域协作高质量发展。

四 品牌共塑

公共文化服务品牌共塑，是协作各方在长期良好合作交流的前提下，在双方实现理念认同、价值耦合的基础之上，塑造具有鲜明特色和突出代表性的协作品牌，凝聚不同区域的风俗习惯、文化基因与地方特色，能够更好地表达地方价值理念，传播文化魅力。通过跨区域协作，不同地区的公共文化机构能够通力协作，打造具有区域特色和全国影响力的文化品牌，以此提升公共文化服务的知名度和美誉度，增强品牌的核心竞争力和可持续发展能力，拓展公共文化服务的辐射范围。

公共文化服务跨区域协作的品牌共塑主要包括四种类型。一是资源型品牌共塑。协作各方相互借鉴利用彼此的物质与非物质公共文化资源，

---

① 戴艳清、孙英姿：《英国公共数字文化资源整合制度体系研究》，《情报资料工作》2022年第 2 期。

共同策划和开发、挖掘、包装、宣传、推广具有地方特色的文化品牌活动，打造具有竞争力的跨区域文化品牌。二是活动型品牌共塑。协作各方通过共同策划举办艺术展览、文艺演出、文化节、文化论坛等活动，促进文化交流传播，在不断彰显地方特色、持续提升影响力的过程中完成品牌塑造，提升公众对于公共文化服务跨区域协作的感知度。三是服务型品牌共塑。协作各方在长期合作中，逐渐形成一套成熟的协作思路、协作理念、协作方法，各机构能够相互学习，借鉴成功的服务经验和管理模式，明确合作目标，坚持分工协作、利益共享、风险共担等原则，共同研发新的服务产品，提高服务的专业性和创新性，有效地推动服务型品牌共塑，实现资源共享、优势互补，提升服务品牌影响力与品质竞争力。四是产品型品牌共塑。产品型品牌共塑是指在公共文化服务跨区域协作中，协作各方通过资源整合、空间共享、功能拓展，实现设计、生产、制作、销售、推广全链条的充分合作，从而形成既有地域特色又有消费卖点的手工艺品、文创产品、艺术作品等的文化品牌，不断丰富人民群众的文化选择。

在东西部协作过程中，跨区域协作合力塑造公共文化服务品牌的案例也较为丰富。例如，陇南市少年儿童赴山东青岛参加"青少年春晚"录制活动，架起了两省跨区域公共文化服务协作桥梁，展现了两地新时代青少年的综合素质和精神风貌，推广了中国海洋文化，普及了青少年海洋知识，促进了文化艺术的传承与发展，凝结了两省文化交流协作的"山海情"；上海市文化和旅游局、江苏省文化和旅游厅、浙江省文化和旅游厅、安徽省文化和旅游厅共同签署的《长三角文化和旅游高质量一体化发展框架协议》，推出长三角地区"主题+体验"之旅系列产品，协同举办大运河文化旅游博览会，打造"跟着考古游长三角"精品旅游线路和"老庄文化旅游"新品牌，强化了区域协作的品牌塑造效果。

五 人才共育

公共文化服务跨区域协作人才共育是指协作各方通过共同选拔、培训、激励、评估等方式，培养出知识丰富、素质过硬、视野广阔、思路新颖的优秀人才队伍，实现人才资源的共享和优化配置，以此提升公共文化服务人才的专业素养和综合能力，推动公共文化服务事业的可持续发展。

公共文化服务跨区域协作的人才共育，主要分为体制内公共文化人才共育和体制外公共文化人才共育两类。体制内公共文化人才，是指在政府部门或公共文化机构内从事公共文化服务与管理的工作人员，是公共文化产品与服务最主要的提供者与承担者。推进体制内公共文化人才共育，主要有以下方式。一是共建遴选机制。协作各方通过共建跨地区公共文化人才信息共享平台，实现人力资源动态更新与实时共享，使得协作各方可以根据自身发展需要，有针对性地引进相关专业人才。二是共建培养机制。协作各方通过整合优秀的教育资源，共同制定人才培养计划，集中统一对协作各方的公共文化人才进行教育培训，促进协作各方人才队伍素质的整体提升。三是共建交流机制。协作双方通过互派人才进行调研考察、交流分享、座谈培训、挂职锻炼等方式，以有效的交流互通，使协作各方的公共文化人才掌握新知识、获得新技能、开阔新视野、积累新人脉，促进公共文化服务工作创新开展。

体制外公共文化人才是体制内公共文化人才的有机补充，是协助体制内工作人员开展公共文化服务的有效力量。体制外公共文化人才包括公共文化领域专家智库、科研院所、高等院校的专家学者，提供公共文化服务的企业人才、社会志愿组织工作者，以及与公共文化服务工作直接相关的其他交叉领域的专业人才。社会化与组织化的人才培养与合作交流，有助于实现体制内外公共文化人才的有效交流互动，形成专业过硬、结构合理的公共文化政策研究和咨询专家梯队，为公共文化服务跨区域协作的高质量发展贡献智慧力量。

第二节　公共文化服务跨区域协作的影响因素

由于不同地区之间在经济、地理、历史、文化等各方面的结构性差异，不同地区在公共文化服务发展水平、发展理念、发展特色等方面存在差异，自然而然形成了发展不平衡不充分的格局。推进公共文化服务跨区域协作，重点在于以公共文化服务协作来弥补发展不足，推进优势资源互鉴、互补与共享，在提升本地区公共文化服务质量与效率的同时实现互惠共赢，不断突破发展不平衡不充分的整体格局，实现公共文化服务均等化、标准化发展目标。在推进公共文化服务跨区域协作的进程中，区域经济社会发展水平、政策法规、协作体制机制、供需关系、科技应用水平等直接影响协作实现与否、效率快慢、时间长短、水平高低以及成效大小，从而规制着公共文化服务跨区域协作的内容选择，也成为公共文化服务苏陕协作内容选择的重要影响因素。

一 区位经济社会发展水平

区位经济社会发展水平是公共文化服务跨区域协作内容选择的决定性因素，主要涉及"产业结构、资本投入、财政支出、外商投资、进出口等要素"[①]。政府是发展公共文化服务事业的主导力量，提供标准化、均等化的公共文化服务是政府的重要职能。推进公共文化服务事业发展的主要资金来源于当地政府的财政支出，而政府财政支出水平受制于当地的经济社会发展水平。因此，一个地区的经济发展水平的高低，决定着政府财政收入，从而决定了当地公共文化服务的投入力度、资源配置、革新速度，影响着公共文化服务的发展质量和水平。东南沿海地区经济发达，拥有相对宽裕的资金推进公共文化服务工作发展，公共文化服务基础设施、服务内容、服务模式相对健全，能够有效满足人民群众的高品质文化生活需求。在中西部经济发展相对薄弱地区，由于经济支撑力度不足，政府无法为群众提供充分的公共文化服务，公共文化服务内容相对固定、形式相对单一。因此，在公共文化服务协作过程中不可避免地出现发展不平衡不充分问题，影响跨区域协作工作的落地见效。

经济发展水平对公共文化服务跨区域协作的影响是多方面的。在

---

① 张莹：《区域协调发展：战略演化、影响因素、绩效评价与政策设计》，《科技管理研究》2022 年第 17 期。

文化设施方面，经济发达地区往往能以充足的资金完善图书馆、博物馆、文化馆等公共文化设施，为公共文化服务高质量发展提供硬件支撑。而经济欠发达地区由于经济发展水平的制约，基础的公共文化设施与空间陈旧或缺失，相关协作项目无法落地实施。在文化产品与服务方面，经济发达地区可以充分挖掘自身的公共文化资源，产出并提供更加丰富、更高质量的文化产品与服务，而经济欠发达地区由于资金保障力度不足，缺少优质公共文化产品与服务的产出，难以对本地的公共文化资源进行有效开发利用，从而导致在协作过程中难以实现公共文化资源的有效共享与优势互补。在公共文化服务普及性方面，经济发达地区往往能够拓展公共文化服务覆盖范围，使得公共文化服务普惠全民，而经济欠发达地区则存在公共文化服务覆盖范围小、城乡与区域发展不均衡的问题，从而导致在协作过程中难以扩大协作影响范围，协作成效不佳。在人才队伍建设方面，经济发达地区往往能吸引、培养高素质人才，形成完备的体制内、体制外公共文化服务人才队伍，而经济发展相对薄弱地区人才队伍培育的保障力度不足，使协作各方工作团队存在知识技能、思维观念等方面的差异，影响了协作效率。

可见，区域经济社会发展水平差异对公共文化服务跨区域协作具有决定性影响，在推进公共文化服务跨区域协作的内容选择上，应充分考虑协作各方的经济基础差异，聚焦于低成本、高效益的公共文化服务领域开展协作，通过优势互补更好地完成公共文化设施建设、资源开发、产品创作、服务供给、人才建设，从而推动跨区域协作实现更大规模、更长时效、更高质量发展。

二　政策法规

公共政策质量是影响国家发展绩效的重要因素，体现了国家解决公共问题的能力。在推进公共文化服务工作时，高质量公共政策应"对外部环境具有较强回应性、制定过程和政策内容合情合理合法、切实关照利益相关者利益、执行有效和结果合乎政策目标"①。公共文化服务领域政策法规、保障条例等的制定、出台、实施，能够为公共文化服务规制发展目标、明确方法原则、制定实践策略、完善评价体制，从而为推进公共文化服务工作提供明确的制度框架和指导原则。从顶层设计持续发力，对公共文化资源进行合理配置，确保公共文化服务在政策指导下有序进行，规范公共文化服务行业秩序，从而有效提升公共文化服务品质，更好地保障广大民众的公共文化权益。

在推进公共文化服务跨区域协作的实践中，公共文化服务领域地方性政策法规差异是影响协作内容选择的重要因素。不同地区政策法规内容上的不同，会导致协作各方工作理念上的差异，影响协作各方思想观念，使协作各方在公共文化服务体系建构上存在不平衡性，影响跨区域协作的推进。例如，在沪滇公共文化服务对口协作中，上海早在2012年便制定了《上海市社区公共文化服务规定》，并在2020年进一步完善出台了《上海市公共文化服务保障与促进条例》。经过多年的探索和发展，上海市的公共文化服务政策体系已较为成熟，虽然云南省在2022年制定了《云南省公共文化服务保障条例》，但两地公共文化服务实践历程的不同，导致双方对公共文化服务理念的认识存在一定差异。同时，从内容上来看双方也存在较大差异。《上海市公共文化服务保障与促进条例》用较大篇幅对"上海文化品牌建设"提出了要求，而《云南省公共文化服务保障条例》却鲜有涉及公共文化服务品牌建设的内容，这在一定程度上也反映了两地在公共文化服务发展方面的理念偏差。

政策法规的制定实施影响着公共文化服务效能，在推进公共文化服务协作过程中，协作各方通过友好协商交流，制定出台公共文化服务协作方面的规划、条例、措施等，有助于加速现代公共文化服务体系的建设，以政策文件的形式推动跨区域协作的有序进行。浙江、四川两省联合制定《浙江省·四川省深化东西部协作"十四五"规划》，强调以政

---

① 陈水生：《什么是"好政策"？——公共政策质量研究综述》，《公共行政评论》2020年第3期。

策形式加强浙川两地协作交流，并明确提出打造东西部协作文化交流的"金名片"；福建省与宁夏回族自治区在公共文化服务协作过程中，围绕"以协作促发展"的新使命新任务，形成了以《"十四五"闽宁协作规划》为指向，以《闽宁文化合作框架协议》《关于深化新发展阶段闽宁协作工作的意见》《闽宁人力资源交流服务合作协议》为支撑的公共文化服务协作政策体系，探索形成了公共文化服务协作的"闽宁模式"，推动公共文化服务跨区域协作持续向纵深发展。

因此，政策因素是公共文化服务跨区域协作的重要因素，在推进公共文化服务跨区域协作内容选择的过程中，需要考虑政策制定、施行差异性与普适性，持续完善公共文化服务领域合作规划、条例的制定实施，以日益健全的政策体系逐步缩小公共文化服务领域的政策差距，是持续推动公共文化服务跨区域协作，提升公共文化服务水平的必然要求。

三　协作体制机制

体制机制是公共文化服务跨区域协作的又一保障因素，完善的体制机制能够充分发挥各级公共文化服务主体的服务效能。《关于推动公共文化服务高质量发展的意见》中提出"深化公共文化服务体制机制改革"的发展目标，也表明在具体的实践过程中，要创新管理方式，不断扩大群体参与覆盖面，以健全的体制机制构建开放多元、充满活力的公共文化服务供给体系。

系统化、体系化、制度化的公共文化服务体制机制是公共文化服务效能充分发挥的关键。在长期实践中，不同地区之间公共文化服务工作的开展水平不同、侧重不同、特色不同，形成了不同的公共文化服务体制机制，这种体制机制又反过来作用于公共文化服务效能发挥。一方面，服务标准、管理流程、资源分配等多方面的差异，会导致跨区域协作中出现协调困难、沟通不畅，影响协作的效率和效果；另一方面，在跨区域协作中，体制机制是在长期实践中逐渐探索形成的，一旦形成固化的工作模式，短时间内便难以轻易改变，协作各方因工作体制机制的不同，难以形成长效、持续的合作，导致协作内容趋于表面化，难以实现合作的纵深发展。

保持有效的沟通，明晰工作协作各方体制机制差异，探索创新公共文化服务跨地域协作的体制机制，是实现公共文化服务跨区域协作和高质量发展的关键路径。这要求协作各方在充分了解协作地方的政治、经济、历史、文化发展背景和发展脉络的基础上，以协作各方的具体特征与实践问题为锚点，努力促成相关协作机制和平台建设，以标准化、规范化的体制机制切实提升协作效率与质量，实现公共文化服务跨区域协作的常态化与制度化发展。

在区域一体化发展战略之下，长三角地区（沪苏浙皖三省一市 43 个城市）在公共文化服务体制机制方面达成长效协作，并合作成立长三角公共文化服务体系合作机制大会，推动了长三角地区公共文化服务体系一体化发展。2023 年 9 月 4 日，第三届长三角国家公共文化服务体系示范区（项目）合作机制大会在江苏镇江召开，通报了长三角地区国家公共文化服务体系示范区（项目）合作机制近年来主要工作成效，发布了《长三角地区公共文化创新案例汇编（2021—2022）》《镇江倡议》，共同启动了文旅公共文化服务高质量发展"五个一百"行动，一系列体制机制的建立为实现长三角地区公共文化服务一体化奠定了坚实基础。在区域一体化体制机制的作用下，长三角地区的联系更加密切，片区的公共文化服务质量得到提升，并且以区域一体化推动了"三省一市"现代公共文化服务体系的日臻完善和公共文化服务的高质量发展。

四 供需关系

公共文化服务供给与需求的关系是影响公共文化服务跨区域协作的重要因素之一。从供给端看，供给因素主要包括公共文化资源的分布、文化设施的建设、文化产品和服务的质量与数量以及专业人才的配备等。这些因素直接决定了一个地区能够提供多少、什么类型以及什么质量的公共文化服务。当某个地区在这些方面具有相对优势时，它就可能成为跨区域协作的发起者或主导者。广大公众作为公共文化服务的服务对象，对公共文化产品与服务有着多层次、多样化的需求，体现着人民群众对于精神文化生活的追求。而政府作为公共文化服务的主要供给者和生产者，需要密切关注人民群众的公共文化服务需求，在为公众提供基本公共文化服务保障的基础之上不断优化公共文化服务供给。随着经济社会的发展、人民生活水平的提高，人民群众的精神文化生活追求不断提升，并对公共文化服务提出了品质、均衡、开放、融合的发展要求，公共文化服务呈现供给不均衡与不充分的矛盾，这成为影响公共文化服务供给目标、策略、内容、方法、途径的重要因素。因而必须通过协作把优势地区的文化资源和服务输送至资源相对匮乏的地区，实现文化资源的共享和优化配置。

从需求端看，需求因素涉及公众对于文化服务的需求程度、需求结构和偏好等内容。随着人民生活水平和文化素质的提高，广大公众对于公共文化服务的需求呈现多元化、异质性的特征。当某个地区公众对某些文化服务有较高需求而本地供应却不足以满足时，就会促使该地区寻求外部协作，引入其他地区的文化资源和服务。不同地区由于经济发展水平、政策导向、历史文化差异的影响，文化需求也存在差异，需要通过跨区域协作在满足共性需求的同时，以"点单式、定制化"的文化服务满足广大群众的文化需求。

在推进公共文化服务跨区域协作的实践过程中，供需匹配问题是影响公共文化服务跨区域协作内容选择的关键要素。一方面，不同地区在公共文化服务发展过程中因自身不足与缺陷，不能较好地提供优质的公共文化服务内容，人民群众的公共文化服务需求难以满足，成为限制地区公共文化服务发展的瓶颈。有效的跨区域协作能够推动公共文化服务的资源共享与优势互补，实现协作各方供给与需求的匹配，从而打破地区发展桎梏，实现公共文化服务水平与质量跨越式提升。另一方面，不同地区在公共文化服务领域中会各自形成特色鲜明、优势突出的资源、产品和服务，有效的跨区域协作能够实现优质资源有机互补，激发公共文化服务供给端的活力，减少资源的闲置浪费，实现公共文化服务高效有序发展。

甘肃省与天津市公共文化服务协作精准阐释了公共文化服务跨区域

协作的供需匹配原则。天津市河西区文化和旅游局与甘肃商会消费帮扶馆签署文化产品合作意向书，双方就"积极推进东西部协作和对口支援合作，展现东西部文化产品的独特魅力与传承技艺，助力甘肃优秀文化走出去，促进中华优秀传统文化繁荣发展"等内容达成合作意向，探索形成了"文化+产业+平台"服务模式，文化铸魂赋能整合了甘肃丰富的公共文化资源，助力甘肃公共文化服务链式发展与结构性改革，以两地公共文化服务的优势互补、供需互补推进了公共文化服务深层次协作。

五 科技应用水平

科学技术是第一生产力，是推动社会进步的重要动力，科技应用水平是影响公共文化服务跨区域协作的关键变量。在跨区域协作中，数字化和网络化技术的应用有效推动了公共文化资源的整合与共享，既提升了资源利用效率，又促进了不同地区文化资源的互联互通，满足了多元群体的文化诉求。一方面，科技应用提高了公共文化服务的可获取性和便捷性。科学技术尤其是高新技术的应用，能够有效推动公共文化服务数字化、网络化、智能化、信息化建设。依托国家数字文化战略，利用全国文化大数据服务中心、区域文化大数据服务中心、省域文化大数据服务中心，"两侧四端"（供给侧、需求侧，以及资源端、生产端、消费端和云端）协同发力，通过互联网、移动通信、数字化、影像化等技术手段，充分整合公共数字文化资源，丰富数字资源总量，提升数字资源质量，搭建公共文化网络平台，实现文化资源的数字化存储、传输和分享，使得不同地区的公众都能够方便地访问到丰富的文化内容。另一方面，科技应用增强了公共文化服务的互动性和个性化。借助虚拟现实（VR）、增强现实（AR）等新兴技术，为公众提供沉浸式的文化体验，满足个性化的文化需求。在这个过程中，依托社交媒体、在线社区等平台，充分打通时空界限，使得公众可以更加便捷地参与到文化活动中，以公共文化服务数字化建设健全现代公共文化服务体系。此外，科技应用优化了公共文化服务的运营管理模式。通过大数据分析、云计算等技术手段的运用，以智能化的管理系统提高公共文化服务的运营效率，对文化服务的需求、供给、质量等进行实时监测和评估，以现实的数据支撑为跨区域协作提供更加坚实的保障。

在推进公共文化服务跨区域协作过程中，合理高效地应用科学技术丰富了公共文化服务的内容选择，增强了公共文化服务效能。四川、重庆两地在推进成渝地区双城经济圈建设的背景之下，大力推进公共文化服务协同发展，高度重视科学技术在公共文化服务领域的重要作用，打通川渝两地数字图书馆、数字文化馆网络，实施"一卡通"服务工程，实现图书"通借通还"、场地活动培训"一键预约"、公共服务和旅游产品"一键采购"的"一卡通"数字化服务目标，打造了成渝地区文化旅游公共服务数字化品牌，以数字化服务助推公共文化服务协作高质量发展。在浙江与新疆公共文化服务协作过程中，阿克苏地区图书馆与浙江图书馆以"书香浙疆·阅读基地"为目标，率先建成了浙江图书馆阿克苏地区数字分馆，配备了涵盖百姓大舞台、广场舞活动、共享课堂等多项内容的公共文化服务一体机，嵌入了"VR眼镜+党建云馆"一体系统、数字文化长廊、电子书工坊和电子书桌、朗读亭等"互动式"体验服务，充分满足读者各类文化需求。通过空间共建，嵌入现代化、智能化的数字技术，推动了数字资源、数字要素的跨地区流动，促进了公共文化服务的跨地域沟通协作，拓展了公共文化服务的覆盖面，实现了浙疆两地文化资源互联共享，提升了公共文化服务跨区域协作传播力与影响力。

第三节　公共文化服务苏陕协作的实践选择

协作内容体现协作主体双方的核心优势，规定着两省开展公共文化服务协作的基本走向。公共文化服务跨区域协作涵盖制度建设、空间共建、资源整合、品牌共塑、人才共育等内容，在跨区域协作的实践过程中，区位经济、政策法规、体制机制、供给需求、科技水平差异，制约并决定着公共文化服务跨区域协作的内容选择。从政策与实践两个维度对公共文化服务苏陕协作进行分析：江苏省与陕西省的公共文化服务协作既具备跨区域公共文化服务协作的普遍性特征，又存在苏陕两省的实践特色，其主要内容涵盖文化设施空间、文艺创作展演、人才交流培训、文化共创共享四个大类（见图5-1）。

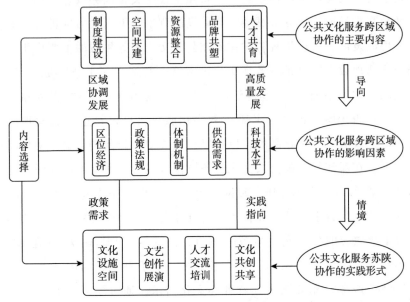

图5-1 公共文化服务苏陕协作的实践选择

一 公共文化服务苏陕协作的政策要求

公共文化服务政策是影响公共文化服务跨区域协作内容的关键变量，国家和地方关于跨区域协作与公共文化服务的政策制约着公共文化服务跨区域协作的主要内容，是公共文化服务苏陕协作内容划分的重要依据。

（一）国家层面

2023年1月31日习近平在第二十届中央政治局第二次集体学习时的讲话中提出："推动区域协调发展战略、区域重大战略、主体功能区战略等深度融合，优化重大生产力布局，促进各类要素合理流动和高效集聚，畅通国内大循环。"① 2024 年 4 月，习近平在重庆召开新一轮西部大开发座谈会上，又一次强调要强化区域协调发展、完善东西部协作机制②。随着人民生活品质的提升，人民对公共文化服务的需求更加旺盛、质量要求更高。以公共文化服务跨区域协作加强协作各方的联系，满足人民群众高品质的文化需求，成为缩小区域差距、推动区域均衡发展和跨区域协作的重要目标。推动区域协调发展与公共文化服务提质增效的政策体系客观明确了公共文化服务跨区域协作的发展方向。从区域协调发展看，《关于贯彻落实区域发展战略促进区域协调发展的指导意见》《关于建立更加有效的区域协调发展新机制的意见》等政策文件从"加强区域发展战略、规划、政策的制定实施""塑造要素有序自由流动、主体功能约束有效、基本公共服务均等、资源环境可承载的区域协调发展新格局""实现基本公共服务均等化""人民基本生活保障水平大体相当"等方面持续发力，不断健全公共服务的基础设施，完善跨区域协作的制度保障。特别是中共中央、国务院《关于新时代推进西部大开发形成新格局的指导意见》明确提出了"完善公共文化服务设施网络，强化数字技术运用，推动文化惠民工程整合创新、提档升级③，为建设公共文化服务跨区域协作与人民日益增长的美好生活需要相匹配的现代公共文化服务体系提供了政策遵循。

从公共文化服务发展看，"两法一规划一意见"为公共文化服务跨区域协作提供了方向指引。《中华人民共和国公共文化服务保障法》指出，要"按照公益性、基本性、均等性、便利性的要求，加强公共文化设施建设，完善公共文化服务体系，提高公共文化服务效能"④。《中华人民共

---

① 《习近平主持中共中央政治局第二次集体学习并发表重要讲话》，中国政府网，https://www.gov.cn/xinwen/2023-02/01/content_5739555.htm。

② 《习近平主持召开新时代推动西部大开发座谈会强调：进一步形成大保护大开放高质量发展新格局 奋力谱写西部大开发新篇章》，中国政府网，https://www.gov.cn/yaowen/liebiao/202404/content_6947130.htm。

③ 中共中央、国务院：《关于新时代推进西部大开发形成新格局的指导意见》，中国政府网，https://www.gov.cn/zhengce/2020-05/17/content_5512456.htm。

④ 《中华人民共和国公共文化服务保障法》，中国政府网，https://www.gov.cn/xinwen/2016-12/26/content_5152772.htm。

和国公共图书馆法》明确提出："国家支持公共图书馆开展联合采购、联合编目、联合服务，实现文献信息的共建共享，促进文献信息的有效利用。"①《"十四五"文化和旅游发展规划》明确要求"优化城乡文化资源配置，统筹加强公共文化设施软硬件建设，创新实施文化惠民工程"②。《关于推动公共文化服务高质量发展的意见》强调"加强城乡公共文化服务体系一体建设，促进区域协调发展，健全人民文化权益保障制度，推动基本公共文化服务均等化"③。公共文化服务的政策体系明确了要加快形成"覆盖城乡、便捷高效、保基本、促公平"的现代公共文化服务体系，这就要求推动公共文化服务跨区域协作。公共文化服务苏陕协作是落实区域协调发展战略和推进公共文化服务高质量发展的有机实践，是两省在经济与扶贫协作基础上的深度协作，有效拓展了公共文化服务的辐射力与影响力。

（二）地方层面

苏陕协作经历 30 多个春秋，已经形成了较为完善的协作体系，两省的公共文化服务政策体系支撑着两省公共文化服务的跨区域协作。江苏省以"两法一条例"为基础，形成了以《江苏省政府办公厅关于推进基层综合性文化服务中心建设的实施意见》《江苏省公共文化服务体系建设补助资金管理办法》《江苏省"十四五"文化发展规划》《江苏省"十四五"公共服务规划》等为重要支撑的政策体系，为公共文化服务高质量发展保驾护航。陕西省把"两法一条例一规划一意见"作为主要政策支撑着陕西省公共文化服务高质量发展。相较于江苏省，陕西省缺少公共文化服务领域的补助资金管理办法和基层公共文化服务建设实施意见等内容，这也为两省从政策出发进行交流协作提供了契机。

---

① 《中华人民共和国公共图书馆法》，中国政府网，https://zwgk.mct.gov.cn/zfxxgkml/zcfg/fl/202012/t20201204_905426.html。

② 中华人民共和国文化和旅游部：《"十四五"文化和旅游发展规划》，中国政府网，http：//www.gov.cn/xinwen/2021-06/04/content5615466.htm。

③ 文化和旅游部、国家发展改革委、财政部：《关于推动公共文化服务高质量发展的意见》，中国政府网，https://www.gov.cn/zhengce/zhengceku/2021-03/23/content_5595153.htm。

从两省的文化发展规划看，江苏省从思想理论建设工程、媒体深度融合发展工程、诮德风尚建设工程、文艺精品创作工程、文化惠民工程、文化产业提质增效工程、文旅品牌培塑工程、优秀传统文化传承弘扬工程、江苏文化影响力提升工程、文化人才培养工程十大工程出发，不断健全和完善江苏省的现代公共文化服务体系，形成了集文化人才培育、文化品牌塑造、文化空间优化升级、文化资源活化利用、文化成果共享于一体的政策机制；陕西省以"一核四廊三区"为发力点，以区域联动、协同发展为基本原则，依托陕西自然地理和人文景观空间，着力打造和彰显"文化陕西"品牌。从两省资金管理办法看，江苏省已经形成较为成熟完善的公共文化服务资金管理办法，陕西省正在健全完善公共文化服务资金管理办法。从基层公共文化服务发展看，江苏省借助"软件"与"硬件"相适应的基础设施提供基本服务，以基层文化服务中心为终端平台，整合人力、物力、财力及数字文化资源，推出"1+X"模式，丰富服务内容，建立需求反馈机制，改变服务方式，着力实现供需匹配；陕西省在基层公共文化服务的实践中也形成了相关实践成果，但成效尚不突出，迫切需要加强与江苏的交流协作，为基层公共文化服务高质量发展指引方向。

二　公共文化服务苏陕协作的实践形式

明确公共文化服务苏陕协作的基本内容，是进一步提升两省公共文化服务发展质量的重要依据，也是精准满足人民群众精神文化需求的关键。通过公开征集资料、自主搜集整理与实地调研考察相结合的方式，系统梳理了两省的公共文化服务协作案例经验，并结合公共文化服务跨区域协作的政策要求、实践特征与具体内容，将公共文化服务跨区域协作分别概括为文化设施空间、文艺创作展演、人才交流培训、文化共创共享四大基本类型（见附表3）。

（一）文化设施空间

文化设施空间是公共文化服务跨区域协作的物质载体，直接体现了公共文化服务跨区域协作的实际效果。一方面，两省文化设施空间协作需要持续投入和长期规划，确保协作项目的可持续发展。以经济协作为基础的文化协作打通了跨区域协作的"任督二脉"，为协作项目提供了稳定的资金来源和政策保障。另一方面，两省丰富的文化资源需要适配的公共文化空间进行承载，文化设施空间共建共享是实现文化资源互惠共享的有机载体。

为保障两省的人民群众能够享受更优质、更便捷的公共文化服务，推动实现全民阅读的目标，满足两省人民群众的精神文化生活需要，两地携手共建城市书房、农家书屋，以文旅综合项目推动两省公共文化服务的快速发展。江苏扬州率先制定了《扬州市城市书房条例》，标志着中国新型公共文化空间的建设、运行和服务正式进入法治化轨道，也以文化惠民工程为健全现代公共文化服务体系做出了引领示范。经过迭代发展，扬州城市书房集阅读、文创、休闲、活动开展等多功能于一体，以现代化的风格、开阔的空间以及丰厚的藏书服务广大人民群众。与此同时，江苏省各地大力推进农家书屋与新时代文明实践相融合，通过"+农家书屋""农家书屋+"双"+"模式，实施"全民阅读强基础工程""农家书屋下楼工程""农家书屋'变形计划'"，拓展和提升了新型公共文化服务空间的服务内容与服务效能。

功能齐全、方便到达的城市书房、农家书屋是推进现代公共文化服务体系建设的"新配置"，更是满足人民群众精神文化生活需要的关键场域。江苏省在文化设施空间层面的先进经验为两省文化设施空间协作提供了广阔的机遇。在两省公共文化服务协作的持续进行下，两省文化设施空间从公共文化空间的物理空间格局向组织运作形态、虚拟空间等方面拓展，充分激发公共文化空间的公共属性、服务属性、社交属性，有效保证了公共文化服务的可持续性与稳定性，满足了公共文化服务受众群体的文化需求，提升了其参与程度与互动程度，增强了公共文化服务社区凝聚力，促进了文化共同体建设。

（二）文艺创作展演

苏陕两省具有丰富的文化资源与文化场所，为两省文艺创作展演协作提供了重要基础。从文化资源看，江苏徐州、宿迁、镇江、常州、泰州、南通、南京等市拥有丰富的园林文化、水乡文化、曲艺文化、书画文化、诗词文化、非遗文化资源，舞剧《水印扬州》、歌剧《运之河》、木偶剧《运河之花》、扬剧《鉴真》等诸多文艺作品闻名遐迩，江苏依托云技术，对题材资料进行持续收集、积累、储存、流通和管理，形成江苏精品创作的 IP 群；陕西作为历史文化聚集地，文学、影视、戏剧、音乐、舞蹈、美术、摄影、书法、曲艺、杂技、民间文艺等方面资源遍地开花，"欢乐春节""国风秦韵"对外文化交流活动持续开展和推广，"文化陕西""文学陕军""西部影视""长安画派""陕西戏剧"品牌知名度不断提升。丰富的文化资源为两省文艺创作展演提供了广阔的协作空间，有助于以互补性优势增强公共文化服务活力，提高资源集聚的影响力。

从文化场所看，两省具备图书馆、博物馆、文化馆、美术馆、城市书房、非遗工坊等健全的公共文化设施空间，并且各市区结合地方特征，以"数字+"赋能，形成了具有时代特色和地域特色的新型公共文化服务空间，为两省文艺创作展演协作提供了广阔的舞台。

在推进公共文化服务跨地区协作的过程中，经过苏陕两省长期努力，通过文化走亲、艺术展览、文艺演出等丰富形式，积极开展文艺作品创作展演活动，有效促进了两地的文化交流，增强了民众对公共文化服务的感知度，提高了公共文化服务的影响力。"盐城·铜川书法美术剪纸农民画作品展"展出两地名家书法、美术、剪纸、农民画精品240多幅，让两地民众领略书法绘画艺术之美。

文艺创作展演不仅是艺术形式、文化创作等有形的物质层面的展陈，更是精神层面的碰撞、融通与共鸣。陕西、江苏、河南三省共同主办"艺桥飞架　童心筑梦"·苏陕豫三省三地少儿版画展，充分发挥了安康市少儿艺术教育方面的组织基础、活动经验，展现了大巴山区儿童的精神风貌。

（三）人才交流培训

人才交流培训是实现公共文化服务跨区域协作的重要形式。江苏省经济社会相对发达，具备人才和技术优势，在公共文化服务领域领先全国平均水平，而且在健全现代公共文化服务体系的过程中，积累了宝贵的实践经验，这为陕西公共文化服务高质量发展提供了学习借鉴机会；而陕西作为西部重要省份，具有丰富的文化资源和巨大的文化发展潜力，为江苏提供了拓展合作的空间。

人才交流与干部挂职锻炼构成了两省公共文化服务协作人才共育的基本形式，拓宽了两省公共文化服务的视野，并以两地涌现出的实践案例、创新模式为鲜活的教材，优势互补，促进两省文化观念、服务理念的推陈出新。公共文化服务交流培训的内容涵盖基层公共文化服务品牌提升、文旅融合、乡村文化振兴、优秀群众文化工作者交流分享以及实地参观学习等诸多方面，通过人才交流培训，实现两省的资源共享、互学互鉴，推动人才和技术的流动，实现公共文化服务的协调发展。江苏和陕西都拥有众多高等院校和科研机构，它们在数字化技术、文化研究和创意设计等领域具有众多的人才和科研成果。

通过苏陕协作，两省可以加强人才交流和科研合作，共同推进数字文化资源的创新与发展。江苏太仓图书馆与榆林神木图书馆互派馆员参加苏陕公共图书馆馆员挂职集中动员培训班；安康市图书馆派馆员到常州图书馆挂职培训；延安市图书馆学会与金陵图书馆学会成立学会联合会，推动双方业务工作人员加强学术交流，提升科研能力，助推图书馆服务高质量发展。两省公共文化服务人才共育，推动了两省公共文化人才相互吸收借鉴公共文化服务运行、管理与服务的先进经验，提升了双方人才队伍的整体素质，促进了公共文化服务工作提质增效，实现了公共文化服务工作创新发展，增强了公共文化服务苏陕协作的创新活力与实践动力。

（四）文化共创共享

苏陕两省在经济社会发展水平、人口状况、环境条件、社会习俗、文化传统等方面均各有特色，在长期的公共文化服务实践中，形成了具有鲜明地域特征的公共文化设施、文化产品、文化活动、文化服务、文化主体，各自构成了系统完整的公共文化资源体系。

江苏省作为经济发达地区，形成了具有现代化特征的公共文化服务体系。"十四五"以来，江苏在率先建成省、市、县、乡、村五级公共文化服务设施网络的基础上，健全了图书馆、文化馆、科技馆、美术馆、基层公共文化服务中心等现代公共文化服务设施，启动并实施"双千计划"，组织送戏下乡，开展惠民演出，不断提升公共文化服务标准化、均等化水平。两省的公共文化服务协作，有助于将这些优质资源引入陕西，助力陕西提升公共文化服务水平，让陕西民众享受到更多元、更高质量的公共文化服务。

陕西省作为历史文化名省，拥有独特且丰富的历史文化资源，通过两省公共文化服务协作实现了公共文化服务资源有效整合和挖掘，打造出具有地方特色的文化品牌。此外，江苏省在数字化技术和信息化建设方面具有较高的水平。两省公共文化服务协作，能够利用江苏先进的数字化设备和专业技术团队，将传统的文化资源进行数字化转化和加工，形成丰富的数字文化资源库，提升陕西省数字文化资源建设水平，实现两地数字文化资源的互联互通。

在两省公共文化服务协作中，通过协作共创共享，激活两地"沉睡"的公共文化资源，实现资源优化配置，提升服务质量与效率，提高文化共创共享水平，让两地的公共文化资源在交流协作中彰显活力。

第六章　文化设施空间协作

充分考虑城乡差异、人口密度、文化特色等因素，科学合理地规划公共文化设施布局，优化空间配置，提升设施质量，是推动公共文化服务高质量发展的关键内容，也是深化苏陕协作的重要举措。以公共文化服务苏陕协作为契机，推动公共文化设施向标准化、规范化、智能化方向发展，是近年来公共文化服务苏陕协作的主攻方向。这不仅推动了陕西包括农村文化广场、文化活动室、文化长廊等在内的基层文化设施建设项目为广大民众提供休闲娱乐、文化交流的惠民平台，也为江苏省文旅融合发展、传统文化在地保护、民俗文化传承空间重新塑造输送了陕西经验。特别是宜兴·延长友谊书房与郁林家园城市书房的成功实践成为两省文化设施空间协作的典型案例，以公共文化服务的有效协作推动了资金的精准配置，促进了公共文化服务的稳定可持续，形成了公共文化服务的空间共享机制，走出了一条共建、共推、共享、共赢的新路子。

第一节　协作形式

文化设施空间协作是公共文化服务苏陕协作的基础协作形式，以文化空间共建为前提、以文化功能丰富为基础、以文化空间共享为目标。两省公共文化空间建设主要包括共建城市书房、共建农家书屋与共建文旅融合项目等协作内容。凝聚协作合力，共同建设新型公共文化空间，持续健全两省公共文化基础设施，提升公共文化服务品质，增强数字化服务效能，以充足、完善、便捷、高效的现代化文化设施空间保障人民文化权益，支撑公共文化服务体系的协调可持续。

一　共建城市书房

城市书房是公共图书馆的有机组成部分，是全开放、不打烊、高品位的自助服务空间，具体体现为一种崭新的公共文化服务形态。《"十四五"文化和旅游发展规划》明确提出"创新打造一批'小而美'的城市书房、文化驿站、文化礼堂、文化广场等城乡新型公共文化空间"①，将城市书房定义为一种新型公共文化空间。《"十四五"公共文化服务体系建设规划》《关于推动公共文化服务高质量发展的意见》等政策文件中对城市书房建设的意义、功能、特点进行了翔实介绍与精准定位，可以说城市书房是推动实现公共文化服务高质量发展的重要载体。在两省公共文化服务协作中，江苏省城市书房的功能定位、创新发展、成熟经验对陕西省城市书房建设具有重大影响，便捷化、高效化和智能化的城市书房建设，为推动全民阅读提供了有效载体，实现了公共文化服务"最后一公里"向"最美一公里"的华丽转身。

（一）打造网络化、智能化的新型空间

城市书房承担着向民众提供图书借阅、阅读空间、读书沙龙、会议交流等公共文化服务的功能，是公共图书馆的功能拓展与空间延伸。伴随着数字技术、5G技术、人工智能、AR/VR等新兴技术的快速崛起，为更好衔接与服务好人民群众的精神文化生活，网格化、数字化和智能化应用成为两省公共文化服务协作的工作重心。

第一，完善公共文化服务15分钟便民圈立体网络。新型城市书房作为一种公共图书馆的延伸平台，分布在城市中人流量大、公共文化需求较高的区域。协调和明确公共图书馆与城市书房的关系，发挥公共图书馆专业指导、资源保障、人员培训、服务优化、平台支撑的专业及行业职责，围绕两省城市书房与总图书馆图书资源的通借通还、总分馆的人

①　文化和旅游部：《"十四五"文化和旅游发展规划》，中国政府网，http：//www.gov.cn/xinwen/2021-06/04/content5615466.htm。

员管理、图书更新频次和服务范围的划分进行合作，丰富 15 分钟便民圈的基本内容，增强城市书房日常服务质量的稳定性和可靠性。

第二，营造公共文化服务智能化的数字空间。新型城市书房为市民提供利用手机 App、网站等进行平台预约、查询、借阅等服务，通过线上线下相结合的方式，拓展服务范围，完善数字资源下载、图书信息检索通道。江苏省扬州市、苏州市、南京市等城市的市区城市书房基本配备了自助借还、自助办证、智能门禁、自助上网、灯光自动控制、空调智能控制、远程监控、消防报警、数据汇总分析和故障自检及应急响应十大系统，引入和利用数字阅读资源，提供 24 小时全天候服务，这些举措增强了城市书房的便捷化、科技化、网络化、高效化与智慧化效果。

在推进城市书房共建的过程中，两省在人脸识别机制、图书阅读卡使用程度、网上浏览阅读效率等方面的交流较为深入，并注重发挥基层首创精神，把新型城市书房作为公共文化服务协作的试点工作，下大力气为建成数字化水平高、服务效率高的新型数字空间而持续合作。宝鸡扶风城市书房是两省协作的试点，通过与税务局协作，营造出了静谧、和谐且具有现代化和人文气息的城市书房。扶风城市书房的投入使用激活了县域内外的公共文化服务资源，并以此为契机，开拓两地协作新空间。

（二）推进低门槛、高效益的服务模式

低门槛、高效益是城市书房建设的基本原则，也是两省城市书房建设的工作重点。低门槛要求城市书房保持公益性与普惠性的性质，为人民群众提供集阅读、休闲与生活于一体的公共文化服务空间；高效益是指城市书房具备便捷性与可达性的特征，实现资源的有序更新，匹配人民群众的公共文化需求。

第一，充分考虑市民需求，保障群众阅读权益。苏陕城市书房建设坚持均等化与标准化理念。一方面，城市书房优先布局在人口密集、文化氛围浓厚的地区，特别是集中分布在特大商圈、主要社区、高校周边等地区，实现了与公共图书馆、文化馆、基层公共文化中心的配合，形成与现有公共文化设施空间辐射范围、服务人次上的互补效应。另一方面，聚焦不同群体的文化需求，注重城市书房空间设计，划分阅读区、交流区、儿童区、休息区四区，充分利用空间打造主题书房、创意书房等特色书房来满足不同年龄段群众的阅读需求。

第二，优化图书借还通道，节约群众时间成本。在充分学习江苏省城市书房建设的先进经验基础上，在协作建设城市书房的过程中，坚持以人民群众的需求为导向，以数智赋能为突破，打造一体化、系统化、全面化"三化一体"的城市书房。在城市书房共建过程中，不断配置智能化装置，实现自助借还书、人脸识别进门、图书荐购等功能一体化；定期举办讲座、沙龙、读书会等活动，利用数字平台进行整合，实现文化活动资源的系统化；汇集畅销书、经典著作、古籍等各类图书，订阅受欢迎的电子报纸、期刊等阅读资源；注重图书馆资源的定期更新与循环利用，实现合作城市图书资源的定期互换，确保图书资源的高效利用。在这种模式的作用下，苏陕两省的城市书房建设特点突出、成果明显，呈现全员、全时、全龄、全域的优势，有效保障了城市居民阅读的基本公共文化服务权益。

（三）开展人性化、便捷化的特殊服务

《"十四五"公共文化服务体系建设规划》进一步明确了公共文化服务体系建设的重要任务，其中特别提到要"针对不同地域不同群体文化需求，统筹做好特殊群体公共文化服务供给"[①]，为苏陕协作中城市书房共建提供了理论指导与实践指南。

第一，打造便捷特殊群体使用的公共文化服务空间。满足特殊群体公共文化服务需求是公共文化服务高质量发展的难点与关键，在城市书房建设的过程中，考虑和打造满足特殊群体需求的公共文化服务空间是两省公共文化服务协作的重心所在。江苏省城市书房在特殊服务方面经验丰富，为陕西省聚焦特殊群体，做亮陕西公共文化服务品牌提供了宝贵经验。通过交流互鉴，陕西建成了一批新型城市书房，其中包括未成

---

① 文化和旅游部：《"十四五"公共文化服务体系建设规划》，中国政府网，https://www.gov.cn/zhengce/zhengceku/2021-06/23/content_5620456.htm。

年人阅读书架，残疾人专用区域、专用阅读座椅等，并配备盲人听书机、盲人阅读器、助视器、学习机等技术设备。其中，陕西"安康阅读吧""安康市盲人读书会"受到了特殊群体的欢迎，营造出能进、可读、能用的公共阅读空间，打造了贫困山区公共文化服务的安康样板。

第二，精准供给，满足特殊群体公共文化服务需求。江苏省城市书房在政府主导下，积极寻求社会力量实现跨界合作，与私人书店、出版社、文化创意企业开展合作，打造特殊群体的阅读空间，丰富阅读内容，为特殊群体提供"你选书，我买单"的活动，并招募志愿者"一对一"帮助特殊群体开展阅读活动，以精准供给为特殊群体建立一道可靠的公共阅读屏障。在陕西城市书房建设过程中，引入和推广这些先进经验，能够以更丰富、更优质的公共文化服务保障特殊群体公共文化需求得到有效满足，提升公共文化服务效能。

第三，建立特殊群体公共文化服务反馈机制。江苏省城市书房在开展活动后，重视特殊群体的评价反馈工作，以面对面访谈的形式收集群众意见，完善公共文化服务工作内容。这种"需求-反馈"机制也为陕西省城市书房建设提供了重要参照，在推动城市书房建设的过程中，建立良好的沟通反馈机制，形成"不打烊"的24小时城市书房，链接起公共文化空间和特殊群体享受文化生活的新场景，为两省开展全民阅读提供"一方小天地，弥漫书香气"的良好环境。

二　共建农家书屋

"农家书屋"是为满足农民文化需要，"在行政村建立的、农民自己管理的、能提供农民实用的书报刊和音像电子产品阅读视听条件的公益性文化服务设施"①，作为从全民阅读角度"打通城乡公共文化服务'最后一公里'的手段和方式"②，对满足农村民众的精神文化需求具有重要

---

① 《关于印发"农家书屋"工程实施意见的通知》，中国政府网，https://www.gov.cn/zwgk/2007-03/28/content_563831.htm。
② 金栋昌、杨斌：《府谷实践：农村"书服到家"的公益合作创新》，《国家图书馆学刊》2021年第4期。

作用，对乡村文化振兴而言意义更为重大。江苏省农家书屋建设速度较快，"自2005年开始试点，2007年全面推开，到2012年年底实现有基本能力行政村全覆盖"[①]，在运营管理、图书更新、数字化建设上走在全国前列。2007年陕西咸阳的第一家农家书屋挂牌成立，历经十余年发展，陕西省农家书屋已经实现从局部试点到全省覆盖的散点开花。两省在协作的过程中，挖掘地方文化资源、嵌入智慧机能、推进运行管理，实现了农家书屋从传统模式到数字化的升级蝶变。以经验互助、资金输入、功能嵌入为突破点，丰富农家书屋的内容体系，以强烈的地方情感、丰富的数字资源与现代化的运营模式增强了农家书屋的服务效能。

（一）地方文化的深度挖掘

农家书屋是乡村文化建设的重要平台和载体，对乡村文化振兴具有重要的促进作用，对地方文化挖掘和保护具有重要价值。一是对农村物质文化遗产进行在地保护。苏陕两省农家书屋的建设目标在于加强农村乡风文明建设，关键就在于对农村历史文化的挖掘和保护。在建设过程中以村民为主体，将劳作工具、村落古建筑等在地保护，以文字形式真实还原并作为村史资料进行完整保存，供村民查看。二是对农村非物质文化遗产进行编册保护。农家书屋的功能还在于挖掘乡村非遗资源，将历代传承下来的习俗文化、口头相授的文化故事编辑成册，供村民阅读。苏陕农家书屋建设还积极探索农村文化遗产的保护措施，重点在数字化保护上加大合作力度，共同助力农村传统文化的挖掘和保护。

（二）数字化服务高效嵌入

《"十四五"文化发展规划》明确指出要"推进农家书屋数字化建设，建立智能化管理体系"[②]。《农家书屋深化改革创新 提升服务效能实

---

① 赵新乐：《媒体如何讲好农家书屋的故事》，中国新闻出版广电网，https://www.jssxwcbj.gov.cn/art/2019/7/1/art_35_65079.htm。

② 中共中央办公厅、国务院办公厅：《"十四五"文化发展规划》，中国政府网，https://www.gov.cn/zhengce/2022-08/16/content_5705612.htm。

施方案》也重点提出"开展农家书屋数字化建设"和"网上网下协同推进"① 等要求，对农家书屋的提档升级提出了更高标准。宏观的政策导向，既明确了农家书屋的数字化发展方向，也明确了两省公共文化服务嵌入的工作重心。在各级政策引领推动下，协作完善农家书屋的数字资源体系、提升农家书屋的数字化水平成为两省协作的重中之重。

第一，以数字乡村建设丰富农家书屋数字资源。江苏基本实现了数字农家书屋的全覆盖，数字农家书屋的建设为陕西省农家书屋建设提供了宝贵经验。近年来，苏陕数字乡村建设取得明显成效，村民中使用手机互联网的人数大幅提升，为农家书屋数字化建设奠定了基础。苏陕实施农家书屋数字提升工程，实现"书香江苏""文化陕西"建设向农村基层有力延伸。"江苏省数字农家书屋""陕西省数字农家书屋"平台成功运营，在线上阅读、数据管理、智能推送等方面深化创新服务，为两省各地广泛开展"码"上阅读、"扫码听书"、云直播、云讲座等活动提供了平台，以数字资源的形式为农家书屋注入了阅读新能量。

第二，以数字技术升级提升农家书屋数字化水平。苏陕越来越多的农家书屋在藏书、阅读、分享区之外增设扫码听书区域，各类数字化阅读设施一应俱全，实现了"智能化""沉浸式"阅读。江苏省凭借先进技术为农家书屋配备有声资源和视频资源，打造的"一平台、四中心、四端口"的数字一体化全平台，系统提高了农家书屋的利用率。陕西省在全面落实全民阅读活动的基础上，推出了"全民阅读银联卡"。"三秦书月·全民阅读银联卡"作为国内第一种以全民阅读命名发行的银联卡，为陕西省农家书屋数字化建设改造升级提供了新方式。

（三）运营管理全流程覆盖

完善、高效的运营管理机制是影响农家书屋服务效能的重要因素。《"农家书屋"工程实施意见》《关于进一步加强农家书屋建设管理使用的意见》明确指出要进一步提高农家书屋建设管理使用水平，活跃和丰

---

① 中宣部等：《农家书屋深化改革创新 提升服务效能实施方案》，中国政府网，https://www.gov.cn/xinwen/2019-02/26/content_5368689.htm。

富农村文化生活，《农家书屋深化改革创新 提升服务效能实施方案》也掷出"做强做优一批示范书屋，规范提升一批标准书屋，整改完善一批问题书屋，推动农家书屋提质增效"①。苏陕协作过程中，两地也在共同探索完善农家书屋运营管理方面积累了丰富经验。

第一，积极探索农家书屋转型模式。江苏省和陕西省改变以往农家书屋建设模式，探索出"农家书屋+休闲驿站"模式，建设集娱乐、休闲、学习等功能于一体的综合性书屋，为村民阅读学习和娱乐消遣提供机会。同时，探索出"农家书屋+移动终端"的模式，利用手机等移动设备的便捷优势，为村民提供线上线下的知识获取平台，为村民随时随地开展阅读提供便利。

第二，建立健全书屋管理制度。江苏省在农家书屋的管理经验上以"细、全、准"著称，全省农家书屋基本实现每个农家书屋配备专业的图书阅读管理人员、图书借阅专职人员的目标，为陕西书屋管理制度和人才队伍建设提供了学习经验。苏陕对图书进行编码盖章、验收登记、分类上架并建立相关台账以便于管理，以"指挥棒""考核牌""公益岗"加强农家书屋标准化管理，并且按照省级和区县级的评估标准，定期对农家书屋建设情况进行评估和等级划分，高等级的会挂牌上网（"江苏省书香城市建设示范区""农家书屋提升工程示范区"），并根据评估结果重点完善低等级的农家书屋。

第三，打造农家书屋的活动品牌。苏陕两省在各乡村着重依托农家书屋开展基层党员冬训、文化进万家、"我们的节日"、全民阅读"春风行动"等品牌活动，使农家书屋在实施乡村振兴战略中发挥更大作用。江苏省通过组织各农家书屋开展"创佳争优"活动和农家书屋管理员"护书小天使"系列评比活动，以活动奖励激励农家书屋运营管理提档升级。陕西借助关中书院、横渠书院等传统书院，在改造传统空间基础上赋予其新的功能，打造"书院-书屋"一体化发展的模式品牌，以上实践

---

① 中宣部等：《农家书屋深化改革创新 提升服务效能实施方案》，中国政府网，https://www.gov.cn/xinwen/2019−02−26/content_5368689.htm。

彰显了陕西在农家书屋建设过程中的特色和亮点，为苏陕两省高质量建设农家书屋提供了有机参考。

三　共建文旅融合项目

"十四五"以来，苏陕两省公共文化服务领域合作越发密切，尤其是在文旅融合上显示出较强的协作合力。公共文化服务和旅游的融合发展正处在黄金期，一系列文旅政策的不断出台，使得构建苏陕公共文化服务与旅游融合发展协作的政策条件不断成熟。公共文化服务参与文旅融合主要有三种方式，即"作为信息资源提供者参与文旅、作为文化旅游组织者参与文旅、作为文化景观和休闲场所辅助文旅"[①]，这构成了苏陕公共文化服务与旅游融合发展协作的主要层面。两省通过打造"小而美"的新型公共文化空间、打造"精而智"的公共文化服务模式和推进公共文化服务嵌入乡村旅游发展三条路径，形成具有影响力的苏陕公共文化服务品牌和线路、大型文旅融合项目、综合性文化设施空间等成果，不断满足公众多层次、多样化需求。

（一）以"小而美"的新型公共文化空间建设放大文旅融合优势

建设"小而美"的公共文化空间，是推动两省公共文化服务与旅游融合的前提条件。中国新型公共文化空间历经十年发展，出现了"创意性、综合性、嵌入式、开放式等不同类型的公共文化新型空间"[②]，新型公共文化空间呈现较强发展势头。《关于推动公共文化服务高质量发展的意见》《"十四五"文化和旅游发展规划》明确将新型公共文化空间建设作为重要任务，指出要重点营造"小而美"的公共阅读和艺术空间。

第一，美化基本公共文化空间。《关于推动公共文化服务高质量发展的意见》明确指出，创新"打造一批融合图书阅读、艺术展览、文化沙龙、轻食餐饮等服务的'城市书房''文化驿站'等新型文化业态，营造

---

① 李玉兰：《公共图书馆文旅融合服务创新路径选择研究》，《新世纪图书馆》2022 年第 5 期。
② 李国新、李斯：《我国新型公共文化空间发展现状与前瞻》，《中国图书馆学报》2023年第 6 期。

小而美的公共阅读和艺术空间"①。江苏省出台《打造"千个最美公共文化空间"实施方案》，从空间美化、特色营造、模式创新、融合发展等层面提出了具体的建设路径。在新型公共文化空间建设过程中，吸纳公共文化空间建设理念，陕西省着力打造文化馆曲江分馆、宝鸡扶风城市书房、宜兴·延长友谊书房以及一批像时尚实体书店、民营美术馆一样的民营文化空间。

第二，建设高品质公共文化空间。以空间美化塑造和功能丰富完善来提高公共文化空间的客流量，是苏陕建设新型公共文化空间的重要方向。陕西省在《关于推动公共文化服务高质量发展的意见》中提出要建设高品质新型公共文化空间，创新打造一批多元化、复合型文化地标。在两地文旅部门推动下，互相派遣公共文化服务系统干部、工作者考察文化空间建设和与社会企业合作建设的模式，总结公共文化空间形塑、文化服务嵌入景区等先进理念和具体做法，为不断推动建设景区书店、"最美书房"等一批高品质文化空间提供借鉴。在协作实践中，形成了"悦空间"公共阅读区、"转角·遇见"文化休闲驿站、"我们的风采"板报墙等文化展览的网红打卡地，建成了适合当地居民、外来游客打卡的公共文化空间，推动了旅游与公共文化服务的深度融合，提升了旅游景区的公共文化服务效能。

（二）以"精而智"的公共文化服务模式增强文旅融合体验

"精而智"的公共文化服务模式在文旅融合领域重点体现为精品文旅线路的打造和智能化数字化文旅模式的形成两个维度。

第一，强化文化旅游景区合作。苏陕两省文化资源丰富，蕴藏着广阔的文旅市场，以文旅发展打通两省公共文化服务的快捷通道、开发旅游市场是两省公共文化服务协作的关键一招。通过共谋旅游发展主体路线，实现江苏南京夫子庙、苏州园林等景区与陕西的兵马俑、大雁塔景

---

① 文化和旅游部、国家发展改革委、财政部：《关于推动公共文化服务高质量发展的意见》，中国政府网，https://www.gov.cn/zhengce/zhengceku/2021-03/23/content_5595153.htm。

区"隔空对话"，将江南水乡游与陕西古都文化游相互衔接，"句蒲协作"中甘北杨虎城纪念馆红色旅游景区和苏北淮海战役纪念馆的红色记忆路线相融合，凸显出系统完备和具有文化价值的文化旅游精品线路。

第二，提升数字文旅智慧文旅融合水平。当前，中国智慧文旅发展前景广阔，主要从"特色主题智慧数据资源构建、数字人文基础设施建设、协同多元主体参与智慧应用"① 等方面具体落实。苏陕在文旅融合数字化水平提升上展开了深层次的合作，依托江苏－陕西文化艺术交流中心，通过招商引资的方式，积极吸纳一批数字文化企业、旅游企业进行投资，并进行科技产品的应用，尤其是在博物馆历史还原、图书馆数字阅读等环节上提高智慧化产品的使用频率。在大型景区嵌入"精而智"的公共文化服务模式，提供自动购票服务、数字化体验服务等服务方式，提升游客对景区的满意度，以公共文化服务的嵌入实现两省文旅事业高质量发展。

（三）以公共文化服务有机嵌入乡村旅游放大文旅融合效果

乡村游和周边游是当前文旅行业发展的重要抓手，探索如何将公共文化服务嵌入乡村旅游发展的全过程是苏陕两省合作的重中之重，也是两地政府部门必须思考的问题。

第一，以文化嵌入促进乡村旅游与公共文化服务融合发展。江苏省在重点打造乡村音乐会和建设乡村博物馆的同时，把"咪豆音乐节""黄海森林音乐节"等高雅艺术搬进田间地头，走入乡村街头，在保障村民文化权益的同时又能吸引游客，提升乡村旅游的客流量和影响力。陕西省西安市鄠邑区蔡家坡村艺术村和关中忙罢艺术节突出了这种文化嵌入模式，在艺术美化乡村的同时又发展了秦岭脚下的生态游和周边游，极大提升了乡村群众的文化幸福指数。通过交流协作，强化乡村博物馆的公共服务功能，实施乡村博物馆建设工程，将公共文化服务嵌入两省的田间地头。以建成乡村特色博物馆为依托，将乡村的历史沿革、劳作工

---

① 朱姝：《基于智慧文旅案例的公共图书馆数字人文项目建设路径思考》，《图书馆》2024年第 1 期。

具、文化沿袭等纳入其中，形成乡村、村民完整记忆的馆藏保存，并且不断在发展乡村旅游的同时放大博物馆的旅游功能，在保障村民基本公共文化服务权益的基础上推动乡村旅游高质量发展。

第二，以文化活动嵌入增强公共文化服务效能。两省通过开发和利用地方特色文化资源，如乡俗文化、红色文化、传统工艺、物质与非物质文化遗产等，打造个性鲜明、丰富多样、因地制宜的公共文化服务产品。陕西延安深度挖掘红色资源打造的"延安过大年"项目，以及"陕北大秧歌""安塞腰鼓"等地域特色文化，极大提高了公共文化服务的质量；江苏省"水韵江苏·欢欢喜喜过大年"文化旅游系列活动涵盖惠民文艺演出、公共服务活动、非遗体验展示、旅游休闲消费、文博展览等多个领域，用优质文化和旅游产品供给，丰富人民群众节日精神文化生活。

第二节　典型案例

文化设施空间协作是公共文化服务苏陕协作的基本类型。基于空间共建、资源共享的目标导向，江苏宜兴市与陕西延安市延长县协作打造的宜兴·延长友谊书房、陕西榆林与江苏扬州合力打造的郁林家园城市书房，在提升公共文化服务能力、走特色发展之路方面成效突出，是公共文化服务苏陕协作文化设施空间类的典型案例。

一　"书香延长"点亮文化生活新空间

（一）项目背景

建设城市书房是适应现代社会发展趋势和满足市民精神文化需求的重要措施。随着经济的发展和社会的进步，人们对于高质量生活的追求不再局限于物质层面，而是越来越注重精神文化生活的充实。进入"十四五"时期，公共文化服务进入了高质量发展的新阶段，城市书房作为一种新兴的文化服务形式，能够提供舒适的阅读环境、丰富的图书资源和多样的文化活动，对于提升城市的文化品质和居民的生活质量具有重要作用。

为推进全民阅读，更好地满足当地群众的精神文化生活需求，贯彻落实东西部协作精神，更好地开展对口帮扶工作，江苏省宜兴市通过文化交流合作，向延长县提供图书资源、管理经验等支持，着力打造宜兴·延长友谊书房，为居民提供优质便捷的新型公共文化服务空间，使居民能够方便地接触到各类文化资源，进而实现县域文化品质与氛围的高质量提升。

（二）协作内容

宜兴·延长友谊书房是江苏宜兴市与陕西延安市延长县之间文化合作的成果，也是公共文化服务苏陕协作中文化设施空间类的突出代表，两地通过图书捐赠、资金互助、资源共享等方式，打造集阅读、学习与娱乐于一体的公共文化空间。书房建设彰显了两地政府和社会各界的共同努力和深厚情谊，通过文化设施共建，促进两地的相互了解与合作，丰富双方居民的文化生活。

在建设过程方面，宜兴·延长友谊书房得到了社会各界的广泛关注和大力支持。该书房于2021年3月开工，7月完工，8月6日开馆，占地面积865平方米，设计藏书量3万册。书房的装潢费用由宜兴市企业家爱心捐赠，体现了社会各界对文化事业的重视和支持，他们为书房的发展提供了有力的保障。书房内藏书分别来自宜兴市文体广电和旅游局以及延长县干部的捐赠，这些捐赠丰富了书房的馆藏，凸显了两地政府和干部对文化事业的关心和支持。在宜兴市文体广电和旅游局的指导下，宜兴市图书馆与延长县图书馆倾力合作，分两次向延长县图书馆捐赠了13000册价值30多万元的优质图书，涵盖少儿读物、文学作品、社会科学、自然科学、历史地理、医药卫生等领域，为当地读者提供了更丰富的阅读资源。为保证友谊书房的顺利开放，宜兴市图书馆组成了7人小分队前往延长县，帮助延长县图书馆开展新书分类、理书上架、编目、图书管理系统运用等工作。通过每年的交流学习计划，延长县文旅局的干部职工得以提升业务素质，这对于提升整个文旅系统的服务水平和管理能力具有重要意义。

在建设内容方面，宜兴·延长友谊书房的设计充分考虑了功能性与现代性的结合。书房内设有多个不同功能的区域，包括宜兴·延长文化交流区、中央书廊、儿童阅读区、有声读物区、学术交流区等，每个区域都有独特的主题和功能，能够满足不同年龄段和不同兴趣爱好读者的需求。宜兴·延长文化交流区是书房的核心区域之一，不仅展示了宜兴和延长两地的文化特色和历史底蕴，还定期举办文化交流活动，促进两地居民的相互了解和交流。中央书廊则是一个宽敞明亮的开放式阅读空间，书架之间留有宽敞的通道，营造出一种宁静而舒适的阅读氛围。儿童阅读区则配备了色彩鲜艳、内容生动有趣的图书和玩具，为孩子们提供一个快乐成长的空间。在藏书方面，宜兴·延长友谊书房的馆藏丰富多样，涵盖了少儿读物、文学作品、社会科学、自然科学、历史地理、医药卫生等各个领域。这些书籍不仅数量众多，而且质量上乘，既有经典名著，也有当代畅销作品，既有国内优秀出版物，也有国外引进的优秀图书。这些藏书不仅能够满足读者的阅读需求，还能够拓宽读者的视野，提高读者的文化素养。

城市书房共建不仅是促进全民阅读、完善公共文化服务体系的创新实践，更是提升城市竞争力、可持续发展能力和文化软实力的新路径。宜兴·延长友谊书房的建成，有效解决了当地群众阅读难和公共空间使用效率低等问题，为居民幸福生活提供了现代化的设施和高质量的阅读服务保障，推动"我为群众办实事"走深走实。宜兴·延长友谊书房自建成以来，已逐步成为当地居民文化生活的一个重要组成部分。书房藏书丰富多样，满足了不同年龄阶段和不同兴趣爱好读者的需求。书房的建设、管理和运行体现了两省对公共文化服务的高度重视，旨在为延长居民打造一个集阅读、学习、交流于一体的"第三生活空间"。目前，该书房建有朗读亭、文化交流区、中央书廊、儿童阅读区、红色书区、综合服务区等10个服务区域，共有藏书4.8万册，设阅览座席225个，"春节期间不打烊"的服务模式高品质地满足了读者的阅读需求，受到了当地群众的一致好评。宜兴·延长友谊书房坚持高标准建设、高水平管理，定期组织"书香延长"活动，推行"党建+学习培训+全民阅读"模式，坚持党员领导干部带头学习阅读，全县各级党组织开展"我心向党、全民阅读""红色故事分享会"等系列活动40余场次，成功将书房打造成全民阅读的新平台、红色教育的新阵地，有效提升了延长的城市品位，服务了延长地方发展。

（三）实践特色

第一，创新帮扶思路，"出主意"助推书香延长。宜兴市文旅局在对延长县进行文化帮扶时，没有简单地采取单纯的物质、经济支援方式，而是在深入了解了当地文化需求和实际情况的基础上，提出了一系列符合当地实际情况、具有前瞻性和可持续性的帮扶思路，为延长县的文化建设注入了新的活力。一是精准定位，满足实际需求。宜兴市文旅局在帮扶过程中，通过对延长县文化现状进行深入调研，了解到当地居民对文化的渴望和需求。在此基础上，针对当地居民阅读习惯不强的问题，举办各种读书活动，积极推广阅读文化，激发居民的阅读兴趣，制定了符合延长县实际情况的文化帮扶方案。二是创新思路，打破传统束缚。宜兴市文旅局在帮扶过程中，敢于创新，勇于突破传统束缚。引入了数字化阅读、在线教育等现代科技手段，为延长县的文化建设注入了新的元素。同时注重挖掘当地的文化资源，将传统文化与现代文化相结合，打造出具有地方特色的文化品牌。三是"出主意"，提供智力支持。除了物质支援外，宜兴市文旅局还为延长县提供了大量的智力支持。组织对当地的文化状况有深入了解的专家团队，为延长县的文化建设提供咨询和指导服务，因地制宜，主动破局建设书香延长。

第二，企业援建，高质量提升书房品质。企业援建是宜兴城市书房出彩的重要动因。企业帮扶，不仅为宜兴·延长友谊书房带来了资金的支持，更引入了现代化管理理念和服务标准，确保书房的建设和运营具有诗情画意与现代化的便捷品质。一是资金支持，保障建设顺利进行。企业的参与为城市书房建设提供了充足的资金支持。这些资金被用于图书购买、设备采购、装修设计等各个方面，保障了书房建设的顺利进行。二是引入现代化管理理念，提升运营效率。企业在援建书房过程中，引入了现代化管理理念和服务标准。这些理念和标准对于提升书房的运营效率和服务质量具有重要作用。特别是嵌入先进的信息化管理系统，实现了图书的快速借阅和归还；注重员工培训和服务质量提升，为读者提供更加优质的服务。三是营造文化氛围，丰富读者体验。除了硬件设施的建设外，企业援建还注重营造良好的文化氛围。通过定期举办各种文化活动和讲座，吸引读者参与其中，布置和美化书房内部环境，为读者营造了一个舒适、宁静的阅读空间，丰富了读者的阅读体验，提升了书房的整体形象和影响力。

第三，资源共享，多维度丰富书房内容。资源共享为宜兴·延长友谊书房提供了丰富的图书资源、数字资源与地方文化资源。一是图书捐赠，实现图书资源循环再利用。宜兴市文旅局与延长县文旅局以书香延长建设为抓手，以资源可持续循环利用为目标，通过资源整合与捐赠图书的方式，不断调动协作的积极性，持续为宜兴·延长友谊书房加码。二是以数字资源突破地域限制。宜兴市图书馆与延长县图书馆以协作关系为纽带，紧密协作，以数字资源为媒介，通过资源的分享再利用，打破时空限制，以庞大的藏书量和电子资源库为书房汇聚巨大的知识网络，同时以便捷的信息检索和在线阅读体验，丰富书房的服务内容。三是以地方文化资源增强书香特色。通过图书捐赠、数字资源共享等方式，汇集了文学经典、地方风俗书籍、历史古籍等各类书籍，丰富了读者的阅读类型，持续满足不同读者的阅读需求，以丰富的文化供给丰裕读者的精神世界。

第四，活动荟萃，增强读者文化体验。宜兴与延长对口协作将书房打造成了一个集阅读、学习、交流于一体的"第三生活空间"。但书房不拘泥于传统的阅读方式，而是通过组织各类文化活动，增强书房的功能属性。作为推动延长县全民阅读的主要场所，书房不仅拥有朗读亭、文化交流区、中央书廊、儿童阅读区、红色书区、综合服务区等10个服务区域，更坚持高标准建设、高水平管理，定期组织"书香延长"活动。书房推行"党建+学习培训+全民阅读"模式，组织"我心向党，全民阅读""红色故事分享会"主题讲座，以及读书分享会等各类文化活动，调动了广大读者参与意愿，营造了浓厚的学术氛围和文化气息，增强了读者的体验感，使书房真正成为集阅读、学习、交流于一体的综合性文化空间。

第五，集思广益，提升书房服务效能。干部交流学习是思想火花碰撞的动力源泉，能够集思广益、汇聚智慧，创新公共文化服务品牌。延长县选派干部赴宜兴学习经验，围绕构建现代公共文化服务体系，以"书香延长"建设为主线，以提升服务效能为目标，积极开展讲座、展览等文化活动，积极推动数字化阅览和知识共享创新服务，创新推进图书馆与云服务、新媒体、高科技的融合发展，致力于传承文化、共享文化、创新文化，鼓励读者、作者、学者等各界人士参与到书房的建设和发展中来，共同探讨如何更好地服务读者、推广阅读文化，不断完善自身的服务质量和内容。

二 "榆阅空间"营造全民"悦"读新场景

（一）项目背景

城市书房作为公共图书馆的有机延伸，以一种全开放、不打烊、高品位的阅读自助服务体系来满足广大人民群众精神文化需求。《"十四五"公共文化服务体系建设规划》《关于推动公共文化服务高质量发展的意见》等政策文件中对城市书房建设的意义、功能、特点进行了精准定位，充分说明城市书房是推动实现公共文化服务高质量发展的重要载体。城市书房作为一种新型公共文化服务空间，通过为民众提供舒适的阅读环境、便捷的阅读服务、多样的阅读活动，以一种"书式"空间推动全民阅读普及活动迈上新台阶。

自 2017 年扬榆对口协作开展以来，"两地三区"不断优化体制机制、拓宽合作领域、提高协作成效。近年来，随着扬州城市书房建设成果的遍地开花，两省公共文化服务交流合作更为密切。扬州市在积极响应国家大力推动建设城市书房的要求下，出台全国首部以城市书房为主题的地方性法规——《扬州市城市书房条例》，以立法形式巩固城市书房建设成果，顺应读者需求，保障城市书房有序运行，提升公共文化服务的均等性、便利性、可持续性。扬州城市书房建设经验丰富，已建成 60 多家城市书房，它们成为展现扬州公共文化服务水平的金名片，也为扬州与榆林城市书房的协作共建奠定了坚实基础。近年来，榆林市高度重视公共文化服务建设工作，大力实施文化惠民工程，从政策支持、资金投入、资源匹配、社会参与等方面重点推动城市书房建设，努力实现"十分钟文化圈"的建设目标，进而推动榆林市公共文化事业高质量发展。

为推进全民阅读普及，满足当地群众的精神文化生活需求，扬州市图书资源、管理经验与榆林市城市书房建设需求之间具有高度的契合性。在相关部门的有力推动下，两地着力打造了"榆阅空间"城市书房。作为扬州和榆林"两地三区"合作重点项目，城市书房在榆林市各区县开花结果，形成了一批内容多元、服务高效的新型公共文化服务空间。

（二）协作内容

"榆阅空间"城市书房是江苏省扬州市与陕西省榆林市之间文化设施空间协作的突出成果，旨在通过空间设施共建、文化资源共享、品牌活动共塑促进两地公共文化服务相互了解与合作，丰富双方人民群众的文化生活。

在建设过程上，"榆阅空间"城市书房以政策引领、分区实施、纵深发展三步走策略实现榆林市城市书房落地开花。在政策规划上，扬榆两市政府和文旅部门通过领导互访、座谈交流打开两地文化合作的新思路，举办文旅推介会、扬·榆恳谈会、丝博会、交易会等活动，为两地文化交流开辟新路径。两市共同出台了《扬州市人民政府榆林市人民政府"十四五"协作框架协议》《文旅融合高质量发展合作协议》等文件，为两市公共文化交流指明方向。

在具体落实上，榆林市积极将苏陕协作专项资金投入城市书房建设工作，并且通过招商引资吸引扬州、榆林社会资金参与到公共文化服务发展上来。2022年8月，榆林市首家24小时城市书房在横山区郁林家园正式建成开放，该书房总投资78万元，实际藏书7749册，实际座席55席，配置数字阅读设备1台、电脑8台，接入了ILAS系统，免费为郁林家园1.4万名移民搬迁群众提供图书借阅查询、24小时全天候自习室、讲座、培训、展览等各类便民服务和延伸服务。2024年1月，扬州榆林两地政府领导共同参与了"榆阅空间"城市书房集中揭牌仪式。在未来规划上，榆林市城市书房建设发展空间较大，扬榆两市积极探索合作模式，通过资源共享、优势互补等方式，争取到"十四五"末，中心城区建成50个"榆阅空间"24小时城市书房，不断满足人民群众的文化需求，努力实现城市书房与图书馆分馆、街办综合文化服务中心阅读空间共同构筑城区一刻钟阅读服务圈。

在建设内容上，"榆阅空间"城市书房以特色设计、精细管理和精准服务满足不同人群文化阅读需求。从空间设计来看，榆林市文旅局在空间选址上向社会层面公开征求意见，选择旅游景点、体育休闲公园、大型商业中心（商场、超市）、大型社区等人群密集、交通便利、便于开放式管理的公共场所，以最大限度方便群众借阅图书。现已建成了首批9个特色书房，包括供销集团分馆、夫子庙分馆、科技馆分馆等，它们分布于不同景区、商区和住宅区，实现了服务效能和资源配置的最优化。在内部装饰上，书房呈现复古与创意、历史与文艺相融合的特征，书房内配备错落有致的书架桌椅、温馨的阅读提示牌、极具标志性的阅读台灯，以及先进的自助借阅、安防等设施，为城市居民营造出良好的阅读氛围。

从管理模式来看，榆林市城市书房建设要求配备2名专职管理人员，负责"榆阅空间"城市书房日常管理工作，并且配备1名保安处理城市书房安保事务。首批共吸纳了9名"榆阅空间"城市书房负责人，通过实践培训为城市居民现场办理首批读者借阅证，提升办理员的服务能力。目前，9个"榆阅空间"城市书房实现通借通还，正积极推动城区所有城市书房与市图书馆实现通借通还。

从服务过程来看，9个城市书房共有10余万册涉及健康、自然、社科、文学、少儿绘本等各类群众喜爱的阅读书籍和海量的电子书籍，截至2023年底，9个"榆阅空间"城市书房共为510余人办理了证件，借还书籍3300余册，累计到馆1.54万余人次。书房中分布有文化交流区、儿童阅读区、学术交流区、特殊群体阅读区等不同区域，能够满足不同年龄段和不同兴趣爱好读者的需求，还陆续推出延时服务、网上借阅、快递送书、你看书我买单等个性化服务，有效发挥了城市书房的公共文化服务效能。

（三）实践特色

城市书房不仅是推动全民阅读、塑造社会风尚的重要载体，更对促进城市公共文化服务高质量发展、提升城市竞争力具有重要作用。扬州和榆林合作打造的"榆阅空间"城市书房的建设模式，推动了两地城市书房高品质共建共享。

第一，以特色设计满足不同人群需求。榆林市将城市书房建在街角路边、居民小区，其形式外观各具特色，贴近人们的生活。供销集团分馆集图书、农特产品等元素于一体，已成为人们的热门"打卡点"；开在社区的人民路牧研所分馆环境优雅静谧，让居民就近享受到了阅读的乐趣；开在景区、公园的夫子庙分馆、东沙文体分馆则不断推进文旅融合，受到游客广泛欢迎。分布在不同场所区域的城市书房不仅为本地居民提供便捷的公共文化服务，也为外来游客提供便捷服务，凸显出榆林的文化底蕴和书香氛围。

第二，以便民利民获得广大市民点赞。在两市协作共建的基础上，新建城市书房必须配置数字阅读设备1台、电脑8台，并且不断完善数字资源下载、图书信息检索通道，为市民提供利用手机、电脑进行平台预约、借阅、查询等服务，以"线上+线下"相结合的方式，拓展城市书房的服务效率。同时，重点使用图书阅读卡来提高居民网上浏览阅读能力，方便了各个年龄段群体进行图书阅读。市民借阅图书，不需要交押金或额外办理借阅卡，只需要通过身份证就可实现图书的通借通还，这方便了不同群体的阅读学习，激发了读者的阅读兴趣，有力推动了全民阅读。

第三，以文化惠民不断延展"榆阅空间"。在扬州的大力帮助下，榆林"榆阅空间"城市书房正式投入使用，9个书房联合举办阅读活动，文化惠民活动广受好评。在阅读活动中，以扬榆两市的文化经典、历史典籍、地方传记为重点向群众进行集体讲解，并通过朗诵展示、交流探讨的活动形式，让民众真切感受到两地文化的深厚。同时，面对不同群体城市书房提供了不同的服务内容，围绕少年儿童推出一批周末亲子阅读活动，针对老年群体举办健康保养、体育运动等讲座，真正实现了公共文化服务的供需匹配。扬榆协作打造一批批"小而精"的城市书房，以运营形式更灵活、服务模式更开放的特点，满足了群众多样化的阅读需求，整体提升了"书香榆林"的公共文化服务水平。

第三节　主要成效

公共文化空间是集中提供公共文化服务的平台、场馆、设施的集合体，是一座城市的"文化会客厅"，也是促进公共文化服务高质量发展的重要载体。共建城市书房、农家书屋以及文旅融合项目是两省文化设施空间类协作的基本内容。两省以"公共文化服务均等化与标准化"为基本原则，高质量推动文化设施空间共建，激发了公共文化空间的公开属性、服务属性、社交属性，实现了图书馆、文化中心、艺术馆等服务空间的共建共享，有效满足了公共文化服务受众群体的文化需求，促进了公共文化服务社区凝聚力建设。苏陕两省以文化设施空间的共建、共商、共享，促进了协作资金的高质量运用，实现了公共文化服务发展的稳定可持续，形成了公共文化服务跨地区协作的空间共享机制，为公共文化服务苏陕协作增添了新活力。

一　促进了协作资金的有的放矢与精准发力

苏陕在文化设施空间建设上合作密切，成效显著，围绕聚焦目标、综合施策、精准发力的协作思路，建成了一批人民群众可用、提升公共文化服务质量的公共文化空间，有效保证了苏陕协作资金的灵活运用。一是以资金共筹实现空间共建。宜兴·延长友谊书房由宜兴市八家企业捐赠援建，筹措300万元建设与装修资金，通过合理规划资金使用，书房内建成朗读亭、文化交流区、中央书廊、儿童阅读区、有声读物区、学术交流区、红色书区、综合服务区等10个服务区域，打造了自由、轻松、便捷、有温度、有情怀的全民阅读新空间。政府资金基础保障与社会资金有效调度投入，推动了公共文化空间硬件设施的建设，助力后续的文化传播，为两地经济社会协作交流搭建了良好平台。二是以资金共享促进空间共通。苏陕共建公共文化服务设施空间，建立了统一的资金管理体系，实现了资金的互通共享，并且将筹集的资金划分成人员管理经费、空间运营经费、活动举办经费等不同类型，以细化方式保障公共文化服务苏陕协作的每笔专项资金都用在刀刃上，实现了协作资金的有的放矢。

二　实现了公共文化服务发展的稳定可持续

苏陕双方通过充分合作，实现图书馆、文化馆、艺术馆、博物馆等公共文化空间设施的改扩建，促进了城市书房、农家书屋以及文旅融合项目的共建，为两省公共文化服务协作的开展提供了固定实体空间。通过充分利用共享的公共文化空间设施开展活动，以文化交流和互动拉动两省公共文化服务的深度协作，切实保障两地文化交流协作可持续，实现两地文化交流协作常态化。

一是完善的空间场所是公共文化服务的保障。苏陕从城市书房建设、农家书屋建设、文化融合项目建设三方面持续发力，基本实现了两地基本公共文化空间的全覆盖。文化场所既是文化活动的载体，也是文化交流的平台，通过宽敞的场地、舒适的座椅、便捷的交通网络等硬件设施建设，以及美化装饰风格、展示艺术品等方式，营造出一个个富有文化气息的环境，为群众打造了舒适、便捷、多样化的公共文化空间。二是文旅融合推动实现公共文化服务高质量发展。文旅融合通过整合文化和旅游资源，打破了传统文化服务和旅游业的界限，使两者在相互渗透中共生共荣。苏陕通过新型公共文化空间的塑造、公共文化服务模式的创新以及其他文旅项目的建设实现两省公共文化服务和旅游的深度融合，这不仅能够丰富公共文化服务的内容和形式，更将江苏和陕西的传统文化、民间艺术、历史遗迹等融入旅游产品中，使游客在欣赏美景的同时，也能感受到深厚的文化底蕴，实现公共文化服务提档升级。

三 形成了跨地区公共文化服务的空间共享机制

苏陕两省在空间共建共享的过程中，逐渐探索出开展跨地区公共文化服务协作的空间共享机制与运营模式。一是塑造了公共文化空间共享网络。苏陕两省通过签订合作协议，明确空间共享的原则和规范，设立管理机构或委员会，共同负责空间开发、资源协调和活动策划等工作，实现资源预约、管理和共享以及资源的最大化利用，促进公共文化服务的可持续发展，为社区居民提供了更丰富多样的文化体验，有力推动文化事业的繁荣发展。二是实现文化资源的整合与利用。跨地区的文化合作项目不断涌现，以空间共享为基础的公共文化服务苏陕协作，将分散、孤立的文化资源汇聚到一个共享平台，实现了资源的最大化利用和效益的最大化发挥。两省在文化设施空间共建的基础上，一方面，以文化交流为主题，举办文化节庆活动、文化艺术活动，吸引了众多游客前来参与；另一方面，依托公共文化服务平台的算力系统，促进文化平台的智能匹配和推荐，让用户可以发现更多符合自己需求的文化资源，实现个性化、精准化的文化服务。跨地区公共文化服务的空间共享机制为两地公共文化服务注入了新活力，提升了苏陕公共文化服务的质量和影响力。

第七章　人才交流培训协作

　　人才是公共文化服务协作的第一资源与活力因素。"东西部协作制度源自对口支援政治制度的建立，在财政体制、人才交流和技术转移机制的形成中不断演进。"① 公共文化服务苏陕协作人才交流培训源于中国东西部帮扶协作政策，以干部交流为起点，以互学互助为主要机制，在两省协作过程中不断衍生出多样化的人才交流方式，为两省公共文化服务高质量发展提供了丰富的人才储备和智力支撑。长期以来，中国东中西部地区在经济发展、教育水平等方面存在较大差距，人才培养模式各有特点。新时代如何弥合发展鸿沟，以公共文化服务人才交流培训推进两省公共文化服务均等化、标准化，是实现两省公共文化服务高质量发展的关键问题。人才交流培训以人才交流和挂职锻炼为基本形式，陕西省图书馆系统与金陵图书馆系统进行人才互访、交流培训的典型案例，突出了以人才技能的互补性与发展经验的引领性提升图书馆服务水平的协作动能；如皋市与洋县的人才交流创新了协作机制，推动了公共文化服务协作的高质量运行。两省公共文化服务人才交流培训推动了两地公共文化服务体系的交流互鉴，激发了两地公共文化服务创新，促进了两省公共文化服务人才的专业素养和能力有效提升。

---

① 　王小林、谢妮芸：《东西部协作和对口支援：从贫困治理走向共同富裕》，《探索与争鸣》2022 年第 3 期。

第一节 协作形式

公共文化服务苏陕协作中的人才交流培训，是指江苏省与陕西省在公共文化服务领域开展深度合作的过程中，以促进两地文化人才互动、提升公共文化服务水平为目标，而进行的一系列人才交流、学习、培训等活动，主要包括人才互访和挂职锻炼两种基本形式。人才交流培训的过程既是公共文化服务资源互动的过程，更是公共文化服务交流学习的过程，通过文化人才资源的交流共享，推动两地公共文化服务理念创新与模式更新，实现公共文化服务体系的优化创新与公共文化服务水平的高质量提升。

一 人才互访

人才互访是苏陕两省在公共文化服务领域促进资源共享、优势互补、经验交流，提升两省公共文化服务水平的重要手段。高层互动、专业学习和会议联动是两省人才互访的主要形式，通过联席会议、研讨会、培训班等形式进行思想交流、经验学习、案例分享，实现公共文化服务工作者专业知识、工作能力与综合素质的提升。人才互访主要针对两省公共服务领域的从业者、专业技术人才、图书馆和文化馆等主要责任主体，以在地培训、委托培养、联合办学、网络培训等方式，进行公共文化服务领域的政策规划、文化创新、文化数字化、文化传承等多个领域的全面培训，系统提升受训人员的业务能力和综合素质。

（一）高层互动强化人才培育

省级部门作为苏陕协作的责任主体，为苏陕协作的高质量发展把脉定向，其互动交流程度影响着苏陕协作的成效。两省的文化和旅游厅是公共文化服务苏陕协作的主管部门，对文化交流的内容、领域、项目等方面制定规划。熟悉本省实际、了解对方做法，是公共文化服务领域苏陕协作的前提条件；深入沟通交流、明确协作内容，是公共文化服务苏陕协作的关键焦点，更是提升公共文化服务水平的核心关键。两省共同建立合作工作机制，成立江苏省文化和旅游厅、陕西省文化和旅游厅厅际合作领导小组，组长由两省文化和旅游厅厅长共同担任，副组长由两省文化和旅游厅分管对外交流的副厅长共同担任，成员由两省相关处室负责人组成，合作联系单位为两省文化和旅游厅办公室，领导小组原则上至少每年会商1次（具体时间、地点共同商定），总结部署相关工作，协调重大工作事项①。在此基础上，文化和旅游厅各处室负责人、各市区县文化部门负责同志、省市区（县）各级图书馆和文化馆馆长、公共文化服务中心主任等负责人员互访交流、考察调研、共享经验、共谋发展，为促进公共文化服务苏陕协作向纵深推进持续发力。

（二）专业学习提高服务效能

公共文化服务领域人员的专业能力关乎服务质量、影响服务效能，苏陕协作注重双方公共文化服务领域专业人才的培养，以提升公共文化服务领域专业人员的能力素质。

第一，以"先生请进来，学生走出去"的方式，加强两地优秀骨干人才互派。以省级图书馆、文化馆等公共文化机构为牵引，开展在岗学习和经验倾输，邀请专家学者进行知识讲解和经验分享，通过提供资助和支持，对有潜力的人才进行培养和选拔，增强协作单位的人才储备和创新能力。苏陕公共图书馆馆员挂职研修班邀请南京图书馆馆领导做了题为《走向协同创新：苏陕图书馆深化交流合作的若干思考》《大数据驱动下的智慧图书馆建设》的专题讲座，并就图书馆办馆思路、功能区划、资源建设、读者服务以及图书馆信息智能化应用等方面经验与学员进行了沟通交流。

第二，以"研修+培训"的方式，实现两地公共服务人员的优势互补。双方通过共同举办研修班、讲座、培训项目等来整体提高公共文化服务从业者的业务能力。府谷县图书馆负责人参加了在苏州举办的"苏陕对口协作——公共图书馆服务创新研修班"，也参加了在江苏省淮安市

---

① 《江苏省文化厅 陕西省文化厅 文化交流合作框架协议》，江苏省发展和改革委员会官网，http://fzggw.jiangsu.gov.cn/art/2018/7/16/art_61251_7744026.html。

举办的"第十期全国县级图书馆馆长培训班"；陕西省一、二级图书馆馆长，省图书馆业务骨干，公共文化服务专家代表等参加了"苏陕对口协作——公共图书馆创新服务研修班"。2023 年 9 月在南京举办了"苏陕公共图书馆协作暨公共图书馆智慧建设与服务效能提升研修班"，重点就数字化建设与运用等领域对陕西省内各级图书馆业务骨干进行培训，以专业领域人才的互派学习实现两省公共文化服务的优势互补与共同发展。

（三）会议联动明确协作方向

会议和项目作为人才交流的重要延伸，是两省公共文化服务效能变现的关键形式。两省携手举办了联席会、招商会、推介会、交流会、招聘会等会议活动，以文化项目、文化产业、招商引资、人才引进等形式促进两省公共文化服务协作取得更大突破。

第一，联席会议议定两省协作重心。联席会议对于"共同探讨公共文化服务领域的重大问题，进一步加强资源建设、整合与共享，积极开展标准规范的制定、技术交流与人才培养方面的合作"① 等方面具有重要意义。联席会议机制已经成为东西部地区开展协作的一个重要抓手，主要联结双方省委省政府每年召开联席会议，总结上一阶段结对帮扶工作，部署下一步协作计划，解决重大问题。苏陕两省定期召开苏陕协作工作座谈会，签署《苏陕公共图书馆"十四五"协作交流框架协议》，围绕协作框架，邀请公共文化服务领域专家就进一步推动苏陕两省公共文化服务的双向交流协作，建立县级以下交流互派机制、拓展协作范围、增强协作效能，进行深入讨论，为两省公共文化服务协作中心提供了决策支撑。

第二，多样化的文化交流会促进人员互通。线上线下文化交流会是两省文化人才互动交流的重要形式，依托活动交流会、文旅推介会、经验分享会等，两省围绕公共文化服务体系建设、文化产业发展、优秀传统文化传承与创新等方面展开了深入的交流，联合企业共同举办了"陕

---

① 周和平：《在第三次全国数字图书馆建设与服务联席会议上的讲话》，《中国图书馆学报》2008 年第 2 期。

西-江苏"文化旅游产业合作交流活动、心随陕旅·行知华夏——江苏（南京）旅游推介会、"三秦四季 苏陕同心"陕西文旅（江苏）推介会、"南来北往 赓续传承"2023年第二届苏陕非遗消费会议、"千里之约·同心同行"苏陕非遗消费年活动等，以会议、活动带动了参会人员流动、观念更新、经验互通。

二 挂职锻炼

选派干部挂职，是落实苏陕协作要求的重要内容。公共文化服务领域的挂职锻炼是两省公共文化服务高质量发展的实践要求，也是培养锻造高素质干部队伍的重要途径。《关于进一步加强和改进苏陕协作干部挂职工作的若干措施》也明确提出精准选派挂职干部、发挥"组团式"作用、严格管理考核、持续跟踪培养等具体要求。截至2022年底，"陕西省已连续六年选派干部赴江苏挂职，学习发达地区先进理念经验做法，有效深化了两省的合作内容、服务经验和人才培养模式"①。领导型、专业型与艺术型人才培训，是深化公共文化服务协作关系、提升协作品质、增强协作效能的有机内容。

（一）以培育领导型人才提升管理能力

政府部门之间的干部挂职是苏陕协作中起步最早的一种交流方式，打开了苏陕协作乃至跨区域协作的新思路。公共文化服务的人才挂职实践，是将公共文化服务部门的领导人员、管理人员调动到其他地区或单位，在当地进行培训学习来提升工作技能和管理能力，培养出更多具有实际操作经验和领导能力的公共文化服务人才。

第一，干部交流共享管理经验。两省在干部挂职锻炼的过程中，将双方在公共文化服务领域的先进经验、创新做法进行合理吸纳。汉中洋县文化馆馆领导在如皋学习期间就文化馆管理、文化艺术创作、非遗项目保护、文化成果展示等方面展开系统学习；镇坪县文化馆干部到常州

---

① 《陕西省选派200名干部赴江苏挂职锻炼》，陕西网，https://www.ishaanxi.com/c/2022/1223/2685386.shtml。

市钟楼区文体旅局交流学习文化市场管理、公共文化服务等相关工作，通过同级别的人员调动实现省市区（县）三级立体化人才交流，以文化互动驱动交流互鉴，以创新实践促进理念更新。

第二，干部挂职创新工作风格。加强两省交流沟通，建立干部挂职的长效机制，有利于派出单位和接收单位建立良好关系，实现人才资源的共用，培育公共文化服务领域苏陕协作的有生力量，推动两省各区县公共文化服务迈出追赶超越的快步伐。两省互派干部进行挂职锻炼，有利于了解不同公共文化服务政策在基层的实施情况，针对地域特色更好地推进政策落地见效。通过挂职锻炼，促进观念更新，从而提高适应新环境、分析新情况和解决新问题的能力，进而改善工作风格，提升工作效能。2020 年 11 月至 2021 年 1 月，铜川图书馆馆领导赴常州图书馆进行业务学习，全面了解了盐城图书馆发展概况、场馆建设、机构建设、制度建设、发展理念、发展方向等，深入学习相关新技术、新理念等，将所学经验用于铜川图书馆建设，努力推动社会力量参与图书馆建设，并促成了与西北大学公共管理学院的合作，提升了铜川图书馆的公共文化服务水平。

（二）以培育专业型人才加强工作技能

公共文化服务的高质量发展离不开专业型人才队伍（如图书馆、文化馆、博物馆、科技馆、基层公共文化服务中心等的工作人员），通过建立常态化的从业人员业务培训与交流制度，培养"一批懂技术、懂服务、懂管理，在实际工作中技术过硬、业务精湛的复合型人才"[1] 是苏陕公共文化服务跨区域协作的重要方式。2018 年《江苏省文化厅 陕西省文化厅文化交流合作框架协议》明确指出："利用双方优势人才培养培训资源，通过加强培训合作等方式，促进文化领域各门类人才综合能力的进一步提升。"[2] 文件签署以来，两省文化交流互动频繁，2020 年"陕西选派了

---

[1] 洪伟达、王政：《完善中国公共数字文化服务体系的对策研究》，《图书馆研究与工作》2017 年第 11 期。

[2] 《江苏省文化厅 陕西省文化厅 文化交流合作框架协议》，江苏省发展和改革委员会官网，http://fzggw.jiangsu.gov.cn/art/2018/7/16/art_61251_7744026.html。

30 名专业技术骨干前往南京图书馆、金陵图书馆、无锡市图书馆、苏州图书馆、常州图书馆、扬州市图书馆进行挂职锻炼,重点提升图书馆员的业务综合素质和图书管理技能"[1]。其中,安康市图书馆选派精英参与此次培训,重点了解了东部地区图书馆硬件建设投入的力度、文献资源藏量情况,学习到了他馆在地方文化挖掘与利用、阅读推广活动常态化与品牌化建设、志愿服务特色化建设等方面的创新经验,创新了发展相对不充分地区的公共文化服务方式,为提升公共文化设施空间和文化资源利用效率提供了实践经验。《江苏省陕西省"十四五"东西部协作规划》数据显示,"十三五"时期,"江苏选派 268 名干部、3397 名专业技术人才到陕西挂职工作,陕西选派 1352 名干部来江苏挂职交流,累计培训陕西党政干部 15649 人次、专业人才超 3 万人次"[2],其中文化领域挂职人数占有一定比例,弥补了陕西基层文化人才队伍培训工作的短板和不足,提升了基层公共文化服务专业人才队伍素质,形成了公共文化服务领域东西部人才交流协作的"苏陕样本"。

（三）以培育艺术型人才创新服务内容

艺术型人才是开展公共文化服务的主力军,不仅具备深厚的艺术造诣,更拥有激发公众共鸣、传递文化价值的能力。苏陕两省以培养艺术表演人才、团体、组织为工作重点,创新出特色表演内容,以特色节目满足群众对艺术的欣赏需求。

第一,以文化为桥梁自主培育艺术型人才。苏陕两省各级政府和社会团体纷纷加大对艺术教育的投入,建立起一批高水平的艺术院校和培训机构来加强艺术教育的普及,丰富学生的想象力,培养创新意识[3]。发挥文化馆艺术普及功能,培育特色艺术表演团队,尤其是加强对学生和

---

① 《2020 年苏陕公共图书馆馆员挂职培训工作启动》,陕西新闻网,http://news.cnwest.com/sxxw/a/2020/11/07/19257977.html。

② 《解读〈江苏省陕西省"十四五"东西部协作规划〉》,江苏省发展和改革委员会官网,https://fzggw.jiangsu.gov.cn/art/2022/3/11/art31410379079.html。

③ 《关于全面加强和改进新时代学校美育工作的意见》,中国政府网,https://www.gov.cn/zhengce/2020-10/15/content_5551609.htm。

退休人员的艺术教育。陕西省文化馆和江苏省文化馆以合唱、跳舞、打太极、曲艺表演、乐器演奏等为主要形式培育优秀群众文化团队，在惠民演出舞台、文艺下乡舞台、艺术比赛舞台上进行演出，自主组建起地区文化演出的民间团队。

第二，以合作为载体建立艺术人才培养渠道。苏陕两省在打造民间艺术团队的基础上，着重与大型演艺剧团合作，增加专业性艺术表演的人才数量和大型文化艺术表演的场次。在文化和旅游部支持下，陕西省戏曲研究院创排的"新时代三部曲"（《骄杨之恋》《楷模村》《生命的绿洲》）成功上演，演出充分彰显了文艺工作者的使命担当，向观众展现了新时代陕西舞台艺术创作的最新成果和陕西戏曲的独特魅力。陕西省人民剧院、西安市大剧院等还与南京市大剧院、上海市大剧院合作，组织地方文艺演出团队相互交流，提升艺术演出人员的整体素质水平。

第二节　典型案例

人才交流培训以人才互访、挂职锻炼为主要形式，是促进协作双方公共文化服务高质量发展的重要途径。在公共文化服务苏陕协作的过程中，形成了陕西省图书馆系统与南京图书馆系统挂职锻炼与如皋·洋县人才交流培训活动等典型案例，为两省公共文化服务协作做出了重要示范。

一　陕西省图书馆系统与南京图书馆系统挂职锻炼

（一）项目背景

为深入贯彻落实党的十九大精神和习近平总书记在东西部扶贫协作座谈会、深度贫困地区脱贫攻坚座谈会和打好精准脱贫攻坚战座谈会上的重要讲话精神，苏陕两省积极开展协作，签署了《关于进一步加强扶贫协作和经济合作战略协议》，召开了江苏陕西对口扶贫协作工作座谈会，推动区域协调发展、协同发展、共同发展。2018年两省签署了《江苏省文化厅 陕西省文化厅 文化交流合作框架协议》标志着两省公共文服务进入了新的发展阶段，它围绕着艺术创作生产交流、推进公共文化服务体系建设、文化产业发展、非物质文化遗产保护利用传承、文化市场监管、文化艺术人才交流培训、共同建立合作工作机制对两省文化协作进行了规划部署，并着重从加强两省基层综合性文化服务中心建设、公益性文化事业单位法人治理结构改革、图书馆文化馆总分馆制建设等方面，明确了两省公共文化服务协作的主要方向。进入高质量发展的新阶段，为更好地服务于两省的公共文化服务实践，满足广大群众多样化、高品质的文化需求，两省开展了更为广泛的公共文化服务协作。通过服务理念、实践经验等方面的交流分享，陕西省图书馆系统与江苏省图书馆系统开展的交流培训与挂职锻炼活动脱颖而出，成为两省人才交流培训协作的典型。

（二）协作内容

馆员挂职是公共图书馆人才培养中最有效、最实用的方式，对提升馆员队伍素质和业务水平作用明显，是苏陕两省公共图书馆界体现新发展理念的重要创新实践。两省公共图书馆界的人才交流培训，通过省馆统筹协调、专题培训与挂职交流等方式推动两省公共文化服务领域干部、人才的交流学习与能力提升。

在工作机制方面，两省采取"省馆统筹+图书馆学会协调+各地市响应"的工作模式。省级图书馆作为核心机构，负责制定全省图书馆系统的发展规划、标准和政策，两省分别以陕西省图书馆与南京图书馆为总牵引，进行两省图书馆系统的文化信息服务、书刊资源借阅、文化娱乐、教育培训的资源整合统筹工作，确保各地区图书馆服务的均衡发展。图书馆学会作为行业自律组织，在省馆的统筹下，发挥专业引领和协调作用，负责制定专业标准、开展培训交流、推广先进经验和技术。在两省图书馆的统筹协调下，协作组织各类学术研讨和实践活动，促进了图书馆行业内部的知识更新和技能提升。各地市在省馆统筹与图书馆学会协调下，积极配合省馆组织的人才交流培训、挂职锻炼、经验分享会等，将省级层面的政策和标准落实到具体操作中，并根据地方特点和需求，开展特色服务和项目。2021年4月16日，苏陕公共图书馆协作交流座谈会在陕西延安召开，两省省馆签署了《苏陕公共图书馆"十四五"协作交流框架协议》，确保了两省图书馆协作机制的长效可持续。

在专题培训方面，"请进来"与"走出去"相结合，实现图书馆建设经验的交流互鉴。一方面，"走出去"，选派公共文化服务领域骨干人才进行交流培训。将省级公共文化服务体系建设方面的专家、学者，省图书馆中层及业务骨干，各设区市公共图书馆馆长以及文化馆部分业务骨干纳入交流培训范围之中，进行交流培训。以2018年6月在南通举办的"苏陕推动现代公共文化服务体系建设东西部对口研修班"为起始，双方先后组织了"陶风青蓝工程"中青年图书馆馆员科研能力提升培训班、苏陕公共图书馆协作暨公共图书馆智慧建设与服务效能提升研修班、陕图业务骨干交流学习，促进了两地经验的学习交流。另一方面，"请进来"，为基层公共文化发展赋能。2020年6月和9月，在两省发展和改革委员会、文化和旅游厅的大力支持下，在陕西安康和榆林连续举办了两期苏陕扶贫协作公共图书馆培训班，邀请了江苏省部分图书馆馆长和专家围绕江苏公共图书馆服务体系建设、公共图书馆阅读推广案例分享剖析、图书馆总分馆制建设、图书馆空间再造和功能布局、农家书屋和24小时自助图书馆建设等进行授课，并且组织双方专家前往基层进行实地调研和业务指导，为促进陕西基层图书馆发展建言献策。

在挂职锻炼方面，选派骨干挂职学习，增强服务效能。在苏陕公共图书馆馆员挂职集中动员培训班上，陕西省文化和旅游厅公共服务处负责人在讲话中表示，《江苏省文化厅 陕西省文化厅 文化交流合作框架协议》签订以来，两地不断进行互鉴学习，围绕加强基层综合性文化服务中心建设、公益性文化事业单位法人治理结构改革、总分馆制建设等方面开展了形式多样的活动，为苏陕两省基层公共图书馆的发展提供了丰富经验。陕西省图书馆馆长要求馆员在挂职单位踏实学习、认真工作，努力把知识学到、把方法学会、把思路学清、把功夫学真，把先进的经验带回来，为陕西公共图书馆事业追赶超越，实现大跨步发展，加快"文化陕西""书香陕西"建设做出更大贡献。2020年11月—2021年1月陕西省选派了30名专业技术骨干到南京图书馆、金陵图书馆、无锡市图书馆、苏州图书馆、常州图书馆、扬州市图书馆进行为期三个月的挂职锻炼。挂职锻炼为陕西图书馆馆员接触先进的图书馆管理理念和方法提供了机会，也为他们提供了实地学习、交流、提升的平台。在挂职学习的过程中，陕西图书馆馆员围绕图书馆信息资源建设、南京市总分馆建设、古籍保护与历史文献开发、未成年人阅读服务、县级图书馆总分馆制及"看看书吧"建设等内容进行了专题学习。在学习的过程中，他们不仅了解了江苏各个图书馆资源、活动与数字化优势，更切实体会和感受到了江苏图书馆公共文化服务模式上的优化创新。此次活动是两省在公共图书馆人才队伍培养方面又一次深入合作，进一步深化了两地公共图书馆领域交流互鉴和经验分享，对提升两地公共图书馆服务水平和办馆效能有着积极作用。

（三）实践特色

1. 创新理念，提升公共文化服务水平

江苏省图书馆秉持"传承文明，服务社会"的使命和"平等、公益、温情、专业"的服务理念，对陕西省图书馆在提升服务质量和改进理念方面有着积极的启示。一方面，通过挂职锻炼，陕西省图书馆的馆员更加深入地理解了江苏省图书馆的发展理念。图书馆不仅是提供书籍借阅的场所，更是推广阅读文化、提升公众文化素养的重要平台。这种理念的转变，使陕西省图书馆的馆员意识到图书馆作为公共文化服务机构，应当更加注重读者服务和阅读推广活动，努力营造良好的阅读氛围，更好地为社会服务，满足读者的多元化需求。

另一方面，江苏省图书馆注重阅读环境营造、服务细节优化、服务模式创新，为挂职锻炼的馆员留下了深刻印象。金陵图书馆开展公益性讲座和文化沙龙，实现"外卖"模式的借书服务，提供便捷的借阅流程、舒适的阅读环境、专业的参考咨询，以及包括提供打印机、复印机、雨伞、充电宝等的借用服务在内的各种便民的人性化服务，让陕西省图书馆的馆员认识到，优质的服务是吸引读者的关键。这些服务模式的优化创新，便利了读者的阅读生活，能够更好地服务于读者的需求，提升读者的阅读体验。

2. 关注特殊群体，拓展公共文化服务覆盖面

江苏的图书馆关注特殊群体，倡导全民阅读、文化助残，通过社会招募、合作共建等方式，提供有声读物录制、盲人剧场、读书会、诵读会等服务，注重品牌升级，其中金陵图书馆将"盲人剧场"名称和"朗读者"活动图标申请注册商标，确保了活动版权，提高了社会认知度。多角度、多层次地铺设彰显人文关怀、传播文化成果的"文化盲道"，让盲人读者无障碍共享文明成果，为盲人在黑暗中点亮了一盏"明灯"。通过在金陵图书馆的挂职锻炼，馆员吸取了服务特殊群体的先进经验。陕西省图书馆着眼于"一老一小"，多次举办"文化暖心，阅读惠民"活动，充分利用陕图品牌项目，让老年人方便阅读，让孩子爱上阅读，通过空间再造、资源优化、设施更新及内容策划等制度规范建设，提升公共图书馆服务特殊群体的能力和水平。

3. 提高数字化水平，提升公共文化服务效能

挂职锻炼与学习交流，让陕西省图书馆馆员了解到金陵图书馆在数字资源、数字阅览、数字服务等方面的先进经验，为助力"书香陕西""数字陕西"提供了重要参照。

第一，注重数字资源的全面性和时效性。金陵图书馆牵头联合南京市 13 家区馆共同打造了线上图书借还平台"书服到家——南京共享图书馆"，以同一个信用网借平台汇集全市十多家图书馆的馆藏资源，通过多渠道采集电子书籍、期刊论文等各类数字资源，建立完善的资源分类和目录化系统，实现数字图书资源高质量共建共享，便于读者快速准确地查找到所需信息，调动了读者阅读积极性。

第二，重视图书馆数字化阅览区建设和服务。江苏省图书馆注重数字化建设，特别是以金陵图书馆为典型，创新"阅汇点"数字阅读平台，创建"心惦图"等新型阅读项目，创设以"阅美四季"为主题的全年阅读推广活动体系，建设社区分馆、特色分馆、地铁图书馆和 24 小时图书馆等，为读者提供专门的电子阅读器和高速稳定的网络连接等设施，提供舒适、高效的数字化阅览环境以及多样化的数字资源和学习工具，实现全市范围内图书通借通还、资源共建共享，同时也让陕西省图书馆的

馆员认识到，要以丰富的数字资源改善数字化阅览环境，提升公共文化服务效能。

第三，共享工程增强公共文化服务可及度。南京图书馆通过发挥总馆作用，清晰展示了各级图书馆的阅读动态，不仅提供基本的电子资源检索和下载服务，还提供在线图书推荐、咨询以及移动端应用等多元化服务，特别是各基层服务点通过 VPN 方式连至金陵图书馆市支中心，共享达 48TB 的各类影视资料、讲座资源、科普知识、电子图书、南京地方文献等，极大地提高了街镇、社区的公共文化数字化服务能力。在数字化服务创新与拓展方面的经验，让挂职馆员意识到要提供更加便捷、个性化的服务，以满足读者的新时代需求。

二　如皋·洋县一家亲，交流培训显深情

（一）项目背景

2018 年江苏省和陕西省签署了《江苏省文化厅 陕西省文化厅 文化交流合作框架协议》，在此基础上两省通过文化资源整合共享以及交流培训，提升两省公共文化服务水平，满足人民群众日益增长的精神文化需求。如皋市秉承"文化亲民、文化惠民、文化悦民"的理念，日益健全现代公共文化服务体系。洋县抓住苏陕对口协作的机会，以学找差距、以学补短板、以学促提升，与如皋市签订了干部交流培训协议，并建立了干部挂职基地。同时，洋县从理顺运行机制、用活项目资金、加大劳务协作、促进人才交流、实现深度协作等方面精准发力，学习如皋市公共文化服务先进经验，让"如皋经验"成为助推洋县公共文化服务高质量发展的"催化剂"。

（二）协作内容

第一，挂职学习拓宽协作视野。挂职学习不仅是一种人才培养机制，更是一座跨区域合作的桥梁。如皋市与洋县在人才交流培训中，注重通过挂职学习的方式拓宽两地文化工作者的协作视野。在挂职学习期间，参训者有机会亲身体验对方城市的文化氛围和公共文化服务体系。2021年 9—12 月，洋县文化馆副馆长赵学勇在如皋交流培训期间，作为挂职副

馆长，学习如皋文化馆在管理、公共文化服务、文化艺术创作、非遗项目保护、文化成果展示等方面的先进经验和做法。一方面，观摩如皋市"雉水之夜"文艺演出及非遗展演，接受如皋市融媒体采访，交流心得体会，同时宣传推荐洋县皮影、杖头木偶等非遗项目，推进洋县和如皋书画家联谊展览采风活动落地实施。另一方面，调研如皋市文旅融合、红色文化资源、民风民俗，创作一批反映如皋历史文化、名胜古迹、风土人情的书法、篆刻作品，作品被收入 2023 年由中国艺术出版社出版的《赵学勇篆刻》作品集。通过交流学习，提高了学员对公共文化服务理念的认识，丰富了艺术创作的素材资料，促进了两地互学互鉴，提高了公共文化服务的创作水准。

第二，双向挂职推动共融共建共促。如皋市与洋县在人才交流培训中，实施双向挂职制度，以交流互鉴促进两地文化工作者的共同成长，推动了公共文化服务的共融共建。如皋市文化工作者前往洋县，了解当地的非物质文化遗产保护和乡村文化振兴的实践；而洋县的文化工作者则可以到如皋市学习先进的文化管理经验和公共文化服务模式。在挂职期间，参训者积极参与人才交流培训工作，与当地文化工作者共同探讨学习，共同解决实际问题。洋县在如皋建立党员干部教育培训基地，持续加大双向交流和共学共促力度，深化了两地干部和人才交流，并按照针对性设计、菜单式选课、精品化教育的原则，分期分批选送各类党员干部人才赴如皋进行培训，密切联系洋县实际进行富有针对性的思考和探索，充分汲取如皋市公共文化服务先进理念和成熟经验，为两地公共文化服务高质量发展提供人才支持和智力支撑。

第三，基层互通强化公共文化服务体系的战斗堡垒作用。基层文化工作者是公共文化服务的直接提供者，专业能力和服务态度直接影响着公共文化服务的质量。如皋市与洋县在人才交流培训中，注重基层互通，通过加强基层文化工作者的交流和培训，组织基层文化工作者进行面对面的交流和学习，不断加强与如皋市的联系沟通，加大共建共促力度，把培养高素质专业化干部、人才队伍作为加强苏陕协作的有力抓手，选派优秀年轻干部赴如皋挂职学习，并陆续选派多名干部挂职锻炼。同时洋县融媒体中心前往如皋，以人才交流培训故事为纽带，就如洋协作、如皋经济社会发展经验拍摄5集专题片，同步推出3集系列报道，分别在洋县发布、洋县新闻等媒体报道"如皋经验"，为洋县公共文化服务高质量发展树立了典范，提升了文化人才的业务水平及辅导能力，巩固了基层公共文化服务体系的战斗堡垒作用。

（三）实践特色

1. 以系统规划推动协作有序开展

科学系统规划是如皋市与洋县公共文化服务人才交流培训的重要前提。两地高度重视人才培养，在培训规划上采取了全面而深入的策略。在培训内容上，如皋市和洋县不仅关注公共文化服务的基本理论知识，更注重实践技能的培养。在学习过程中，洋县学员边看边问边学，调研了苏州古城区历史文化街区、苏州市美丽乡村示范村六如墩、乡村振兴和集体经济发展典范张家港市永联村，了解两地在公共文化服务领域的实际需求和发展方向，并且积极开展文化政策解读、文化项目管理、文化活动策划等。在培训对象上，如皋市和洋县采取了分层、分类的培训策略。对于基层文化工作者，提供基础培训，帮助其掌握必要的业务知识和技能；对于中高层管理者，提供高级培训，提升其战略规划能力和领导力。在培训过程中，制定详细的培训日程安排，明确了培训目标、课程内容、教学方法等，配备了专业的培训师资队伍，让参训者有机会在实际工作中应用所学知识，以宝贵的实践经验和资源支持推动协作工作持续开展。

2. 以长效机制保障协作持续运行

人才培养是一个动态持续的过程，需要形成长效机制，保障协作的可持续运行。一方面，如皋市和洋县将人才交流培训纳入地方文化发展规划中，并制定了相关政策，为培训工作提供了法律依据和政策支持。两地在文化交流合作框架下，聚焦于公共文化服务领域，沟通协商并制定了深化对口协作工作意见、对口协作年度工作计划以及考核办法，做到责任明晰、分工明确，确保对口协作工作有章可循、压茬推进。同时两地政府签订对口合作协议，建立联席会议机制，定期对培训项目进行评估和反馈。通过问卷调查、座谈会等方式了解参训者的满意度和培训效果，根据评估结果对培训内容和方法进行调整和优化，确保培训项目始终符合实际需求，保持活力。

另一方面，两地把培养高素质专业化干部队伍放在突出位置，建立了干部人才交流机制。如皋市与洋县形成了每天撰写一篇工作日志、每月汇报一次心得体会、起草一份调研报告、开展一场学习报告、对接一个发展项目"五个一"洋县干部挂职制度，不断加强两地政府部门及挂职干部之间的联络和管理，分期分批锤炼公共文化服务人才，助推干部挂职工作上水平、见实效。

3. 以多种形式培训丰富协作内容

如皋市与洋县根据各镇办的实际需求，有针对性地对各个分馆及农家书屋开展实地培训，不断探索多元化培训形式和内容，持续完善公共文化服务协作内容。

第一，线下交流学习增强协作体验。如皋市和洋县会定期举办研讨会、工作坊等活动，邀请专家学者和实践经验丰富的文化工作者现场授课，面对面进行交流讨论、实地考察和案例分析，助力开阔视野、更新理念、创新思路，更深入地理解公共文化服务的理念和实践，提升公共文化服务的实践效能。

第二，线上有机互动增强协作活力。两地通过网络课程、视频讲座等形式，允许参训者根据自己的节奏和兴趣选择学习内容，随时随地学习先进经验，提高了学习的自主性和灵活性，促进了学习成果转化为工作经验，切实把学习经验融入高质量推进公共文化服务体系建设中。

第三，多领域授课拓宽协作视野。在培训内容上，两地注重跨部门的知识和经验分享，邀请来自不同部门的专家学者参与培训课程设计和讲授，为参训者提供创新的视角和多元的思维方式。文化部门的专家分享文化政策的最新动态，教育部门的专家讲解教育资源整合的经验，人力资源部门的专家提供人才管理和激励策略，跨部门知识与经验分享帮助参训者更好地理解了公共文化服务的复杂性和多维性。

第三节　主要成效

构建系统全面、立体高效的公共文化服务体系，是在更广范围和更深层次上满足人民群众文化需求的必然要求，这就要求以人才交流培训为重要抓手，促进公共文化服务的跨区域协作。苏陕两省在协作交流之初，便明确了以人才队伍交流和合作为突破口，高度重视人才队伍建设，通过挂职锻炼、研修培训等，深耕公共文化服务协作，实现人才共育。两省围绕公共文化服务体系建设、图书馆文化馆总分馆制建设、基层综合文化服务中心建设等方面，通过举办"对口研修班""创新研修班"进行交流培训与跟班学习，促进了公共文化服务的交流互鉴，激发了两省基层公共文化服务活力，提升了双方人才队伍的整体素质，促进了公共文化服务工作的提质增效，推动了两省公共文化服务工作的创新发展。

一　高质量推动了两省公共文化服务体系的交流互鉴

加快构建现代公共文化服务体系，是新时代不断实现公共文化服务理论与实践创新的必然要求与重要目标。推动构建现代公共文化服务体系，关键在人，核心在人才。两地通过人才交流沟通、挂职锻炼，培养了一大批层次分明、能力突出的公共文化服务人才，既拓宽了公共文化服务的视野，也更新了双方观念，使两地公共文化服务人才整体素质得到提升，人才结构得以优化。

第一，公共文化服务领域人才素质得到整体提升。苏陕两省通过交流培训，使成熟的实践经验、鲜活的实践案例、稳定可持续的运行模式等突出优势得以展现。两地在公共文化服务经验交流中促进了公共文化服务人才共育，通过这种交互式方式培育了一批能力过硬、理念先进、富有创新精神的人才队伍，推进了公共文化产品和服务供给创新发展，促进了公共文化管理体制和服务机制的完善优化，实现了以人才为动力助推公共文化服务体系高质量互动发展。

第二，公共文化服务领域人才结构不断优化。两地通过研修培训、挂职锻炼、学习交流等方式，让双方人员充分开阔眼界、增长见闻、积累人脉、更新理念、提升能力，充分锻炼了具有发展潜力的优秀人才，培养了一批优秀骨干。这批优秀骨干又以自身的进步起到了模范带头作用，激励带动更多人才积极有为、努力上进，从而充分激发了公共文化服务人才队伍的整体发展潜力，形成了省级牵头、行业互动、社会参与的人员交流机制，优化了人才队伍结构，丰富了苏陕协作事业的人才储备，为两省公共文化事业的繁荣进步提供了源源不断的动力。

第三，联合成立苏陕公共文化服务数字化研发团队。高校资源和人才资源是苏陕两省共同的优势前提，苏陕两省坚持政府与高校合作、高校与高校合作的模式，成功建立文化数字化相关学科、文化数字化培养团队①，凭借雄厚的科研团队、资金和技术力量，两地在交流互鉴的基础上，自主创新，推动了两省公共文化服务数字化取得新突破。

二 激发了两地基层公共文化服务的创新活力

现代公共文化服务体系是公共文化服务体系的拓展深化与创新发展，生动地体现在政府主导、社会参与的公共文化产品和服务开放性供给原则相互配合的基础上。作为一种新型的区域合作模式，公共文化服务苏陕协作在推动两地基层公共文化服务创新方面展现出了重要成效。通过人才交流培训，江苏和陕西两省打破了地域壁垒，实现了文化资源的共享与互通，为基层文化服务注入了新的活力。

第一，以先进的基层实践，促进了基层整体水平的提升。以公共图书馆为例，两地专门从事图书管理工作的人员自觉抓住培训交流的机会，围绕图书馆发展概况、场馆建设、机构建设、制度建设、发展理念、发展方向等进行学习，以先进的技术、全新的理论推动双方工作人员加强学术交流，提升科研能力，助推图书馆服务高质量发展。这种跨区域的合作促进了文化资源的优化配置，激发了基层文化工作者的创造力和服

---

① 徐宁、毛艳:《为江苏文化数字化"号脉""开方"》，江苏网信网，https://www.jswx.gov.cn/yw/202207/t20220708_3032272.shtml。

务热情，实现了服务内容、形式和手段等方面的大胆尝试和创新。两省公共文化服务领域的人员协作呈现增长态势，极大提升了两省文化事业的发展水平。

第二，两地基层公共文化服务协作逐渐从传统的单一模式向多元化、个性化方向发展。苏陕两省通过公共文化服务人才共育，培养了一批优秀的文化骨干，提升了人才队伍的整体素质，扩大了公共文化服务的社会参与基础，为现代公共文化服务体系构建注入了人才动力。在双方的人才交流学习中，除文化事业服务与管理人员之外，一大批优秀的文化创作人才、文化成果传播人才、文化服务志愿者等社会群体亦在此过程中开阔了眼界、扩大了人脉、增长了本领，获得了自身能力的提高。在公共文化服务苏陕协作的推动下，更具吸引力和影响力的公共文化服务优势得以展现，能够更好地传播公共文化服务苏陕协作的优质成果，更好地扩大公共文化服务的社会影响，形成多元互动的良好机制，增强基层文化的凝聚力和辐射力，充分提升公共文化服务的社会参与度。

三　促进了公共文化服务观念更新与能力提升

无论是高层人员的互动走访，还是专业领域人才的挂职培训，绕不开的核心议题都是公共文化服务的智能化和数字化建设，即图书馆、文化馆在时代发展的技术条件下如何实现公共文化服务高质量发展。苏陕两省在人才交流过程中，也针对数字化应用、智能化融合等议题进行了讨论，取得了积极成效。

第一，由点及面的理念促使公共文化服务体系日趋完善。两省通过"省级统筹、市级推动、县级执行"的模式，在两省文旅厅的组织下，联合公共文化服务部门和机构进行交流培训，并且不断开展试点工作。宝鸡扶风城市书房建设是公共文化服务苏陕协作的试点，江苏挂职干部主抓，与当地税务局合作打造新型公共阅读空间。以城市书房取得的成效为跳板，着力推动更多城市书房的建设，以城市书房"点"的成效，带动"面"的发展，大大提高了城市书房服务效率，推动了公共文化服务体系的健全完善。

第二，公共文化服务数字化理念促使公共文化服务效能提档升级。在交流培训与挂职锻炼的过程中，双方人才深刻地学习了全国智慧图书馆体系建设与实施进展、知识资源细颗粒度标引实践与 AI 智能、公共图书馆数字资源推广服务、公共图书馆数字资源服务模式思考与研究，以及新型公共文化空间构筑、服务创新、新理论新技术运用、智慧化图书馆建设相关做法等，更新了公共文化服务理念。府谷县图书馆和常州图书馆的公共图书馆智慧建设与服务效能提升研修班，围绕数字化和智能化建设公共图书馆展开，研修班上府谷县图书馆馆员学习常州先进经验，推动府谷县图书馆与其他部门合作，利用农村商业银行的覆盖范围、硬件设施、地理位置等优势，向银行提供相关书籍及数字资源和必要的运行设备，共同建设"信用书吧"，并不定期在"信用书吧"开展各类阅读推广活动，实现了资源互补利用。

通过协作，先进的数字化理念、模式涌入公共文化服务发展相对薄弱地区。一方面，把先进的数字化技术、技能和资源嵌入协作地区，赋能协作地区的数字化建设；另一方面，通过数字化建设，挖掘潜在的数字文化资源，推动了公共文化服务的"云端到家"。府谷县图书馆和邮政局合作建设的"同城快递"项目，借助图书馆微信公众号，进行高效的物流配送，实现了免费送书上门，有效地服务了人民群众的文化生活。借助网络技术和移动设备，以数字化赋能提质的方式，让公共文化服务延伸到更多地区和群体，推动了公共文化服务的均等化、智能化发展。

第八章　文艺创作展演协作

　　跨区域协同文艺创作能够实现劳动力、资本、技术、数据等生产要素的跨区域流通共享，是激发生产要素效能、推动实现全国范围内资源优化配置的重要举措。在"区域协调发展"战略的牵引下，苏陕两省聚焦于公共文化服务高质量发展的目标导向，以两地文艺创作展演为媒介，持续撬动两省公共文化服务活力，实现以公共文化服务均等化和标准化驱动两省公共文化服务的高质量协作。两省深耕地方文化特色，以文化资源优势为突破点，通过跨地区协同创作、联合展示交流、联合演出展览凝造两省文艺创作展演的基本内容。以江苏常州与陕西安康协作为基础的"平安顺利·幸福安康"儿童版画巡展、以江苏南通与陕西汉中协作为基础的文化走亲活动，彰显了两地浓浓的协作情谊。两省文艺创作展演类的协作以优质成果扩大了品牌影响，以长效合作实现了特色创新，以文化交流丰富了文化生活的实践效果、拓展了两省公共文化服务的协作领域，以高质量发展理念驱动了现代公共文化服务体系的提质升级。

第一节　基本内容

　　苏陕协作中的文艺创作展演协作是指两地在文化交流、沟通、互鉴的基础上，围绕文艺创作和艺术展览等方面开展深入交流合作，涵盖了跨地区协同创作、联合展示交流、联合演出展览等多种表现形式，涉及内容均以民众喜闻乐见的公共文化服务活动为主。

一　跨地区协同创作

公共文化服务跨区域协作以公共文化服务区域均衡发展为目标，通过文化资源、文化要素、文化品牌、文化产品的流通共享，加深两省协作关系。以文艺创作展演为表现形式的公共文化服务苏陕协作，通过共同探讨创作主题、交流经验方式，以主题展演的形式向公众展示协作成果。作为新兴的文化创作模式，两省的文艺创作展演通过以文化资源整合实现品质升级、以标准化创作满足群众文化需求的方式，突破了文化地域限制，消解了文化隔阂与文化壁垒，让不同地区的创作者在各具特色的文化氛围中创造出具有多元特色的文学艺术作品、文艺演出作品。

（一）运用两省文化资源来提升文化创作品质

公共文化资源服务是"由政府作为主导，社会各个组织积极参与的，目的为满足全社会公民的基本文化需求而提供的一种公共文化设施、活动、产品和其他相关服务"①。

陕西省和江苏省因东西部、南北方地理位置差异，民风民情、文化习俗、生活习惯、文化底蕴、价值理念存在着诸多不同，这决定了两地在公共文化服务内容和形式上各有所长，在喜好和需求上也各有不同，这种差异性为两省在公共文化服务领域的合作交流提供了广阔的空间和丰富的可能性。公共文化服务在一定程度上又与当地的传统文化、民俗文化紧密关联。陕南、关中、陕北因地理位置因素，文化形式和内容差别明显，苏中、苏南、苏北的文化资源也存在这种明显差异。就陕西而言，陕西省三大片区的公共文化服务差异显著，陕北的腰鼓、关中的秦腔社火、陕南的龙舟等民俗文化形态各异；就江苏来讲，苏中、苏南、苏北的文化差异也较为显著，受荆楚文化、齐鲁文化及中原文化的影响，各区域间的文化底蕴相对不同。

无论是两省省域内，还是两省之间，文化差异都较为明显，通过文艺创作者互访、交流、互驻、扎根的活动方式，感受不同地域的风土人

---

① 余琛：《面向融媒体建设的公共文化资源服务研究》，《情报科学》2022 年第 4 期。

情和文化底蕴，以文化资源融合创新、文化经验交流创作、文艺精品精益求精，提升两省公共文化服务水平。"十四五"以来，创作者入村、艺术家进驻、艺术乡建①的频次增加，两省通过文化资源整合促进了文艺创作者扎根地方文化的实践，以写生和体验的方式创作出了大量贴合实际情况的文艺作品来服务两地群众。

（二）制定文化创作标准来满足群众文化诉求

跨地区协同创作有助于不同文化背景的创作者相互了解、借鉴，实现文化的交融，创作出具有更丰富内涵和更广泛影响力的公共文化服务作品。创作者始终要秉持文化为了谁、服务谁、依靠谁的根本宗旨，以人民群众的文化需求为创作动力、以人民群众的生活实践为创作来源、以人民群众的满意程度为创作标准，这是跨地区协同创作的基本要求。这些要求也深刻地体现在公共文化服务苏陕协作过程中，以陕西皮影戏和关中书画展深层次跨省域交流最为典型。共培优秀剧目和专业团队在江苏各街道社区、学校进行展演，苏陕通过文艺创作展演协作，既为陕西传统文化展演创造了机会，也让江苏省民众近距离接触、感知陕西传统文化和西北风土人情，感受中国优秀地域传统曲艺的魅力。这些文化活动为苏陕两地公共文化服务体系提供了高质量的项目内容，跨省域、跨市区的协同创作不仅为群众呈现了精彩的公共文化活动，更为苏陕两省的县域持续合作、交流、培育公共文化服务项目提供了宝贵经验，以创作出影响广、受众面大、持续性强的公共文化服务苏陕品牌来满足两省群众的文化诉求。跨区域协作作为文艺创作展演的重要方式，以"文化走亲"的方式展现出两省区域文化特色，架起两地友谊的沟通桥梁，推动形成苏陕在影视、艺术、文学等领域的交流合作机制，牵起情系两地文化的精神纽带。

二　联合展示交流

联合展示交流是文艺创作展演类活动的重要组成部分，也是两省公

---

① 刘东峰：《艺术乡建激活乡村内生动力的文化逻辑和实践路径》，《山东社会科学》2023年第11期。

共文化服务协作的重要领域，更是促进两省文化交流传播、繁荣文化事业的重要内容。苏陕协作中的艺术联合展示活动采取"对话形式"，举办艺术家讲座、创作分享会等活动，在相互交流学习中推动文化交融，提升艺术家的创作水平和专业能力。在这个过程中，政府政策和资金支持是公共文化服务苏陕协作艺术展示交流的基础，公共文化机构是公共文化服务苏陕协作艺术展示交流的重要载体，社会组织是公共文化服务苏陕协作艺术展示交流的重要力量。

（一）政府政策和资金支持是艺术展示交流的基础

公共文化服务法规政策的制定是"扩大公共文化服务网络覆盖面、激发现代公共文化服务体系活力不可缺少的环节"①。从国家层面提出东西部协作和定点帮扶战略以来，高度重视东部地区的先进经验、管理优势、先进理念、资金支持向中西部输送和倾斜，文化事业是东西部协作的重要内容，政府的重视程度直接影响着两地文化事业的发展程度，尤其是在公共文化服务领域，政府从服务方式、服务内容、服务品牌、服务政策、服务设施等方面为文化事业的繁荣发展提供有力保障。2021年苏陕两省重新签订了《江苏省文化和旅游厅 陕西省文化和旅游厅 文化交流合作框架协议》，标志着公共文化服务领域的苏陕协作迈上新台阶，以图书馆和文化馆等公共文化服务平台为基础，深化两地公共文化服务领域交流互鉴，在艺术创作生产、公共文化服务体系建设、文化事业文化产业融合、文化艺术人才交流等层面取得了重要突破。两省以《江苏省陕西省"十四五"东西部协作规划》《省级苏陕协作项目资金管理办法》《2023年苏陕协作工作要点》等政策文件为总纲领，在基层公共图书馆文化馆基础设施建设、活动培育、人员交流等方面加大投入力度，鼓励支持补贴两省民间文化艺术团队和机构的交流合作，以资金和政策保障推动两省公共文化服务艺术展示交流更加深入。

（二）公共文化机构是艺术展示交流的重要载体

以两省省级文化馆、图书馆、美术馆、博物馆、科技馆为协作总牵

---

① 严贝妮、张子珺、李泽欣：《我国地方性公共文化服务保障条例政策文本分析》，《图书馆》2023年第4期。

引，以县域文化馆、图书馆、美术馆、博物馆、科技馆等公共文化机构为关键突破点，推动两省公共文化机构与两省人民"双向奔赴"。美术馆、文化馆、博物馆的核心任务就是进行全民艺术普及、艺术展示交流，更好地推进文化资源的有效利用、推动文化成果的人民共享是公共文化机构的职责所在。"文化馆主要承担全民艺术普及和优秀传统文化传承功能、开展社会教育的职能"①，履行社会教育职能则是"图书馆对社会发展、公众素养培育、体现信息公平、消除信息鸿沟的公共责任"②，这是对公共文化机构的精准定位。这些公共文化机构通过积极策划和组织各类艺术展览、讲座、演出等活动，引进国内外、省内外优秀艺术作品和人才，促进文化交流，还致力于挖掘和培养本土艺术人才，服务于当地的公共文化服务事业。例如，延安民间美术画展在江阴市进行巡展，并向江阴市公共文化艺术发展中心捐赠了《三羊开泰》农民画，促进了两地美术的交流；如皋·洋县文艺展演活动由两地文化馆承办，书画艺术交流活动由两地美术馆和相关政府部门主办，在跨区域联合展演的过程中促进了文化的传播交流；盐城·铜川书画摄影展览由盐城市文化馆和铜川市书画院联合承办，融合了地方风俗民情的展示，促进了精神层次的深度交流。两省公共文化机构举办的艺术展示交流活动为促进两地公共文化服务深层次合作提供了展示平台，为两地群众共享文化资源提供了重要支撑。

（三）社会组织是艺术展示交流的重要力量

社会力量参与公共文化服务，是指政府机构和财政补助事业单位以外的企业、社会组织和个人，不以营利为目的，面向公众免费或优惠提供公共文化设施、文化产品、文化活动以及其他相关服务。

第一，通过邀请民间艺术家、文化名人举办讲座、授课，以非物质文化遗产为载体，将两省特色的文化形式进行对外展示。重点依托两省民间文艺家协会、民间文艺研究中心等组织举办的民间文艺传承发展座

---

① 李国新：《论文化馆及其主要职能》，《中国文化馆》2021 年第 1 期。
② 李华艳：《公共图书馆社会教育职能的理论思考与实践探索》，《图书馆》2021 年第 8 期。

谈会和民间文艺作品保护研讨会等，提高民间团体组织在两省文化交流过程中的参与度。

第二，在利用政策专项资金进行民间文化保护和民间文化活动培育的基础上，积极吸纳艺术基金会资助，成立资金专管部门进行运营监管，保障民间艺术资金利用的高效性，进而推动民间文化艺术事业发展。

第三，依托中国民间文化艺术之乡等，组织苏陕艺术家共同创作、演出，积极搭建交流平台，让两地的民众有机会欣赏到不同地域、风格的艺术表演，推动两地文化艺术团体的交流合作。中国民间文化艺术之乡作为艺术展示交流的平台，有力地"促进了中国民间文化艺术的传承发展，丰富了农村群众文化生活，推动了地方文化产业的开发及社会经济的发展"①。苏陕两省的民间文化艺术之乡的入选数量在全国名列前茅，通过共建民间文化展演团队，将民间文化艺术之乡的非遗文化、特色艺术形式在全国范围内展演传播，以交流合作的方式为苏陕协作注入新的活力。

三　联合演出展览

联合演出展览旨在以文化交流为前提、以群众需求为导向、以社会参与为驱动，共创文化内容、共培展演品牌，高品质满足不同区域群众公共文化服务需求。随着东西部协作的深入，联合演出展览成为公共文化服务合作的重要形式，两省通过融合交流提升公共文化服务水平，逐步打破公共文化服务在地域、行业、年龄方面的界限，高质量携手共建，不断丰富公共文化服务协作的内容体系。

（一）以文化交流促进跨区域联合演出展览

文艺演出和艺术展览是加强两地文艺创作者之间的交流合作、丰富群众的文化体验、彰显两地文化作品魅力的重要途径。文化交流作为区域联动发展的主要内容，为苏陕两省经济社会发展提供文化软实力。自

---

① 向柏松：《中国民间文化艺术之乡建设的发展与规范》，《中南民族大学学报》（人文社会科学版）2019 年第 4 期。

两省文化领域合作以来，文艺展演、书画版画交流等方面展现出强劲的合作效能，这类协作以两省在地文化为前提，以优秀文化呈现为途径，以文化互动性和交融性为表征，生动地展现了苏陕两省各地市间、区县间的精彩合作，为两地文化展示提供了机会和平台，也为两地艺术、书画的创作提供了艺术借鉴和参考样品，打开了创作者的思路。例如，江苏南京市、河南新郑市与陕西安康市的协作版画巡展，以少年儿童文化交流活动为主体，多次成功入选"陕西省传播交流推广项目"，成为苏陕文化交流的亮丽名片；由江苏扬州市和陕西榆林市从 2017 年开始连续共同举办的非遗走亲曲艺交流活动，远跨 1384 千米，以曲会友，以艺传情，艺术家们在扬州联袂出演陕北秧歌《二人场子》、扬州清曲《绿杨记忆》等节目，生动演绎了两地一家亲美好场景，以曲艺为纽带促进了两地文化融合发展。

（二）以多样化演出展览满足群众文化需求

"满足人民群众日益增长的精神文化需求"是中国特色社会主义文化事业的本质要求，坚持以人民群众多样化、多层次、多方面的需求为导向，提供多样化的演出展览服务是丰富人民群众精神生活的必然选择。苏陕两省文艺演出从地方特色、展览场所、宣传推广等方面着手，不断丰富和优化演出展览形式，让更多人享受到以文化交流协作促进两省文化繁荣带来的成果。2021 年 12 月 10 日，陕西江苏两省四市十七馆书画联展镇巴站巡展在县苗乡广场启动，展出 160 余幅题材丰富向上的书画精品，带来了一场精神文化盛宴，以协作展览增添文化活力。翰墨苏陕情书画作品展览展出 36 幅题材新颖、内涵丰富、格调高雅的展品，为两省书画爱好者带来了精彩的视觉盛宴，推动了两地文化艺术的全领域深层次合作。苏陕协作"两地三区"好家风好家训·廉政书画巡展在横山举办，以书画展为契机，以廉政书画传递向上向善的道德风尚，文化性与观赏性特色并驱，助推新时代党员领导干部家风建设、廉政文化建设，在潜移默化中涵养领导干部廉洁勤政的政治自觉、思想自觉和行动自觉。苏陕非遗文旅融合成果展示、非遗戏曲演出、答题抽取盲盒等活动，集中展示了苏陕两省非遗保护成果和文旅融合成果。多样化的书画展览、品牌化的非遗文化活动塑造，以创新协作、融合发展传递了两省的精神文化风貌，丰富了两省群众公共文化服务选择与体验，满足了两省群众的公共文化服务需求。

（三）以民间文化艺术团体合作驱动跨区域联合演出展览

联合开展文艺创作展演能够高效汇聚两省公共文化精品，传递两省文化价值。近年来，苏陕两省以民间文化艺术团体合作为主要形式的联合演出展览呈现类型丰富、形式多样、受众集中的特点，且活动受众面、展演质量、市场容量和潜力都随着两省公共文化服务协作的持续拓展逐渐向好发展。民间文化艺术团体协作增强了两省文艺创作展演活动效果，为苏陕民间文化艺术团体合作提供了良好的发展环境。一是两省民间文化组织的走访交流。"十四五"以来，民间文化组织的交流互动较为频繁，两省民间艺术家学会、农民画协会、书法家协会等社会组织互相走动，围绕两省书法、绘画、农民画、民间文化保护等方面交流经验，以民间团体交流形式把两省文化交流的大门开得更大。二是两省民间文化活动的举办。两省文联、书法家学会等社会单位联合举办江苏·陕西书法名家精品交流展，将两地丰厚的书法遗产和清晰的书法传承脉络展示给社会，并且两省相互捐赠书法美术作品，以合作交流方式为两省书法的长远发展起到积极的推动作用。例如，在2022年8月江苏靖江和陕西永寿开展的文化交流活动中，靖江市文联组织部分文艺爱好者赴永寿进行文化交流，两地组织了文化交流座谈会，还共同开展了"靖永共迎二十大 翰墨丹青颂辉煌"笔绘交流活动，社会组织的交流合作为苏陕两省的文化互动创造了新契机。在政府和社会各界的共同努力下，苏陕民间文化艺术团体合作得到了长足的发展，不仅在人员走动上密切，而且以活动带动了民间文化的交流，为传承和弘扬中国民间文化艺术，推动苏陕文化艺术交流走向更加广阔的舞台持续发力。

第二节 典型案例

文艺创作展演丰富了双方公共文化服务的内容体系，通过共享文化资源、交流创作经验、联合举办文艺演出等方式，展示两地文化艺术的独特魅力，推动两地文艺创作的繁荣发展。随着公共文化服务苏陕协作中的文艺创作展演逐渐走向纵深，以儿童版画巡展为主题的"平安顺利·幸福安康"安康市儿童版画巡展和以文化走亲活动为特色的"崇川佛坪一家亲，青山绿水见真情"协作项目，书写了双方文艺创作展演协作的新篇章。

一　"平安顺利·幸福安康"安康市儿童版画巡展

（一）项目背景

儿童版画，是少儿美术教育的重要组成部分，它集绘画、手工制作于一体，其灵活的构图、淳朴的用色与儿童稚趣十足的美感特点极为契合。20世纪80年代，安康曾因少儿版画教学的标新立异，在美术界异军突起。安康儿童版画表现出的率真和浓烈的陕南地域特征，与当时注重技能训练、轻视儿童身心发展的传统儿童美术教育形成鲜明的反差，"不言教令，顺其自然"的新型儿童美术教育理念让安康以儿童画而闻名国内外。经过40多年的实践探索与发展，安康市群众艺术馆先后在九县一区建立了教育平台，创立了"美丽安康我的家"儿童美术宣传载体，和西安美院版画系成立了"陕南少儿美术基地"，和江苏省美术家协会少儿美术艺委会、江苏省教育学会美术专业委员会建成了"艺术帮扶留守儿童暨教师少儿版画实践基地"，长期选派优秀美术老师深入基层对留守儿童进行美术讲座、画展、笔绘、美术辅导。

近年来，以安康儿童版画为代表的一批公共文化服务品牌项目受到媒体和专家学者广泛好评。作为与安康对口协作的城市，常州在公共文化服务领域具有先进经验，通过多方共建共享机制，创新公共文化服务模式，并且着力推动从"城市阅读圈"向"全域书香"跨越。为加强协作关系、增强协作动能、共享发展经验，两地通过签订对口协作框架，推动文化交流合作更加密切和深入，以"平安顺利·幸福安康"儿童版画巡展为代表的展演活动，见证了两市公共文化服务协作的全过程，为两地公共文化服务高质量发展书写了新篇章。

（二）协作内容

2021 年 4 月，由安康市文化和旅游广电局、常州市文化广电和旅游局、陕西省美术家协会少儿美术艺委会、江苏省美术家协会少儿美术艺委会等单位协作举办的"平安顺利·幸福安康"安康市儿童版画巡展在常州市刘海粟美术馆开幕。活动共展出 80 幅安康儿童创作的精品版画，每一幅作品均体现了秦巴腹地孩子们的天真童趣和浓郁的陕南地域特征，展现了孩子们丰富的内心世界和对美的渴求。本次画展活动是安康市群艺馆以留守儿童为主要对象开展的艺术关爱行动，是继 2020 年常州市文化馆与安康市群众艺术馆签订文化交流合作框架协议以来，首次开展的以少年儿童为主体的文化交流活动，为今后加强全方位的文化交流合作注入了新的活力。

"平安顺利·幸福安康"安康市儿童版画巡展入选"陕西省传播交流推广项目"，这既是落实苏陕协作工作的重要体现，也成为安康市对外进行文化交流交往的一面旗帜和文化名片。"平安顺利·幸福安康"儿童版画常州展览，通过媒体的报道和宣传，不仅使安康的儿童版画得以在常州"亮眼"，加深了公共文化服务苏陕协作的内在联系，更提升了两地公共文化服务协作的知名度与美誉度，使更多人了解和支持两地之间的友好合作关系。儿童版画展览作为一种全新的具有吸引力的文化活动，吸引了众多观众的关注与参与，以展览的形式传递了"尊重儿童""关爱儿童""发挥儿童的创造力"等理念，有力地推动了公共文化服务标准化和均等化，推动了将公共文化服务苏陕协作的理念和成果展示给更广泛的公众。安康市儿童版画巡展总结并推广了安康市近年来文化扶贫取得的成果，促使贫困山区儿童开阔了眼界、增长了见识，激发了安康儿童对家乡美好未来的展望和爱国情怀，生动描绘了贫困山区儿童在国家政策支持下的精神风貌。

（三）实践特色

1. 有形展示，强化宣传效果

儿童版画是儿童艺术生命力的体现，以画的形式展现了儿童的精神世界。"平安顺利·幸福安康"安康市儿童版画巡展，以儿童版画为媒介，推动了两地公共文化服务的交流与传播。一方面，专题画展牵动两地心弦。儿童版画展品题材选择充满天真无邪的童趣，观察视角质朴可爱，表现生活场景清新自然，透露着山区留守儿童对爱的渴望、对父母的思恋以及对美好生活的憧憬。通过举办"平安顺利·幸福安康"专题画展，与常州公共文化机构协作展览，以作品传达纯真、温暖和正能量，展现出儿童独具的艺术天赋和独特的审美观。

另一方面，推动专题展览"走出去"，提升了安康版画知名度与影响力。两市召开公共文化服务协作座谈会，强化儿童版画的宣传效果，促进了两地文化组织对儿童文化事业的关心支持。同时，展览受到《常州日报》、文旅常州、文化陕西、安康综合广播、安康群众艺术馆、常州市文化馆、文旅安康等多家媒体和微信公众号的宣传报道。通过有形展示与无形宣传相结合的方式，生动地展现出山区儿童的精神风貌，强化了儿童艺术教育的影响力和效果，推动了安康儿童版画迈上更高、更广阔的平台。

2. 多元合作，形成长效机制

常州与安康儿童版画协作发挥两市空间、人才和资源的优势，通过采取多元合作策略，构建了长效的协作机制。第一，依托公共文化设施，形成常态化的空间交流机制。两市文化馆、美术馆、艺术馆等公共文化机构紧密配合，成功建立了"艺术帮扶留守儿童暨教师少儿版画实践基地"，为留守儿童提供了系统的美术教育和创作平台，丰富了两市居民文化生活，拓展了版画影响力的辐射范围。

第二，发挥人才效能，形成可持续的人才交流机制。安康通过展演不断丰富版画内容形式，并积极落实人才"请进来"工作，积极邀请常州市优秀的美术老师深入安康市基层，进行美术讲座、画展、笔绘、美术辅导和专业指导；常州市也积极落实"走出去"工作，选派优秀的公共文化服务人才赴安康交流学习。两者相结合有序推动了公共文化服务供给生态的优化创新，不仅促进了两地文化交流，更提高了孩子们的艺术素养，增进了两地人民的相互理解。

第三，协同共进，健全资源共建共享机制。两市按照"补短板、抓重点、促发展"的思路，精准施策、调配资源，动员社会各界共同参与，促进两地公共文化艺术创作的发展。在协作过程中，由两市的文化和旅游局牵头，以公共文化机构的总分馆体系为统领，调动企业、民间团体等社会组织参与资源共建共享过程，充分整合两市文艺创作展演的公共文化服务资源。以协同共治为突出重点，以资源整合突破难点，共同推动公共文化服务协作的高质量发展。这种全方位的协作模式，确保了对口协作工作的深入开展和有效实施，营造出了共建共享共赢的局面。

3. 以画启智，打造精神乐园

儿童版画是儿童表达思想、展现创造性的载体。安康市儿童版画巡展是以留守儿童为主要对象的艺术关爱活动，"以一幅版画，放飞一个梦想"，通过版画这一艺术形式来激发孩子们的想象力和创造力，有助于为山区儿童营造良好的精神生活生态。

第一，协作共进，搭建儿童画创作平台。常州市在公共文化服务领域拥有丰富文化资源和先进教育理念，安康市也具有公共文化服务的独特经验，通过协作，共同策划、组织各类儿童画比赛和展览，让山区孩子们能够接触到更多的艺术形式和文化元素，在锻炼孩子们绘画技巧的同时，教会了孩子们表达自己的情感和想法，为孩子们提供了展示才华的舞台。

第二，情感关怀，关注留守儿童心理健康。留守儿童是安康地区的一个特殊群体，因为父母外出务工而缺乏家庭关爱。常州与安康以儿童版画为媒介的公共文化服务协作，关注到留守儿童的心理健康和情感需求。通过举办儿童画展览和心理辅导活动，为留守儿童提供一个倾诉心声、释放情感的平台，帮助孩子们缓解孤独和焦虑情绪，让他们感受到社会的关爱和温暖，实现了公共文化服务直达家门口。

第三，以画启智，丰裕儿童的精神世界。通过儿童版画的艺术形式，培育他们的审美能力和文化素养，让孩子们了解和接触到更多的文化知识，增强他们的文化自信和身份认同，同时也让更多关注和支持留守儿童的爱心人士，了解山区孩子的精神世界与实际想法，助力实现孩子们的梦想。常安公共文化服务协作，以多彩艺术体验丰富了两地群众的生活体验，搭建了协作沟通桥梁，以绘画推广点亮农村儿童心灯，实现"以画启智，打造儿童精神乐园"的目标。

二　崇川佛坪一家亲，青山绿水见真情

（一）项目背景

在东西部协作持续向纵深推进的进程中，苏陕两省协作关系日趋密切，两省协作由物质经济领域向精神文化领域延伸，以物质提升推动精神满足，以丰富的文化形式与文化选择不断充实精神文化生活内容。在两省协作关系持续加深的情况下，市市协作、市县（区）协作、县区协作、县镇协作、镇镇协作等协作形式不断涌现。在此背景下，江苏南通市与陕西汉中市以文化走亲的方式加强两市文化协作关系，以南通崇川区与汉中佛坪县为代表的"崇川佛坪一家亲"文化走亲活动，联结了两地的文化情缘。崇川区按照"一街一品牌""一社区一特色"的思路，坚持"文化为民、文化惠民、文化乐民"的发展理念，举办唱歌、舞蹈、乐器、书画、摄影、创作等多方面赛事，实施文化惠民"五送"工程，做到"月月有主题，周周有活动"，创新打造了"颜值"与"内涵"双优的城乡公共文化阵地，使市民在家门口就直接享受文化发展成果，满足老百姓求知、求乐、求技的文化需求。佛坪县委、县政府始终秉持"小县办大文化"的文化发展理念，重点从城乡公共文化基础设施提档升级、公共文化服务提质增效、群众文化活动广泛开展、文化人才及群众文艺团队建设等方面精准发力，形成了以"熊猫家园"为主题的公共文化服务体系，推动了公共文化服务标准化与均等化发展。两地公共文化服务内容契合性、资源互补性与文化成果共享性为以"文化走亲联姻"巩固两地协作成果提供了重要支撑。

（二）协作内容

开展文化走亲活动是提升两地公共文化服务水平的重要途径。为促进江苏省南通市崇川区、陕西省汉中市佛坪县两地文化艺术交流，助推公共文化服务苏陕协作高质量发展，两地通过举办唱歌、舞蹈、乐器、书画、摄影、创作等方面赛事活动，加强了两地公共文化服务联系。

　　"2019·佛坪第十届秦岭大熊猫文化旅游节暨中国西北音乐节第四届'熊猫音乐奖'佛坪民歌邀请赛"盛大举行，两地文艺工作者欢聚一堂，用歌声唱响时代，用舞姿挥动激情，联袂为广大群众送上了一场两地本土原生态的文化盛宴，增强了江苏省南通市崇川区与陕西省汉中市佛坪县两地群众文化交流，展示了双方优秀文化成果。2022年佛坪第十三届秦岭大熊猫文化旅游节启动仪式，邀请南通市崇川区文艺工作者来佛坪开展文化交流活动，以古色古香的老街为背景进行非遗皮影戏、乐队表演，加深佛坪与崇川的情谊，让两地男女老少都能找到自己的心头所好。2023年7月21日至23日，在崇川区文旅局和佛坪县文旅局的大力支持下，崇川区文化艺术中心与佛坪县文化馆开展工笔花鸟画艺术讲座、"走进佛坪"书画展，以及参观自然博物馆、书画展厅、非遗文化展厅及各功能室厅等文化走亲系列活动，并就文艺活动开展情况、数字化建设以及近期相关群文活动等工作内容进行探讨与交流。2023年12月25日，由两地联合主办的"静美佛坪 熊猫家园"秦岭生态摄影展在崇川区文化艺术中心9楼美术馆热烈开展，76件优秀摄影作品凝固了精彩生动瞬间，全方位展现了佛坪独具魅力的自然生态之美，丰富了两地文化体验。

　　"崇川佛坪一家亲"群众文化交流活动是深入落实南通汉中共建合作要求，深化崇川佛坪对口协作的重要内容，以"熊猫"元素为主题的文化活动，增强了协作的吸引力。通过安排启动仪式和策划秦岭大熊猫救护基地大熊猫入园仪式、"秦岭大熊猫保护与研究"研讨会、"秦岭大熊猫生态文化"研学交流会、"秦岭大熊猫文创设计与开发"研讨会等系列主题活动，开展"阿里公益助力乡村振兴"活动月、"网络公益助力乡村振兴"、"醉美秦岭乡村游"、秦岭科普讲堂及主题夏令营、"老街故事"街头路演等30多个分项活动，为人们奉献涵盖赏国宝、听音乐、享清凉、品美食，以及探秘秦岭、科普研学、休闲避暑、体验民宿等的户外盛会和文化盛宴。

　　（三）实践特色

1. 精品活动嵌入丰富公共文化服务体验

　　文化节活动作为两地文化交流的重要平台，通过策划和组织一系列丰富多彩的文化活动，有效地促进了两地文化的相互了解和欣赏。通过举办唱歌、舞蹈、乐器、书画、摄影、创作等一系列赛事活动，两地文化艺术得到了充分的展示和交流。这些活动不仅为文艺工作者提供了展示才华的平台，也吸引了大量群众参与，营造了浓厚的文化氛围。在比赛中，两地选手相互切磋、学习，不仅提高了技艺水平，也增进了彼此之间的了解和友谊。赛事活动也成了两地文化交流的重要载体，推动了文化的传播和发展。以"秦岭大熊猫文化旅游节"和"熊猫音乐奖"为代表的活动，展示了佛坪独特的自然生态和人文魅力，擦亮了两地公共文化服务协作的金名片。佛坪县以中国熊猫第一县为底气，聚力打造"静美佛坪 熊猫家园"IP 品牌，各种设施造型、宣传形象等都突出了熊猫文化元素，创造了艺术与自然完美相融的图景，创新了公共文化服务品牌，实现了以文化人、润物无声的教育效果，增强了居民的文化自信。

2. "叠加式"文化惠民全覆盖

为了更加丰富山区群众精神文化生活，在两地政府、公共文化机构、社会组织合作下，佛坪县公共文化设施不断完善，文化活动频次持续增加，文化惠民活动覆盖面持续扩展。在两地协作基础上，通过图书捐赠、挂职锻炼、数字化技术共享等方式，佛坪县公共文化基础设施建设持续加快，全县乡村大舞台建成率已达 95%（受山区地形限制，个别村无建设场地）。在基础设施水平提高的基础上，县政府坚持每年落实 22 万元专项资金购买惠民演出 44 场次，并结合省市每年下达的"戏曲进乡村"文化惠民演出指标，持续推进文化惠民活动，全县每村每年惠民演出 2 场，农村数字电影放映 540 场，保证每村每月放映 1 场。在"茱萸花节""大熊猫文化旅游节"等大型活动期间，邀请崇川高水平文艺团体来佛坪演出，组织公益小分队深入乡村、景区景点、项目工地等开展慰问演出，"种文化""送文化""育文化"得到有效结合。

3. 文旅融合营造创意空间

佛坪县坚持"创新、现代、人文、开放、共享"的建设理念，积极学习崇川区公共文化服务发展经验。一方面，以书香美学营造创意乡村文化空间，将文化服务、休闲旅居、乡村体验深度融合，打造符合佛坪文化特色和自然地理环境的"小而美"的公共文化空间，提高了地方的文化辨识度，提升了当地居民与外地游客的获得感。沙窝村、王家湾村、银厂沟村等多个文化"网红村"吸引越来越多的游客前来休闲度假，以文化促进旅游业的高质量发展。另一方面，促进新型阅读空间融入更丰富的功能体验和多元化服务，形成"民宿+阅读""茶吧+阅读""餐饮+阅读"等经营模式，充分调动了社会力量参与文化建设和服务的热情，改变了以政府为主导的建、管方式，搭建了整合公共文化服务资源的新平台，提高了空间利用效益，拓展了基层公共文化服务和图书馆阅读服务的物理边界，增强了公众阅读服务的可及性，为居民和游客的休闲阅读和非正式学习创造了便利条件，提升了现代公共文化服务效能。

4. 数智赋能提升公共文化服务品质

在两地公共文化服务协作过程中，数字化建设发挥了重要作用。通过数字化手段，佛坪县的公共文化资源得到有机整合，两地能够更加便捷地传播文化信息，推广文化活动，提高文化服务的效率和质量。在与崇川区的协作过程中，佛坪县图书馆、城市书吧、森林书吧和全县7个镇办文化站全部配发了数字阅读机、数字书法机和数字棋牌机，部分镇办还配置了VR设备，硬件设施走在全省前列。陕西省公共文化云平台建成后，佛坪县依托省级云平台将佛坪的公共文化服务资源、特色旅游资源在云平台推广，设立"佛坪文化云平台"，开设"文化建设""历史传说""红色血脉""走进秦岭""佛坪旅游""佛坪非遗""佛坪博物馆"7个文化主题频道。在"省级文化云墙标"的基础上，创新设计了"佛坪文化云地标"，安装在各村村委会及景区游客集散中心显眼位置，方便了群众扫码登录本地文化云页面，数智赋能提升了公共文化服务品质。

第三节　主要成效

在推进跨地区公共文化服务协作的过程中，苏陕两省经过长期努力，充分整合两地丰富的文化资源，在良好的协作运营基础之上，通过联合创作共同推出活动、项目和展览等公共文化服务形式，共同培育出成果优质、长效稳定、影响广泛的公共文化产品、活动、空间设施，充分彰显了苏陕两省公共文化服务协作成果的独特性、延续性，增强了两省公共文化服务协作的吸引力、竞争力、牵引力与保障力。

一　以优质成果扩大了品牌影响力

公共文化服务苏陕协作以服务质量的提升和服务形式的创新来扩大品牌影响力，这不仅是两省公共文化事业发展的内在要求，更是提升城市形象、增强文化软实力的重要举措。在两省文艺创作展演的过程中，两省通过活动共举、品牌共建形成了一系列优质的公共文化服务协作成果。

第一，以"苏陕汇"汇集两省文化元素，打造公共文化服务协作的地域品牌。"苏陕汇"实践团队来到陕西省渭南市合阳县进行社会实践，通过走访名胜古迹、设计红旅文创、采访非遗美食传承人、拍摄地域美食宣传片等方式挖掘陕西的地域文化，在社会实践的过程中，提取陕西传统文化元素，以手绘插画细摹蒲城名胜古迹的风物之致，设计出了独具特色的蒲城新名片。

第二，以艺术活动展演讲述两省公共文化服务的精彩故事。电影《远山花开》讲述了来自江苏南京的支教老师和陕西秦岭深处一群留守儿童之间关于爱与成长的故事，作为陕西省2022年重大文化精品项目，该电影入选第九届丝绸之路国际电影节参展影片。影片展现了苏陕帮扶协作以来陕南农村地区的巨大变化和群众的精神风貌，深刻表达了苏陕两省跨越千里的厚重情谊。2024年4月18日，延安市文化馆、江阴市公共文化艺术发展中心承办"陕北民间美术全国巡展——江阴站（农民画）"，80幅优秀作品在江苏省江阴市公共文化艺术发展中心展览馆展览，以民间生活场景绘画续写陕北地区的精神风貌，展现出了公共文化服务苏陕协作的恢宏画卷。

第三，以守正创新增强地方"文化走亲"的品牌影响力。"秦岭崇川一家亲，青山绿水见真情"文艺创作展演项目，主要包括精品剧目编创、编排、文艺走亲等。崇川和留坝两地密切合作，不断深化各领域深层次对接，留坝县紫柏文工团结合县域特色文化，创编了群舞《古道天行》《紫柏仙境》。歌曲《紫柏一片云》《小城留坝》，民俗表演《打糍粑》，以及被列入第一批国家非物质文化遗产的汉调桄桄折子戏《挂画》等特色文艺节目在崇川进行了展演，充分展现出两地以文化为媒，结两地情缘，通过文化走亲活动架起跨越两地的友谊桥梁，牵起情系两地的文化纽带。以"走出去"和"引进来"的方式，传递了秦岭的文化品牌特色，实现了区域文化资源共享和成果交流，更好地推动了两地文旅事业高质量发展。苏陕两省在公共文化服务协作的过程中，依托各自的优势经验和文化元素，共同推出特色的艺术活动和公共品牌，以形式多样、内容丰富的公共文化服务推动了两地文化产品资源的有效共享，丰富了两地群众的精神文化生活。

二 以长效合作实现了特色创新

长效性是苏陕公共文化服务持续协作的重要保障，也是公共文化服务品牌塑造的关键。自江苏省陕西省签订《江苏省文化厅 陕西省文化厅文化交流合作框架协议》以来，苏陕两省多项重大文化项目工程、文化共享工程、阅读推广工程取得了显著效果，在具体细节层面通过长期合作建立了长效发展机制，实现了苏陕公共文化服务的特色创新。

第一，实现了公共文化服务从培育到展示的全过程协作。首届"延安娃娃"原创绘本故事大赛自 2021 年启动，即得到了中共延安市委宣传部、延安市总工会、共青团延安市委员会、延安市妇女联合会、延安市教育局、延安市文化和旅游局的大力支持，并于 2022 年、2023 年先后举办了第二届、第三届"延安娃娃"原创绘本故事大赛。在此过程中，延安市图书馆与东方娃娃杂志社通力合作，巩固了苏陕双方长效合作的意愿，形成了公共文化服务苏陕协作的经典案例。

第二，形成了艺术展览、活动展示、联合创作的全类别格局。2019年由陕西省文化和旅游厅、江苏省文化和旅游厅主办，陕西省美术博物馆、江苏省美术馆承办的"情系高原谱丹青 苏陕共话新西部——中国西部美术作品展"在江苏省美术馆隆重开幕，以中国西部为表现对象展览了 112 件作品，以"西部美术"提炼"西部美学"，以"西部美学"凸显"西部精神"，展现出画家对"地理高原"的艺术表现和对"精神高原"的不懈追求。盐城·铜川书法美术剪纸农民画的作品数量丰富、风格迥异、技法多元、各领风骚，具有浓郁的地域特色和深刻的时代印记，从不同的角度生动地描绘了两地的厚重历史、秀美山川、地理风貌。在协作框架下进行传承创新，形成了集艺术展览、活动展示、联合创作于一体的协作格局，实现了内容、活动、品牌有机整合，彰显了两省地方文化特色。

三　以文化交流丰富了文化生活

苏陕两省通过公共文化服务的交流，切实提高了公众对于地域文化的认同感，让更多受众充分了解、深刻认同、积极支持苏陕公共文化服务交流模式，对于提升两地协作成果的知名度、美誉度，丰裕人民群众的文化生活具有重要意义。

第一，艺术展演丰富了文化内容形式。陕西以陕派舞台剧为例，西安儿童艺术剧院的儿童剧《风筝》受邀参加中国（南通）话剧展演季，与全国优秀话剧作品《四世同堂》《张謇》等在江苏南通同台展演；西安话剧院话剧《共产党宣言》也在江苏展演，受到了观众的广泛关注。江苏以民族舞剧为例，"名剧名家进陕西"特邀精品剧目展演活动启动仪式在陕西大剧院举行，江苏大剧院原创民族舞剧《红楼梦》在陕西精彩上演，吸引了千余名观众共同进入精彩绝伦的红楼幻境。这些艺术展演交流，将不同文化剧目、曲目带进人们的视野，丰富了人民群众的精神生活。

第二，非遗演出为民众享受文化服务提供可选项。在"南来北往 赓续传承"2023 年第二届苏陕非遗消费年暨苏陕非遗文创产品联展联销活动上，"以动静结合的方式展出苏、陕两地代表性非遗项目 47 个"[①]，舞

---

① 陕西省文化和旅游厅：《"南来北往 赓续传承"2023 年第二届苏陕非遗消费年暨苏陕非遗文创产品联展联销活动开幕》，陕西省文化和旅游厅官网，http://whhlyt.shaanxi.gov.cn/content/content.html？id＝17720。

台上滚动式表演苏州评弹、昆曲、陕西快板、秦腔、眉户曲子、古琴艺术等非遗项目，使观演人员在欣赏精彩演出的同时，深刻感受到了苏陕两省文化的独特魅力和共同价值。陕西秦腔、西安鼓乐等非遗项目也定期在江苏各市区展演，苏绣和陕绣互动交流、两地非遗项目互动展演，以戏曲小舞台、文化走亲的方式，深刻展现了两省深厚的文化底蕴和艺术魅力，丰富了两地民众的文化生活。

第九章　文化共创共享类协作

公共文化服务跨区域协作依赖于一定的资源基础，包括设施资源、产品资源、活动资源、服务资源和主体资源①。苏陕协作中公共文化服务文化共创共享类协作是指两省在公共文化服务领域共建和共享文化资源的过程，包括共建文化场所、共享文化资源。"延安娃娃"与扬榆文化走亲协作是两省文化资源共创共享的代表案例，通过资金、技术、人才协同发力，实现了以文化活动联办放大两地文化资源共享优势、以文化资源优化配置提升服务效率和质量、以文化产品广泛推广拓展两地文化影响力的多重成效。

第一节　基本内容

一　文化场所共建

文化场所是实现文化资源优化配置的关键场域，影响和制约着公共文化服务活动的开展，是衡量公共文化服务发展水平的重要指标。文化场所作为文化共创共享的硬件条件，主要包括图书馆、文化馆、博物馆、美术馆等传统文化设施，也包括城市书房、农家书屋、城市驿站等新型公共文化空间，甚至涉及广播电视、新闻出版、网络媒体等文化宣传平

---

① 《〈公共文化资源分类〉国家标准编制说明》，中国标准化研究院，https://www.cnis. ac. cn/bydt/bzyjzq/gbyjzq/201705/P020181226595230501288. pdf。

台。两省公共文化服务场所共建是实现从物质协作向文化协作升华的基本前提。近年来，苏陕两省从规划引领、设施共享、技术创新三方面协同发力，增强文化共创共享活力。

（一）以规划引领促进基本公共文化空间合理配建

《关于推动公共文化服务高质量发展的意见》提出要"推动公共图书馆、文化馆、博物馆、美术馆、非遗馆等建立联动机制，加强功能融合，提高综合效益"[①]，明确了以公共文化资源链接公共文化空间、以功能融合增强公共文化服务效能。公共文化政策规划与资金规划是制约两省公共文化服务协作的关键因素，以规划引领公共文化空间的配建是充分发挥公共文化服务效能的核心关键。

第一，空间规划放大资源集聚效应。苏陕两省政府签订公共文化服务合作协议，明确共建文化设施的目标、任务、措施和监管手段，为公共文化服务协作项目提供政策支持与保障。同时，省级部门共同编制公共文化服务发展阶段性规划，将资源共建共享纳入规划重点内容，确保项目实施的科学性与可持续性。《苏陕"十四五"协作框架协议》《2021年苏陕协作工作要点》《江苏省陕西省"十四五"东西部协作规划》《江苏省文化厅 陕西省文化厅 文化交流合作框架协议》《苏陕公共图书馆对口协作交流共建协议书》等政策文件，普遍要求以资金投入为前提、以设施资源高效利用为目标，持续推动两省公共图书馆、文化馆、博物馆、基层综合文化站、文化服务中心等基本场所的建设，以文化资源的高度整合助推公共文化空间的合理配置，以公共文化空间的合理配置促进公共文化资源的合理运用。

第二，政策支持力度影响公共文化空间的共建程度。一方面，两省通过沟通协商形成了《省级苏陕协作项目资金管理办法》《2023年苏陕协作工作要点》《省发改委关于下达2023年省级苏陕协作项目资金计划的通知》等资金保障性政策文件，明确要求加大基层公共图书馆和文化

[①] 文化和旅游部、国家发展改革委、财政部：《关于推动公共文化服务高质量发展的意见》，中国政府网，https://www.gov.cn/zhengce/zhengceku/2021-03/23/content_5595153.htm。

馆在基础设施建设、活动培育、人员交流等方面协作的投入力度。另一方面，政策文件中也要求加大江苏对陕西资金倾斜度，积极吸纳社会企业、组织、协会的公益资金，以及陕西名人支持家乡建设的社会资金，以资金链的高度整合促进陕西公共文化服务体系持续完善。

（二）以设施共享推动公共文化空间有机利用

江苏省、陕西省两省内部的经济发展状况不均衡，在对口帮扶的市县区中双方的实际情况各异，协作的侧重点和倾向性决定着公共文化服务设施的建设程度，并且限制着公共文化服务设施建设可支配的资金和文化资源。面对区域差异，苏陕两省精准施策推动公共文化服务设施共建共享，以此实现不同区域公共文化服务设施供给需求的最大匹配。

第一，空间硬件设施的精准支持。对陕西基层乡镇农村而言，空间场所建设是面临的首要问题，场地缺乏、文化设施不足是农村公共文化服务发展的瓶颈。陕西省将苏陕协作专项资金和社会资金投入农村基础设施建设，保障村民基本公共文化服务需求得到充分满足。同时，考虑到城市公共文化服务设施已基本配备齐全，制约其公共文化服务供给的重点问题不在于资金短缺和设施匮乏，而在于文化活动的开展无法符合城市居民的需求。因此，城市层面苏陕协作的重点是，思考在保障居民基本公共文化服务权益的同时如何实现公共文化服务高质量发展。基于此，两省协作重点在于文化资源整合、文化活动塑造和文化产品设计，不断满足城市民众的公共文化需求。

第二，文化软性资源的精确匹配。在公共文化场所共建共享的过程中，结合城乡、地域、需求差异，提供适配的公共文化服务。在图书阅读方面，结合村民与居民的生活习惯和要求，分门别类地进行各类图书资源投送。在活动展演方面，在继续办好"村晚"、广场舞展演、"大家唱"群众歌咏等品牌活动的基础上，供给端与需求端协同发力，为群众展示自我、沟通交流和文化娱乐创造更多便利条件。在文化进校园方面，安康市"雨露三秦·文化走亲"庆六一国际儿童节陕西公共文化惠民演出活动，得到了常州市的大力支持，彰显了苏陕两省的文化艺术特色，为学校提供了优质免费的文化艺术培训服务，让贫困地区学生也能享受到均等的公共文化服务。设施资源、文化资源的配置直接影响着两省公共文化服务的覆盖范围和质量，通过资源优化配置，发挥出公共文化服务苏陕协作最大的社会效益。

（三）以技术创新驱动公共数字文化资源品质共享

江苏省和陕西省教育资源雄厚，科研实力强，同属于全国高等教育重镇，公共文化服务数字化合作优势明显。两省在公共文化场所共建的过程中，重点借助国家公共文化云平台、智慧图书馆、"云端博物馆"和"云上村晚"等各类数字化服务，以省级协作平台的建立为基础，以两省数字文化合作团队为动力源，通过协作实现公共文化资源的创造性转化与创新性发展。技术创新推动城乡群众同步分享公共数字文化产品，在优化新增和改造存量两端同时发力，不断拓展智慧公共文化服务应用，实现公共文化资源的品质共享。

第一，共同建设省级公共文化服务云平台。两省依托现有的省级公共数字文化融合服务平台，以数字化交流向两省提供数字资源、图书影像、VR展览等服务，重点实现两省公共文化云互通，鼓励开展社会化合作，方便公众随时随地参与公共文化活动，将研发的公共数字文化产品、设备、服务向两省输送，满足公众线上查阅公共文化资源、参与公共文化活动的需求。苏陕两省在省级公共文化服务云互通的基础上，统筹利用文化领域已建或在建数字化工程和数据库，将各市区的公共文化服务数据库、资源库统一规制进云平台，解决好资源孤岛、数据孤岛等问题，实现以大量的公共文化信息资源、活动、数据提高两省公共文化服务数字化水平。

第二，引进数字技术促进文化资源传承保护。榆林市图书馆积极引进江苏省扬州市智慧图书馆、移动图书馆、数字图书馆建设模式，并把自动化、网络化、数字化、大数据服务平台等现代信息技术在图书馆服务实践中进行应用，使得榆林市图书馆的线上阅读人数和浏览量以及线上借阅图书总量大幅度提升。宝鸡市图书馆重点学习借鉴苏州图书馆利用科技手段修复古籍的先进经验，有效提升了宝鸡市图书馆的古籍修复和保护水平。陕西省图书馆围绕全国公共数字文化工程，积极吸纳南京图书馆的先进经验，推进图书馆智慧化、规范化改革建设，健全文化信息资源共享服务机制，持续提升公共文化服务数字化品质。

二 文化资源共享

苏陕两省在共建公共文化服务场所基础上，加强在教育、文化、科技等领域的交流合作，拓展了合作领域。双方在加强人才资源、数字资源、旅游资源建设的同时，促进了文化资源融合共享，以空间共建、资源共享为特征的苏陕协作为公共文化服务注入新的发展动力。苏陕两省通过深化交流机制、创新运营机制、完善宣传机制的方式，实现活动资源互动开放、数字资源有机共享、信息资源高效利用。

（一）深化交流机制，实现活动资源互动开放

苏陕两省政府与文化机构、社会团体及民间组织共同努力，坚持"走出去，学经验，请进来，做引领"的发展理念，构建起公共文化服务苏陕协作的快捷通道，推动文化交流与合作。提升两省公共文化服务的影响力，就要创新对外文化交流机制。

从国际交流来看，以省际协作促进文化品牌走出去。苏陕两省以交流协作推进非遗项目、古典曲目、传统戏剧的创新发展，以协作成果持续打磨推动文化品牌走出国门，扩大了中华文化的世界影响。苏州民族管弦音乐会《华乐苏韵》在西安音乐厅演出并赴德国、比利时、瑞士、匈牙利等9个国家的13个城市巡演①；宝鸡陈仓社火也在苏州和无锡多次演出并多次应邀前往俄罗斯、德国、英国、澳大利亚等国进行演出和文化交流；榆林横山腰鼓也在扬州等地表演多次并远赴德国柏林参加国际旅游交易会。这些文化活动不仅是对苏陕两省传统艺术形式的国际化展示，更是陕西文化、江苏文化传播的重要契机，是中国文化对外交流的新起点。

---

① 《国家艺术基金资助项目"民族管弦乐〈华乐苏韵〉欧洲巡演"向世界展示中国音乐文化》，文化和旅游部官网，https://www.mct.gov.cn/whzx/zsdw/gjysjj/201902/t20190228_837467.htm。

从国内交流来看，以文化展演推动资源跨省域流通。洋县皮影戏如皋演出、少儿版画学习交流三地合作、陈仓区社火脸谱展示交流等艺术展示连年举办，持久性的合作方式为积极推动江苏文化西行、陕西文化东进提供了路径。陕西华阴老腔从春晚的舞台上火遍全国之后在全国多个省市上演，将陕西特色文化传播至全国；江苏南京秦淮灯会作为全国唯一一个集灯展、灯会和灯市于一体的大型综合灯会，吸引了全国各地游客驻足观赏。苏陕两省通过文艺活动演出、博物馆馆藏联合展览等特色亮点形式带动了地方性公共文化交流，在已有成功经验基础上不断拓宽交流渠道，形成苏陕公共文化服务交流协作的良好格局。

（二）创新运营机制，推动数字资源有机共享

文化信息资源作为信息技术和文化事业的共同产物，越来越受到人们的重视，并且有着巨大的发展潜力①。在当前全球经济一体化、文化多样化的背景下，数字经济、数字资源、文化数字化的重要性日益凸显，构建开放、共享的数字资源体系，不仅能占领数字发展的战略高地，还能促进经济、文化、社会的可持续发展。

第一，以数字资源管理增强服务效能。数字资源管理是实现公共文化资源高效运行的重要手段，也是拓展公共文化服务覆盖面，增强公共文化服务效能的关键抓手。通过数字化管理，实现公共文化服务的"送服到家"，打通了公共文化服务的"最后一公里"。府谷县图书馆与常州市共同建设的"信用书吧"提供相关书籍、数字资源和必要的运行设备；建设了"同城快递"项目，读者借助手机微信公众号网络平台，检索图书馆藏书并下单借书，邮政快递配送上门，便捷了群众阅读的办理手续，节省了时间成本，实现了以数字化创新管理机制，增强了公共文化服务效能。

第二，以公共文化服务平台为依托构建公共数字文化服务体系。苏陕两省牵头构建统一的数字资源平台，利用省级云平台向下对接本地文化服务场馆和信息资源，实现数字资源的标准化、规范化，实现"百馆

---

① 董敏：《图书馆文化信息资源共享工程的构建探究》，《现代情报》2014年第8期。

共建共享"；向上承接国家公共文化服务云的相关职能，并与其他省份的公共文化服务云实现数据信息共享，共同促进数字陕西、数字江苏建设。公共文化云也重点链接起线上直播文化节目、文化展览展演，推动不同受众群体实现优秀文化成果的"同屏共享"，进而构建出开放共享、数字智能的公共文化服务体系，努力推动两省构建包括"数字化治理价值、数字化结构关系、数字化治理机制、数字化文化供给和数字化文化场景在内的公共文化云服务框架体系"①。

（三）完善宣传机制，促进信息资源高效利用

加强公共文化服务宣传工作是发挥公共文化服务能力的基础和前提，健全公共文化服务的宣传机制既是共享文化资源的内在要求，也是推动两地公共文化服务高质量发展的重要举措。"加强宣传队伍建设、细分宣传目标受众、创新宣传形式、丰富宣传内容"② 等，是构建全方位宣传工作模式的重要路径。

第一，构建公共文化服务宣传报道的全方位网络格局。网络平台作为最直接的宣传平台能够直接反映人民群众的文化需要与价值诉求，利用网络平台收集人民群众现实诉求和精神诉求，以网络反馈机制促进公共文化服务的质量提升。苏陕两省以强化信息发布平台建设、信息精准推送渠道建设、信息收集反馈机制建设，更好地反映公众的文化诉求，以便于更好地开展公共文化服务活动。

第二，以系统性宣传机制讲好公共文化服务苏陕协作故事。构建系统性宣传机制能够第一时间收集苏陕协作过程中公共文化服务的典型案例、先进经验、特色亮点、优秀事迹并宣传报道，传播苏陕两省文化交流合作的故事，提升苏陕协作文化交流的影响力。由两省省委宣传部、广播电视台联合南京市和西安市影视公司共同打造的《远山花开》电影，生动展现了苏陕协作开展以来特别是新时代 10 年两地合作交流取得的历

---

① 侯雪言、胡雨璐：《数字治理视域下公共文化云服务内涵拓展与路径优化研究》，《图书馆》2023 年第 10 期。
② 张梦柳、周亚、刘敏：《方志馆宣传工作提升策略研究》，《山东图书馆学刊》2018 年第 4 期。

史性成就，将苏陕协作的"山海情""千里情"向公众展现，引起了共鸣。苏陕西部合作发展促进会联合陕旅集团、曲江演出集团召开电视剧《苏陕情》筹备工作座谈会，通过电视剧《苏陕情》讲述真实的苏陕协作故事，讴歌苏陕协作的伟大成就，彰显苏陕协作的时代精神。

第二节　典型案例

以文化场所共建、文化资源共享为主要形式的文化共创共享类协作，实现了公共文化服务苏陕协作从物理空间协作向精神空间协作的实践升华，以"延安娃娃"为代表的绘本创作与以"精致扬州'榆'您相约"项目为代表的文化走亲活动，生动地描绘了两省公共文化服务协作的实践图景。

一　"绘本传音"童真声，"延安娃娃"达真情

（一）项目背景

绘本，是儿童阅读的开端，是国际公认的最适合儿童阅读的读物。原创绘本，是塑造民族精神的底子工程。用中国绘本，讲好中国故事，讲好延安故事，是新时代赋予我们的不可推卸的使命。研究发现，读绘本长大的孩子，审美能力、语言能力及共情能力等都大大强于不读绘本的孩子。中国出版协会副理事长聂震宁曾说："绘本阅读是幼儿阅读里面最重要的一种阅读，因为它最容易引起幼儿的阅读兴趣。"原创绘本在传承和展现中华文化的核心价值观与审美情趣方面发挥着不可替代的作用。

《东方娃娃》杂志自1999年诞生以来，秉持着"蹲下与儿童对话"的理念，致力于为0—8岁的儿童提供优质的阅读体验。《东方娃娃》以友好的图画书理念和贴近儿童阅读心理的编辑方式，精心打磨每一期刊物，在创意和设计上不断突破自我，力求为中国孩子带来全新的阅读变革，提升他们的阅读品位。长期以来，《东方娃娃》杂志注重培养儿童的阅读兴趣和审美能力，通过丰富多彩的内容和形式激发儿童的想象力和创造力，形成了独树一帜的国际品牌。

　　"十四五"以来，公共文化服务进入了高质量发展的新阶段，公共文化服务苏陕协作也进入了高质量发展的新阶段，公共文化服务苏陕协作为"延安娃娃"品牌的发展带来了新的机遇。在江苏省东方娃娃杂志社的帮助下，延安文旅局立足于延安大地，以延安精神为灵魂，以绘本为媒介，打造了涵盖生活习惯、情绪关注、知识体验等的符合儿童心智年龄特征的原创性品牌——延安娃娃。在"延安娃娃"品牌的形成过程中，东方娃娃杂志社不仅提供了人才、资金、技术的帮助，更提供了出版、发行、推广的便利。借力于东方娃娃杂志社的知名度与影响力，"延安娃娃"得以在更广泛的舞台上展示其魅力，获得了更多的曝光机会和推广平台，有效地提升了品牌的国内外知名度和影响力，为其高质量发展奠定了坚实基础。

　　（二）协作内容

　　为推动全民阅读，打造具有浓厚书香氛围的延安，自 2021 年初至 2024 年 4 月，中共延安市委宣传部等多部门联合举办、延安市图书馆承办、东方娃娃杂志社与陕西童阅文化传媒有限公司共同协办的"延安娃娃"原创绘本故事大赛暨东方娃娃原创绘本大赛（延安赛区）已圆满完成三届赛事。大赛的核心宗旨在于激发儿童对党、对国家、对家乡的深厚情感，同时搭建一个供创作者交流和展示原创绘本作品的平台。2021 年，东方娃娃杂志社将该赛事引入延安，并正式命名为"延安娃娃"原创绘本故事大赛暨东方娃娃原创绘本大赛，以进一步提升赛事的品牌影响力。品牌 LOGO 设计巧妙地将阅读的形象与娃娃相结合，并采用红、黄、蓝三原色，分别寓意政治方向的坚定、中华传统文化与红色基因的传承，黄河与黄土高原的文化特色，以及孩子们开阔的视野和未来。通过一系列举措，旨在培养儿童养成良好的阅读习惯，塑造出一批具有明确的政治立场、文化自信和宽广国际视野的新时代儿童。2023 年 4 月 23 日，第二届"延安娃娃"原创绘本故事大赛暨东方娃娃原创绘本大赛（延安赛区）颁奖典礼与第三届大赛发布会在延安市图书馆的报告厅盛大举行。第三届"延安娃娃"原创绘本故事大赛以"阅读延安"为核心主题，并于 2024 年 4 月 23 日完成了评选工作。

"延安娃娃"品牌逐渐形成，不仅填补了延安原创绘本的空白，更丰富了儿童的精神世界，推动了"延州阅读"品牌的形成，助力了"书香延安"建设。第二届"延安娃娃"原创绘本故事大赛暨东方娃娃原创绘本大赛（延安赛区）经过专家评审团的细致评审和层层筛选，最终《爱劳动的囡囡》《妞妞的梦》《小树的心思》《爷爷的豆腐坊》等优秀作品脱颖而出，成为本次大赛的获奖作品。此外，此次获奖的部分作品由江苏凤凰少年儿童出版社甄选升级、二次创作后，和第一届获奖作品《大鼻子叔叔的医院》《纺车在唱歌》等延安题材绘本故事一起陆续出版发行，不仅丰富了儿童的精神世界，更为延安市的原创绘本创作和讲好"延安故事"开启新的模式。第三届"延安娃娃"原创绘本故事大赛，经大会组委会评定，共评选出33件（成人组23件，学生组10件）展现延安风貌的原创故事绘本作品，以生动的绘画描绘陕北人民对中国革命的卓越贡献和新时代延安青年的鲜活形象，展现出了革命乐观主义和奋斗拼搏的精神。

伴随大赛的举行与苏陕文化协作的推进，"延安娃娃"品牌丰富了《东方娃娃》的内容体系，"延安娃娃"品牌也在《东方娃娃》的协助下日益成熟，形成了绘本版与科学版两个板块，并且重点以红色故事类、家庭教育类、科普综合类内容不断激活孩子的想象力与创造力，丰富了延安的公共文化服务供给体系。

（三）实践特色

1. 坚持把"内容为王"作为第一标准

"延安娃娃"品牌自成立以来，始终坚持把"内容为王"作为第一标准，致力于为儿童提供高质量的绘本作品。通过深入研究儿童的心智年龄和阅读需求，精心打造了一系列知识性强、趣味性足、体验性佳的"延安娃娃"绘本作品，深受广大家长和孩子们的喜爱。

第一，根据儿童的心智年龄把控绘本的内容质量。"延安娃娃"在内容质量把控上，坚持以儿童为中心，以儿童的心智年龄为标准，精选和创作适合不同年龄段儿童的读物，确保了绘本的教育性和趣味性相结合，既能够激发孩子们的阅读兴趣，又能够在阅读过程中传递正确的价值观念。针对幼儿期的孩子，"延安娃娃"会采用简单明了的语言和生动形象的插图，帮助他们更好地理解故事内容；对于稍大一些的儿童，"延安娃娃"则会引入更为复杂的情节和角色，引导他们进行深入思考并形成情感共鸣。

第二，知识性、趣味性与体验性并重打磨传播形式。在绘本的呈现方式上，"延安娃娃"采用了立体书、翻翻书等创新形式，并利用现代科技手段，开发了多媒体互动应用，让孩子们在手机或平板电脑上与绘本进行互动，增加了绘本的趣味性和互动性。在传播形式打磨上，精心设计的版面和互动环节，让孩子们在阅读过程中不仅能够获取知识，还能够享受到阅读的乐趣。绘本常常采用大开本、大画面的版面形式，巧妙的图文搭配和情节设置，为孩子们营造出沉浸式的阅读环境，鼓励孩子们积极参与阅读过程，激发孩子们的好奇心和想象力，让他们在阅读中主动探索和发现，提高他们的阅读能力和思维能力。

第三，科学版、家庭版、教育版与爱国版多元并进。"延安娃娃"针对不同的用户群体和需求，推出了科学版、家庭版、教育版与爱国版等多种版本。科学版主要面向对科学知识感兴趣的孩子们，通过生动有趣的科学故事，激发孩子们的好奇心和探索精神；家庭版则注重家庭教育和亲子互动，通过温馨感人的家庭故事，增进亲子之间的情感交流；教育版则针对学校教育和课堂教学需求，提供了丰富的教育资源和教学辅助工具；爱国版则通过讲述革命历史和英雄人物的故事，培养孩子们的爱国情怀和民族自豪感。

2. 坚持把"原创绘本"作为核心优势

"延安娃娃"作为一个专注于儿童绘本领域的品牌，自成立以来就坚持把"原创绘本"作为核心优势，通过挖掘原创故事、借助经验打造原创绘本以及以亲子阅读增强绘本活力等多方面的努力，取得了显著的效果。

第一，挖掘原创故事。"延安娃娃"注重挖掘原创故事，以好的故事为绘本灵魂，积极找寻和挖掘具有中国特色、符合儿童心理发展需求的原创故事，以真实、生动、富有感染力的故事素材进行艺术创造，引起孩子的共鸣，传递真挚的情感，让他们在阅读的过程中受到具有正能量的世界观与价值观的洗礼。

第二，借助经验打造原创绘本。"延安娃娃"在塑造的过程中借鉴了江苏东方娃娃杂志社的经验，并且接受了专业支持与帮助。在打造原创绘本方面，围绕着"三大文化"（即红色文化、民俗文化和革命文化），立足于延安精神，因地制宜，进行绘本创作，形成了一支专业的"延安娃娃"创作团队。在绘本创作过程中，既考虑孩子的基本特性，又结合优秀的作家、画家和设计师的意见，在画面设计、色彩运用、文字排版等方面进行创意性设计，将原创故事转化为生动有趣的绘本作品。

第三，以亲子阅读增强绘本活力。"延安娃娃"不仅注重绘本的原创性打造，在这个过程中还注重挖掘家庭的教育功能，以原创性为主导，融入亲子阅读，通过举办亲子阅读活动、提供亲子阅读指导等方式，引导家长和孩子一起阅读绘本，并且针对不同年龄段的孩子推出了相应的绘本作品，满足不同年龄段孩子的阅读需求，让孩子在阅读中感受到家庭的温暖和关爱，培养孩子的阅读习惯并锻炼孩子的阅读能力。

3. 坚持把"品牌塑造"作为发展目标

"延安娃娃"始终坚持以"品牌塑造"为核心目标，通过主动建设图书课程体系、多元化创新经营方式、打造原创故事 IP 体系和"走出去"营造海外影响力等一系列策略，提升了"延安娃娃"的品牌知名度。

第一，打造出版品牌，建设图书和课程资源出版体系。"延安娃娃"通过挖掘原创故事，严要求、高标准打造出版品牌，精心策划和设计图书和课程资源。在"延安娃娃"的发展过程中，不仅注重图书内容质量和深度的把关，还注重包装和设计的美观和实用性。坚持以品牌构建为导向，不断丰富产品种类和内容，满足不同读者的需求。

第二，多元化经营进行品牌延伸。"延安娃娃"在发展过程中，除满足不同年龄段读者的基本文化需求外，还通过拓展业务领域和产品线，实现品牌的延伸和拓展。不仅通过举办原创故事大赛来聚集创作智慧，通过进行亲子阅读来增强品牌互动，还涉及公益援建、课程开发、教育培训、文化创意等多个领域，提升品牌的影响力和知名度，为品牌的长期发展奠定了坚实的基础。

第三，专业化打造形成特色 IP 集群。在品牌打造的过程中，"延安娃娃"以延安精神为灵魂，以地方民俗文化为精华，以江苏《东方娃娃》的成功经验为借鉴，通过挖掘和培育具有潜力的 IP 资源，打造专业化的特色 IP 集群。通过特色 IP 集群的打造讲活延安故事，形成了一批具有独特魅力和市场竞争力的 IP 品牌。《外婆的一百万个梦》以南泥湾侯秀珍老人的事迹为原型，讲述了两代人的奋斗故事，让孩子在童话般的故事里将"南泥湾精神"铭记于心；《大鼻子叔叔的医院》《纺车在唱歌》等延安题材绘本故事陆续出版发行，为讲好"延安故事"开启新的模式。

第四，"走出去"营造海外域名。"延安娃娃"积极实施"走出去"战略，以"延安娃娃"原创绘本故事大赛暨东方娃娃原创绘本大赛（延安赛区）为媒介，不断提升自身的内容质量，将区域故事、民族精神与"红色文化"嵌入绘本艺术创作，积极参加国际书展和文化交流活动，与海外出版商和文化机构建立合作关系，注重本土化运营和国际化推广相结合，通过翻译和本地化处理，使海外读者更好地了解和接受"延安娃娃"的品牌和产品，将优质的文化产品推向国际市场，拓展"延安娃娃"的品牌影响力，营造"延安娃娃"的海外域名。

4.坚持把"创新驱动"作为发展动力

"延安娃娃"坚持以"创新驱动"为核心动力，不断增强原创出版与阅读能力、加快数字化转型升级以及创新营销理念方式，推进"延安娃娃"高质量升级。

第一，增强原创出版与阅读能力。原创内容是品牌的灵魂，"延安娃娃"立足于延安精神，扎根于延安热土，以感人的家庭故事、科普性的动物故事、简单易懂的教育故事、红色爱国故事为载体，融入时代精神，并按照儿童成长的阶段特征，谱写原创性故事。同时"延安娃娃"还通过举办阅读推广活动、建立阅读奖励机制等手段，激发儿童的阅读兴趣，培养他们的阅读习惯，从而提升品牌的影响力和知名度。

第二，加快数字化转型升级。"延安娃娃"在江苏省东方娃娃杂志社的帮助下，注重绘本的原创性，按照儿童的年龄特征进行经营策略调整，植入数字化理念，通过建立电子图书平台、开发移动应用等方式，在亲子阅读的过程中融入数字绘本，增强互动性与体验感，将优质的绘本内容以数字化形式呈现给读者。

第三，创新营销理念方式。"延安娃娃"以原创绘本大赛为媒介，以获奖作品的出版、阅读推广为抓手，利用新媒体平台，以线上线下相结合的营销模式为关键，组织主题绘本展、经典诵读、红色故事讲述、情景剧、舞台剧等丰富多彩的活动，吸引更多的年轻父母和孩子关注和参与，探索新时代传承红色基因的新举措及绘本阅读的延伸形式，持续提升品牌的曝光度和影响力。

二 精致扬州"榆"您相约

（一）项目背景

习近平总书记指出："文化产业和旅游产业密不可分，要坚持以文塑旅、以旅彰文，推动文化和旅游融合发展。"① 党的二十大报告对繁荣发展文化事业和文化产业做出重要部署，提出"推进文化和旅游深度融合发展"②。文化和旅游融合发展是推动公共文化服务高质量发展的有力抓手，为扬州与榆林公共文化服务协作提供了重要契机。

扬州与榆林，一南一北，各自承载着丰富的历史文化资源。作为"淮左名都，竹西佳处"的扬州，是中国首批历史文化名城，扬州学派、扬州八怪、扬州戏曲、扬州工艺、扬派盆景、淮扬美食等在中国文化领域独树一帜；古琴、剪纸、雕版印刷、富春茶点制作技艺等 4 个项目被联合国教科文组织列入"人类非物质文化遗产代表作名录"，扬剧、扬州评话、扬州清曲、扬州弹词、漆器、玉雕等 20 个项目被列入国家级非物质文化遗产名录，扬州的历史文化资源生动彰显出江南文化"清秀婉约"

---

① 《习近平关于社会主义精神文明建设论述摘编》，中央文献出版社 2022 年版，第 262 页。
② 习近平：《高举中国特色社会主义伟大旗帜 为全面建设社会主义现代化国家而团结奋斗——在中国共产党第二十次全国代表大会上的报告》，人民出版社 2022 年版，第 45 页。

的特征。榆林位于陕西省北部，历史上曾是边塞重镇和军事要塞，拥有榆林窟、红石峡、悬空寺等丰富的历史遗迹和人文景观，享有"中国曲艺之乡""中国民间文化艺术秧歌之乡""中国民间文化艺术唢呐之乡""中国民间文化艺术石雕之乡""中国民间文化艺术剪纸之乡""中国民间文化艺术民歌之乡"等美誉，尽显三秦大地"高亢雄浑"的特征。

两地丰富的文化资源是合作的重要前提与基础，不断挖掘扬州和榆林丰富的历史文化资源，以旅游带动文化交流、文化传播，是两市对口帮扶工作的生动实践，也是推动公共文化服务融入两市人民日常文化生活的有力抓手。通过整合各自的历史文化资源，打造一系列跨地域的文化旅游产品，以"南北历史文化之旅"为媒介，让塞北江南共话情深。一方面，通过共同主办艺术展览、文化节、学术研讨会等活动，增强民众对双方文化的理解和认同；另一方面，借助现代信息技术，扬州可以协助榆林建立数字化文化资源库，实现文化遗产的数字化保存和在线共享，便于更多人接触和了解两地文化。

在文旅融合的大背景下，扬州与榆林的合作显得尤为重要。一方面，充分借助扬州在文化旅游方面的成熟经验，提升榆林文化旅游服务水平；另一方面，将榆林丰富的自然与人文资源有机嵌入扬州文化旅游元素。以资源互补、市场互动为着眼点，共同开发文化旅游产品，实现资源共享、优势互补，打造了文化与旅游融合的视听盛宴，实现了"塞北与江南""雄浑与婉约"的激情碰撞，提升了两市的文化旅游品牌影响力，满足了人民群众的公共文化服务需求。

（二）协作内容

"精致扬州'榆'您相约"是江苏省扬州市与陕西省榆林市之间的文化共创共享项目。该项目以文化互动交流为核心，以文化空间为载体，以文旅推介会为媒介，利用文创大集和文化走亲活动，对来自扬州和榆林的文创产品和非遗技艺进行集中展示、展销、展演。自榆林小曲与扬州清曲联袂荣登国家级非物质文化遗产名录以来，两地公共文化服务联系日益密切。2016年缔结友好城市关系，成为两市在旅游资源共享、文化艺术互鉴以及产业融合探索上的崭新起点。两地不断加深协作关系，举办了 2020 年推介会及 2023 年扬州文旅消费推广季，共同促进了文化艺术与旅游资源的广泛传播。这不仅增强了扬州的文化吸引力，也为榆林开辟了新的发展空间，让两市的文化艺术与旅游资源得到了更为广泛的关注和运用，为民众带来了切实的福祉。

"精致扬州'榆'您相约"文化走亲活动，是"走出去""引进来"并重的公共文化服务协作项目，以扬州和榆林导游交流会、文创大集、文化走亲、恳谈会为媒介，充分挖掘两地的文化旅游资源，实现文化互补的交流协作。榆扬一家亲·文创大集文化走亲活动作为"精致扬州'榆'您相约"文旅消费推广的重要组成部分，成功地促进了扬州与榆林之间的文化交流与合作。通过此次活动，两地的 40 多家企业展出了数百件文创产品和特色非遗技艺，全面展示了扬州和榆林深厚的文化底蕴和各自独特的魅力。活动中，扬州的杖头木偶、毛笔制作技艺、绒花制作技艺、漆器髹饰等非遗项目，以及高邮鸭蛋、沿湖三宝、康旺酱油等地方特色美食，受到了观众的广泛关注和好评。此外，各具特色的非遗技艺展演和地方曲艺表演，如木偶表演《扇韵》《牡丹亭·游园》，扬州清曲《扬州月》《歌吹古运河》等节目，使扬州和榆林地方曲艺同台竞技，为观众带来了一场融合江南风情和塞北风韵的特色演出。这场文化盛宴不仅加深了两地民众对彼此文化的了解和认识，也为两地的文化旅游产业带来了新的发展机遇。

"精致扬州'榆'您相约"文化共创共享活动，巧妙地将锣鼓、唢呐、彩扇、花伞融入古街文化建设，在为厚重的老街注入鲜活的生命力的同时，使人们在老街赶集、赏物、淘宝、品文化的过程中，沉浸式领略塞北风情和江南雅韵，推动了旅游资源、文化艺术、产业融合等形式多样的合作交流，形成了互助互利、优势互补的合作关系，提升了公共文化服务的质量和水平，实现了"塞上明珠"榆林与"好地方"扬州的完美融合。

（三）实践特色

1. 顶层设计发力：完善的体制机制为文化协作保驾护航

榆林市与扬州市在公共文化服务协作方面取得显著成果，得益于顶层设计的强力推进和完善的体制机制保障。

第一，"一县一园"为两地公共文化服务协作奠定坚实基础。"一县一园"的总体布局为两地的公共文化服务协作奠定了坚实的基础，有效地促进了两地文化资源的整合和优化配置，使得公共文化服务能够更高效地覆盖到两市的各个县区，助推了两地公共文化服务的均衡发展，并为两地居民提供了更为丰富和便捷的文化服务。

第二，"以商招商、以企引企"有效激发了市场主体的活力。通过政府引导和市场运行相结合的方式，两地不但吸引了更多的文化企业和资本投入文化产业中，还通过企业间的合作交流，带动了文化产业的创新和发展。这种市场化的运作模式提高了文化产业的竞争力，为文化协作提供了强有力的动力。

第三，"消费帮扶"产销协作机制提升两市文化品牌知名度。"消费帮扶"既是两地经济合作的重要途径，更是两省文化协作的有效手段。通过"消费帮扶"政策，榆林与扬州两地的文化产品得以进入对方市场，拓宽了销售渠道，让更多的消费者了解和认可了对方的文化品牌。

第四，"1+1"推介推进县级非遗"联姻"。榆林市与扬州市在县级文化非遗"联姻"工作方面，采取了创新的"1+1"模式，即一位传统文化名人搭配一位推广达人，共同参与文旅推介活动。这种合作方式有效地结合了传统文化的深度与现代营销的广度，将榆扬最具地方特色的文艺表演、非遗技艺、美食美景等非遗资源进行推广，使双方的文化得到了更广泛的传播与认可。

2. 理念创新驱动："五心"协作凝聚合力

公共文化服务苏陕协作通过"五心"理念创新驱动，实现了两地资源共享、优势互补、协同发展。

第一，贴心服务到家。通过设立榆林至扬州的直达航线，缩短了两地的时空距离，促进了人员往来和文化交流。同时，扬州持续向榆林输出资金、技术、理念和经验，帮助当地发展文创产品，使之成为连接两地人民情感的纽带。

第二，爱心扶助扩大文化影响力。实施消费扶贫策略，推出陕北文化大礼包等产品，在展示陕北文化独特魅力的同时，激发了社会各界对榆林的关注和支持。

第三，恒心促协作。坚持文化产业与文化资源优势相结合的原则，不断深化文化产业合作，挖掘和利用两地丰富的文化资源，推动文化产业的可持续发展。

第四，数智赋能增信心。通过扶贫和扶智相结合的方式，运用数字化展演和沉浸式文化体验等现代化手段，打造 VR 全景视觉盛宴，增强了两地人民的自信心和自豪感。

第五，互帮互助最暖心。两地文化系统采取"授人以渔"的方式，互派干部帮助榆林培养本地人才，提升当地公共文化服务水平，从根本上帮助榆林实现自我发展，增进了两地人民之间的感情，促进了共同进步。

3. 文化走亲唱戏："榆扬"文化共谱二重奏

榆扬两市通过非遗与曲艺的交融、民歌与信天游的碰撞以及江南风情与陕北特色的展示，呈现了一场精彩纷呈的文化盛宴，让观众在享受艺术的同时，感受到了中华文化的博大精深和多元魅力。

第一，曲艺交流，共绘文化差异之美。通过组织非遗走亲曲艺交流惠民演出活动，成功地让榆林游客领略到了两地文化的差异之美。非遗走亲曲艺交流惠民演出，展现了陕北说书和秧歌的独特魅力。这种文化的交融不仅让观众领略到了中华文化的博大精深，也促进了两地文化的交流与发展。活动中，榆林小曲《九连环》《掐蒜薹》与江南音乐的融合，展现了北方音乐的高亢豪放与江南音乐的婉转缠绵；陕北说书与陕北秧歌的生动演绎，则让观众感受到了陕北文化的独特韵味。

第二，载歌载舞，展现地域文化特色。《芍药花开》《扬州八怪》等歌舞表演向宾客展示了"烟花江南"的迷人风采，扬州弹词、评话、清曲等则演绎着江南的地方文化特色。陕北民歌高亢粗犷，与江南文化有异曲同工之处，两者融合不仅展示了榆林独特的文化魅力，更让榆林游客深刻认识和理解了扬州文化的悠扬婉约，丰富了游客的文化体验，促进了两地文化的交流融合。

第三，文化走亲，促进两地文化交流与合作。"文化走亲"旨在通过文化交流促进两地之间的合作与发展。在这个过程中，两地文化互相借鉴、互相融合，共同谱写了一曲文化二重奏。两种文化在同一时空场域呈现，实现了文化交流的有机互动，在塞北的榆林能够享受到高邮的"邮礼"城市伴手礼盒、汪曾祺书画系列文创产品，仪征的仪博特色文创，邗江的沿湖渔村系列文创等产品，定格了城市印记。

4. 文旅融合蓄力：双向奔赴共话"山海情"

在以文旅融合推进公共文化服务高质量发展的背景下，榆林和扬州抓住时代机遇，以文化为媒介，全力推动"榆货入扬""榆货入苏"，促进了两地文化和旅游融合发展，实现了以协作互鉴推动两市公共文化服务高质量发展。

第一，扬州小曲与陕北秧歌的文化碰撞。在榆林老街举办的"精致扬州'榆'您相约"文创大集和非遗走亲活动中，扬州市与榆林市的文旅交流达到了新的高度。陕北秧歌融入了独特的艺术风格和浓郁的乡土气息，与扬州的精致文化形成了鲜明的对比，为两地的文旅融合注入了新的活力。

第二，南北文化交融，点亮两地文旅新品牌。陕北秧歌与扬州曲调相融合，让江南的语调融入陕北，曲律和美绘制了"精致扬州"的金字招牌。南北文化交融碰撞，推动了双方旅游的交融，陕北风光与江南柔情因公共文化服务协作得以相见相融，为两地公共文化服务高质量发展铸魂赋能。

第三，文旅融合助推两地高质量发展。"精致扬州'榆'您相约"文化走亲活动以文化为媒介，撬开了两地文旅融合的新局面。一方面，以文化共同体的形式呈现高原人民的生活面貌，吸引了大量的游客观看，拉动了当地的旅游消费；另一方面，通过文创大集和非遗走亲活动的形式，更好地推广了扬州的文创产品和非遗文化，为扬州的经济社会发展带来了新的增长点。扬榆公共文化服务协作，起于塞北江南，归于塞北江南，双向奔赴，以文旅合作书写了双方真挚的"山海情"，为双方公共文化服务高质量发展安装了"助推器"。

第三节　主要成效

公共文化服务苏陕协作的文化共创共享类协作是促进两省公共文化服务均等化的重要举措，以场所共建和资源共享为代表的公共文化服务协作内容成效显著，在长期的公共文化服务实践中，形成了具有鲜明地域特征的公共文化服务协作模式。

一　以文化活动联办放大了两地文化资源共享优势

苏陕两省在公共文化服务协作过程中，通过共同举办图书阅读、艺术展览、文化沙龙、非遗研学、手作体验、文创产品开发、消费节、艺术节、书画展、音乐会等公共文化活动，丰富了原有场所空间的功能属性，实现了文化活动资源的有效共享，放大了两省的公共文化服务资源优势。

第一，文化走亲拓展文化资源功能。扬榆协作组织非遗走亲曲艺交流惠民演出活动，通过曲艺文化展演，让游客充分感受两地文化差异，品味中华文化的博大精深。榆林小曲《九连环》《掐蒜薹》融合了江南音乐的婉转缠绵与北方音乐的高亢豪放，生动又不失细腻；陕北说书《一代楷模韩起祥》《东方红》"九腔十八调"绘声绘色；陕北秧歌《二人场子》热闹红火；陕北民歌《走西口的人儿回来了》高亢粗犷，荡气回肠，让观众领略到"信天游"的独特魅力。

第二，文旅融合做亮品牌。苏陕两省公共文化服务协作过程中以文化资源串联旅游资源，以文旅融合促进资源活化利用，通过组织交流分享会，组织优秀导游拿出"看家本领"进行文化讲解，甚至文旅局局长"变身"推荐官，从工作实际、两地关系、未来合作发展等方面展开深度交流，因地制宜、守正创新，打造出了独具特色的协作品牌。

第三，恳谈交流签订协议。两省文旅部门主抓，两省的市县（区）文旅部门相关负责人实施，将两地的文化和旅游资源进行整合，面对面就两地文旅资源、未来合作方向、拓展文旅市场等话题开展交流座谈，并签订合作协议，促进两地合作共建、资源共享，扩大和提升了公共文化服务的覆盖面和质量。

二 以文化资源优化配置提升了服务效率和质量

苏陕双方通过共享文化设施、文化产品、文化活动等文化资源，使闲置的公共文化空间得到有效利用、"沉睡"的公共文化资源得到充分唤醒。

第一，以资源共享激活了文化的经济潜能。"区域公共文化服务水平与其文化资源配置效率有着紧密联系"[①]，文化资源的优化配置有着服务公众的内在使命。苏陕双方在协同发展中，通过对图书馆、文化馆中的文化设施、图书、音像制品和其他文化产品、戏剧演出、文化展览等资源进行梳理整合，实现了文化资源的优势互补，避免了资源的重复建设与购买，从而最大限度地利用了各自的资源，使得各类文化资源得到更高效地利用和传播。"精致扬州'榆'您相约"作为苏陕两省文化资源共建共享的典型案例，对来自扬州和榆林的文创产品和非遗技艺进行集中展示、展销、展演，将两地的优秀文化资源结合起来，形成互助互利、优势互补的合作关系，充分促进了两地的文化交流传播，不仅扩大了两地文化影响力，提升了文化服务水平，同时切实提高了经济效益，实现了文化对经济社会发展的有效促进作用。

第二，以文化走亲串联了公共文化服务效益。苏陕双方在资源共享过程中，依托相应的设施场地、组织架构、影响效力，在文化交流合作的过程中得以"使巧劲""走捷径"，达到"四两拨千斤"的良性效果，有效利用了彼此的既有资源，实现了公共文化服务体系的优化创新。以"榆扬协作"为代表的公共文化服务协作，通过文化大集的集中展示、文化走亲活动的主题展示，将精彩绝伦的文化演出以动态之美呈现在观众眼前，秧歌、锣鼓、唢呐、彩扇花伞、木偶、扬州清曲等非遗文化被观众所欣赏，为古朴厚重的街道注入了亮丽的色彩和无尽的乐趣，实现了

---

① 房凯、包丹沁：《浅谈公共文化服务与文化资源的优化配置》，《新西部》2015年第12期。

包括陕北说书《一代楷模韩起祥》《东方红》，陕北秧歌《二人场子》，陕北民歌《走西口的人儿回来了》，歌舞表演《芍药花开》《扬州八怪》，扬州弹词《唐伯虎点秋香》等在内的文化资源的共享。历时性与共时性地使柔雅的扬州清曲与优美的琵琶声从江南飘向塞北，使豪放的陕北民歌与陕北说书从黄土高原唱（说）到古运河之滨，以两地各自独特的艺术形式丰富两地公共文化服务内容，以文化资源共享与融合发展实现资源的高效配置。

三 以文化产品广泛推广拓展了两地文化影响力

"精神文化需求是美好生活需要的重要组成部分，大力发展文化生产是满足人民美好精神文化需求的重要手段"[①]，也是解决当前文化发展不平衡不充分矛盾的必然途径。苏陕在公共文化服务协作过程中，重视文化产品的开发，为公众亲近文化、了解文化提供了重要机遇。

第一，以优质文化供给塑造了具有地区特色的文化产品。"延安娃娃"在江苏省东方娃娃杂志社的帮助下，依托其资源、出版、资金、品牌优势，通过经验学习与赛事举办，开发了红色故事、家庭教育、科普综合类版画，填补了延安原创绘本的空白，塑造出了"延安娃娃"的绘本品牌。例如，《一双草鞋》以三五九旅红军战士进驻南泥湾为背景，细腻地刻画了军民之间深厚的情感；《教育的姿态》反映了于漪老师有关中国教育现状的总结与深思；《小斑点去哪儿了》以一个小斑点的冒险旅程，勾勒出了一个充满温馨与爱的家庭图景；延安娃娃科学版绘本朱鹮专刊以朱鹮为主角，通过讲述朱鹮的生活习性、保护现状以及我们应该如何参与到野生动物保护中来等内容，让孩子们更加深入地了解了保护朱鹮等野生动物的重要性，激发了孩子们的阅读兴趣。

第二，以文化产品和旅游的融合实现了公共文化服务由"流量"向"留量"的长效发展。公共文化产品以满足民众的文化需求为导向，承担

---

① 李春华：《文化生产：满足人民群众对美好生活需要的重要力量》，《人民论坛》2019年第25期。

着展现文化形象、提升城市影响力的重要职责。苏陕两省在协作中形成的原创绘本"艺桥飞架 童心筑梦"苏陕豫三省三地少儿版画展，由江苏、陕西、河南三省文化、教育、文联系统共同主办，汇聚了三省三地版画家们的精品佳作，传递着新时代少年儿童心中的美好心愿和远大梦想，彰显了孩子们巧妙的艺术创造力，推动了公共文化服务交流不断深化。在文旅融合大背景下，苏陕协作公共文化产品开发，以质量为标准、以效益为驱动力，形成了具有地域特色、文化品格的文化产品，实现了两地文化资源的活化利用，构建了以旅游促文化、以文化带旅游的良性互动格局，以公共文化产品的"出圈"，提升了两地公共文化服务品质，以优质的文化供给推动了"流量"向"留量"的转变，提升了两省公共文化服务影响力。

第十章　高质量发展建议

"十四五"以来，在习近平总书记对深化东西部协作和定点帮扶工作重要指示精神的指导下，在公共文化服务高质量发展时代引擎的驱动下，公共文化服务苏陕协作工作高位推进，成效显著。在高质量发展阶段，为更好地讲好东西部协作故事，需直面两省公共文化服务领域协作的主要挑战，深入梳理总结先进经验，持续巩固现有成果，不断拓展两省公共文化服务领域合作空间、合作内容，携手共建，优势互补，以高品质、高标准推动苏陕公共文化服务高质量协作，开启公共文化服务苏陕协作高质量发展新篇章。

第一节　公共文化服务苏陕协作的主要挑战

在苏陕两省的共同努力下，公共文化服务苏陕协作持续推进，并在实践过程中涌现出了一批代表性案例，书写了公共文化服务苏陕协作的绚丽华章。但与此同时，双方在合作模式、协作机制、协作资源分配及人才资金保障等方面也暴露出了诸多问题，制约着公共文化服务苏陕协作的高质量发展。

一　双向对等的合作模式尚未形成

目前苏陕两省在公共文化服务领域的合作正逐步深化，但尚未形成成熟的、双向对等的合作模式。具体表现在以下三个方面。

第一，协作领域有限。在公共文化服务领域，苏陕两省交流合作集中于图书馆与文化馆的挂职锻炼、人才交流、资源共建共享等，涉及教育、科技、文化等方面，合作领域相对有限，尚未涵盖更广泛的公共文化服务范畴，双方应逐步加强公共文化服务其他领域的交流协作，利用好图书馆、博物馆、文化艺术节、基层文化站、群众文化服务中心等资源，进一步加强合作，实现更全面、多层次的双向对等。

第二，协作理念亟待更新。受两省经济实力和东西部扶贫协作的历史惯性影响，苏陕双方在推进公共文化服务协作过程中，仍然会存在"帮扶与被帮扶"的不平等协作思想。特别是在基层公共文化服务协作实践中，部分工作者仍然会存在"到江苏就是学习，来陕西就是指导"的理念，这与新时代公共文化服务高质量发展所强调的平等合作不符。为形成双向对等的合作模式，需要双方基于自身特色和相对优势，以平等、自信的态度达成理念共识，以此在公共文化服务的双向协作过程中创新工作机制，促进两省公共文化服务的高质量发展，更好地服务于群众文化生活的高品质提升。

第三，缺乏清晰的合作目标。在部分合作项目中，双方缺乏明确的合作目标与共同的合作愿景，导致在项目推进过程中出现分歧和不协调的情况，致使文化资源无法得到有机优化配置，进而影响合作效能与成果的转化。双方应当明确合作目标和角色定位，依托特色文化资源与创意产品，用好公共文化服务管理经验和技术，健全服务体系、创新服务模式、优化服务空间、提高服务效益，推动双方资源的融合与互补，实现公共文化服务的优化和提升。

二 深度协作机制尚未完善

公共文化服务苏陕协作经历了从"干部交流"到"全方位协作"的历史演进，两省公共文化服务协作日益密切，在合作交流中推动了双方公共文化服务的发展，但在合作机制上仍存在着协调沟通机制不强、分工协作机制边界模糊以及监督评估机制尚未统一的问题。

第一，协调沟通机制不强。一方面，缺乏专门的组织或机构来负责协调、组织和推进双方的合作，导致出现沟通不畅、信息交流不及时等问题。另一方面，协作机构存在目标不明确、方向不清晰的问题，导致合作效果不理想。

第二，分工协作机制边界模糊。一方面，在协作过程中，由于职能交叉重叠，协作双方以及部门之间缺乏连贯的协作流程和沟通方式，存在着责任分工不清晰的问题，导致工作重叠或遗漏，影响协作效率和合作项目的顺利推进。另一方面，在分工协作中，资源投入和利益分配的不均衡致使合作双方过于关注自身利益而忽视整体合作目标，导致"资源投入-目标成效"呈现逆差，合作效果受到影响。

第三，监督评估机制尚未统一。一方面，监督与评估机制中的指标体系与评价体系不够具体明确，缺乏科学性和可操作性。评估人员可能受到利益关系或政治因素的影响，导致评估结果的偏颇和不公正，无法形成科学、全面、有效的评估结果，难以提供客观公正的决策依据。另一方面，在监督与评估过程中，存在数据收集和分析不充分等问题，导致评估结果的主观性和不准确性，而监督和反馈机制的不健全，也导致无法对合作项目进行精准、动态把握，从而无法及时解决合作项目的问题。

三 协作资源分配尚不均衡

苏陕拥有不同的资源禀赋，在具体的协作过程中，文化资源分布存在差异，各市区协作机会不对等，公共文化服务发展水平存在差异。

第一，文化资源分布存在差异。苏陕地区的经济、社会和人口发展水平存在差异，公共文化服务资源分布也呈现差异性。陕西拥有丰厚的历史、艺术和人文资源，以兵马俑、大雁塔等知名文化遗产闻名于世；江苏则以苏州园林、扬州文化和金陵文化为代表，注重江南文化、艺术和产业的传承。在公共文化服务协作中，如何借鉴双方文化资源与文化特色，并将其有机嵌入各市县（区）的公共文化服务内容中，是一项值得重视的问题。目前仅榆林古城与延安版画等实现了融合发展，在其他各市县（区）尚未出现更为出彩的案例，文化资源的地域差异性限制了公共文化服务的发展。

第二，各市区协作机会不对等。尽管双方已经建立起一套较为完善的公共文化服务体系，以总分馆制为牵引，利用图书馆、博物馆、文化中心等文化设施，带动辐射周边以及县域图书馆、文化馆的发展，但在具体协作过程中，经济较发达地区拥有更多的学习交流机会，而欠发达地区由于资金保障能力不足、关注度不高，学习交流等协作机会较少，需要进一步完善东西部协作机制，推进双方公共文化服务体系的创新发展。

第三，公共文化服务发展水平存在差异。东部地区经济发达，更加重视公共文化服务资源建设与发展，并提供相应的政策支持和财政投入，特别是人口较为密集的地区有更为广泛的潜在受众群体，更容易吸引文化设施和活动的投资。东部地区公共文化服务已经超越了"保基本、兜底线"的水平，聚焦于不同的群体开展多元化的公共文化服务以满足异质性、多层次的公共文化服务需求。在政策引导和支持方面，重视和鼓励公共文化服务实现创新发展，特别是以"市民夜校"为代表的公益性收费项目，受到市民广泛参与和一致好评。同时，文化具有弹性大的特征，欠发达地区对于公共文化服务的创新发展持保守态度，在成效回报上，公共文化服务不像经济那样能直接取得立竿见影的效果，发展公共文化服务往往不会成为政府工作的首要选择。

四　协作人才资金保障能力不足

公共文化服务苏陕协作主要依托于政府财政支持，以政府与公共文化机构协作为主，资金来源较为固定，形式较为单一，保障能力相对较弱，协作循环可持续效果甚微，具体表现在群众文化需求保障性不强、人才保障机制不强与数字化协作水平受限三个方面。

第一，群众文化需求保障性不强。有效的资金支持是公共文化服务提质增效的重要保障，文化活动、人才培训、联合演出等都需要资金支持。然而，苏陕两省在公共文化服务领域的资金投入相对较少，文化设施空间的配置利用、文化活动种类和质量有限，无法满足群众广泛、高质量的公共文化服务需求。建立健全协作的资金支持体系，激发多元主体参与活力，是推动公共文化服务高质量发展的关键，也是满足双方公共文化服务需求的必然要求。

第二，人才保障机制不强。江苏省出台了《江苏省公共文化服务促进条例》，陕西省实行了《陕西省公共文化服务保障条例》，都对培育和健全公共文化服务人才梯队提出了要求，但是目前两省尚未形成公共文化人才的交流和促进机制，无法为双方公共文化服务人才提供具有吸引力的薪酬、福利待遇，甚至无法形成长效的培训保障机制，而在市场竞争中，高素质人才往往更容易被优秀企业吸引，导致公共文化服务人才流失，限制了协作双方人才培养和项目推进方面的能力。

第三，数字化协作水平受限。公共文化机构在数字化、网络化以及新媒体技术应用方面的创新能力亟须升级。由于缺乏足够的资金和技术支持，部分机构难以引进先进的技术设备和系统，数字化图书馆、文化遗产数字化展示、数字化艺术品展览等公共文化服务发展也较为缓慢，同时公共文化服务在数字化展览、线上文化活动等方面的能力也相对较弱，自动化、网络化、数字化、智能化等现代信息技术在图书馆的应用不足，缺乏"公司化管理、酒店式服务"的意识，难以满足公众沉浸式、体验式的公共文化服务需求，限制了公共文化服务的创新发展与提质增效。

第二节　新时代推动公共文化服务苏陕协作的发展目标

公共文化服务苏陕协作省级层面成效突出，市级层面稳步合作，县级层面较快发展，基本实现了高品质、严要求引领公共文化服务体系建设的目标。随着时代发展和技术更新，两省在合作机制、资源分布、资金保障、技术应用、宣传推广等方面持续创新发展完善，以打造覆盖五级公共文化服务体系的协作网络、加快形成文化资源共建共享的有机互动格局、坚持项目驱动形成具有重要影响力的协作招牌为发展目标，持续深度协作，推动两省公共文化服务向深层次、高质量迈进。

一　公共文化服务苏陕协作的总体形势

在新的历史起点上，公共文化服务苏陕协作面临新的发展形势，体现在以下三个方面。

第一，高质量发展成为公共文化服务发展的核心主题。习近平总书记强调，高质量发展是全面建设社会主义现代化国家的首要任务。健全现代公共文化服务体系，以公共文化服务高质量发展满足广大人民群众对美好生活的需要，是新时代公共文化服务建设的题中之义。这一要求充分体现在党和国家一系列重大政策文件中，《中华人民共和国国民经济和社会发展第十四个五年规划和2035年远景目标纲要》《关于推动公共文化服务高质量发展的意见》《"十四五"公共文化服务建设规划》等一系列政策，都为新时代公共文化服务高质量发展提供了基本政策遵循。在高质量发展背景下，公共文化服务苏陕协作也需以"推动两省公共文化服务高质量发展、满足两省人民对美好生活的需要"为出发点，共同推动两省现代公共文化服务体系建设，为全国公共文化服务高质量发展贡献苏陕力量。

第二，苏陕协作不断走向纵深，并向全方位战略合作升级。根据习近平总书记对深化东西部协作和定点帮扶工作做出的重要指示，2021年，苏陕两省共同编制了《江苏省陕西省"十四五"东西部协作规划》，签署了《苏陕"十四五"协作框架协议》，推动苏陕协作领域不断拓展、协作空间不断深化。在新的历史时期，苏陕两省将建立起多层次、宽领域、全方位的协作关系，这既为新时代公共文化服务苏陕协作带来了快速发展的重要契机，也要求两省在公共文化服务领域的协作能够走深走实，为全面推进苏陕战略协作贡献文化力量。

第三，苏陕两省公共文化服务协作成效显著。在公共文化服务高质量发展和苏陕协作向全方位战略合作升级的复调背景下，两省公共文化服务协作在高质量发展、东西部协作、精神生活共同富裕与文化强国建设等方面取得了突出成效，这不仅促进了两地文化的交流与融合，也推动了公共文化服务的普及和普惠，为两地人民群众提供了更加丰富多彩的精神文化生活。一是苏陕两省在公共文化服务体系建设上实现了深度融合。一方面，江苏省凭借在公共文化服务领域的先进经验，为陕西省公共文化服务高质量发展提供了有力支持。两地共同推进图书馆、博物馆、文化馆、城市书房、农家书屋等公共文化设施建设的互联互通，使得陕西省的文化设施得到了显著改善。另一方面，江苏省向陕西省输送了大量的文化人才和管理经验，帮助陕西省提高了公共文化服务的管理水平和服务质量。二是两地在公共文化服务内容和项目上进行了广泛合作。苏陕两省共同策划和组织了文艺演出、文化节庆、展览交流等一系列丰富多彩的文化活动，丰富了当地居民的精神文化生活，促进了两地文化的交流与融合，文化创意产业园的建设、文化旅游产品的开发等，带动了地方经济的发展。三是苏陕两省在公共文化服务的普及和普惠上取得了重要成果。两地共建了农村文化礼堂、基层文化服务站等公共文化设施，加强了对特殊群体的文化服务关爱，也通过提供定制化的文化服务，让老年人、残疾人等特殊群体感受到社会的温暖和关怀。此外，两省以图书馆和文化馆等公共文化服务平台为基础，深化两地公共文化服务领域交流互鉴，省级规划引领，市县具体对接，在艺术创作生产、公共文化服务体系建设、文化事业融合、非物质文化遗产保护利用、文化艺术人才交流、公共文化服务合作机制等层面取得了重要突破。尤其是以陕西省图书馆和南京图书馆为总牵引，采取调研指导、馆员挂职、专题培训、业务交流等多种方式，不断推动两省文化资源、文艺活动、服务案例、服务理念、品牌建设等的交流合作，为两省公共文化服务高质量发展注入活力。

二 发展目标

(一) 打造覆盖五级公共文化服务体系的协作网络

中国已基本建成覆盖省、市、县、乡镇、村（社区）五个层级的公共文化机构和文化设施，形成了涵盖读书看报、文化活动、文化鉴赏、文化遗产保护和利用等方面的公共文化服务保障体系，形成了素质过硬的基层公共文化服务队伍和基层公共文化志愿者队伍。为推进公共文化服务苏陕协作的高质量发展，要以标准化与均等化为目标，以五级公共文化服务体系协作为抓手，力争形成覆盖城乡、协调全面的公共文化服务对口协作机制。

第一，深入推进公共文化服务标准化建设。进一步完善公共图书馆、文化馆（站）和村（社区）综合性文化服务中心等的建设，健全公共数字文化标准规范体系，结合实际开展乡镇（街道）综合文化站评估定级，建立健全科学规范的评估标准体系，以公共文化服务标准化建设量化公共文化服务苏陕协作的标准，总体形成"标准化、均等化、优质化"的公共文化服务新格局。

第二，加快实现公共文化服务均等化。实现公共文化服务均等化重在基层、重在基本，要建立并完善"广覆盖、高效能"的公共文化服务网络，让群众广泛享有免费或优惠的基本公共文化服务。在推动公共文化服务苏陕协作的过程中要以均等化为导向，以五级公共文化服务体系的互联互通与内外融通为抓手，在基本公共文化服务框架的"底线"标准之上，加强两地在文化资源、人才培养、项目实施等方面的合作与交流，扩大和提升公共文化服务的覆盖面、内容丰富度、服务质量和设施建设标准，不断满足人民群众日益增长的精神文化需求，促进社会和谐与文化繁荣。

（二）加快形成文化资源共建共享的有机互动格局

坚持"全域化""多元化""特色化""融合化"的"四化"发展理念，充分利用两省在文艺创作展演、文化设施空间、资源共建共享与文化人才等方面的资源优势，建立联动机制，加强功能融合，推动形成两省文化资源共建共享格局。

第一，建设"全域化"的文化阵地。苏陕两省紧扣基层公共文化服务均等化、标准化要求，整合资源，动态协同全力推进公共文化服务基础设施建设，加强数字化和信息化建设，构建覆盖省、市、县、乡镇、村五级的区域均衡、层次丰富的公共文化服务协作体系，提高公共文化服务的效率与便捷性，提升公共文化服务保障能力。

第二，培育"多元化"的文化队伍。以《苏陕"十四五"协作框架协议》为基础，采取集中培训、蹲点指导、文化志愿服务等方式，招募具有不同文化背景的成员，鼓励不同专业背景的人才加入文化队伍，营造良好的文化创新创业生态，培养一批德艺双馨、成就突出、影响广泛的公共文化服务领军人物，形成开放包容、科学规范、运行高效的艺术人才培养机制，建成富有国际竞争力、服务支撑力、示范引领力的文化人才高地。

第三，打造"特色化"的文化品牌。苏陕两省加强文化品牌塑造优势，陕西以丝绸之路、黄河文化、陕北民歌等为主题，依托"国风·秦韵""文化陕西""了解中国从陕西开始""兵马俑的故乡"等品牌，擦亮古都文化、历史文化、民俗文化、山水文化、红色文化、边塞文化、黄土风情文化、生态文化、汉水文化、两汉三国文化等文化名片，推动关中综合文化旅游区、陕北国家红色文化旅游区、陕南自然风光和生态文化旅游区的协同发展与蝶变升级；江苏充分挖掘长江文化、海洋文化、大运河文化、江南文化、金陵文化、淮扬文化的时代价值，以"水韵江苏""千年运河""畅游长三角""大美淮海·缤纷文旅"文旅品牌为牵引，支持建设《东方娃娃》绘本博物馆，办好长三角高新视听博览会，挖掘海内外优秀文化文艺产品，提升紫金文化艺术节、紫金京昆艺术群英会、紫金合唱节等"紫金"系列文艺品牌影响力。

第四，推进"融合化""文化+"模式。以"国家公共文化服务云"为总抓手，持续完善"江苏文化云""陕西文化云"等大数据平台，充分发挥"一云多端"优势，利用"文化+互联网""文化+就业""文化+产业"等发展模式，构建以公共文化机构为主体、市场为导向、产学研相结合的公共文化服务格局，全力推动基础公共文化服务事业与电商产业、乡村振兴等领域融合发展，强化县城综合服务能力，实现公共文化服务数字化全覆盖与融合发展。

（三）坚持项目驱动形成具有重要影响力的协作招牌

苏陕两省按照"增服务、提品质、创品牌"的发展思路，以项目带动协作、以协作促进发展，聚焦于群众文化活动、公共图书馆建设、文化遗产保护传承三大领域，打造具有苏陕两省特色的公共文化服务招牌。

第一，推出群文活动和全民阅读特色协作品牌。推介公共图书馆优秀阅读品牌、文化馆（站）优秀艺术普及活动品牌，支持两省地市开展"两馆一中心"基本公共文化服务协作，打造苏陕书屋、苏陕图书馆协作论坛、苏陕文化馆联盟等新亮点；举办文艺展演、民间文化艺术双向演出、少儿版画展览等群文活动；举办"苏陕牵手·相伴成长"公益研学活动、"通汉协作·e网同心"主题网络文化交流活动；开展图文领域的经典诵读、阅读分享、大师课、公益音乐会、艺术沙龙、手工艺作坊等交流合作特色活动。总结推广"同城快递""邮政一元替你还""行业分馆""新民风建设"等服务模式和创新经验，构建起全民阅读、文化普及和文明素养提升体系。

第二，打造非遗保护传承和非遗产品联展联销的合作品牌。坚持以江苏省陕西省文物保护合作协议为基础，针对不同文化文物，采取分类维护的措施，促进文物的传承、保护与发展；合作开展非物质文化遗产的弘扬、保护和传承工作，把历史文化融入群众的日常生活，以群众喜闻乐见的方式让文物说话。持续举办"苏陕非遗消费年暨苏陕非遗文创产品联展联销活动"，以非遗"陕西篇""江苏篇"系列讲述苏陕协作故事，以专题旅游推介、苏陕协作文旅典型项目案例、非遗产品和文旅商品展示等形式亮相推介会，尤其注重乡村文化遗产挖掘保护、乡村文旅融合以及传统民间艺术活动，以苏陕非遗保护传承为特色，打造"协作交流、融合发展"的协作品牌。

第三，以代表性的公共文化服务交流项目打造享誉国内外的"潮"品牌。要坚持"引进来"和"走出去"相结合的原则，组织遴选公共文化服务高质量发展典型案例和特色项目，推出一批具有全国影响力的示范案例，完善两省文化传播机制，打造"百姓大舞台""红五月音乐会""群众大舞台"等大型公共文化活动品牌，形成以苏陕民间文化为内容、民间交流演出为途径的民间文化传播机制，提升苏陕地域文化影响力。

第三节　新时代推动公共文化服务苏陕协作
高质量发展的实践路径

为更好地推动公共文化服务苏陕协作走深走实，走出一条契合两省发展实际的高质量发展之路，必须在巩固两省公共文化服务协作成果的基础上，坚持问题导向，按照苏陕协作总体要求，从完善苏陕协作的政策体系、健全全域合作体制机制、推广宣传协作的模式特色、实现多元业态融合发展等维度，推动公共文化服务苏陕协作高质量发展。

一　顶层设计发力完善苏陕协作的政策体系

面向中央、省、市东西部协作和苏陕协作具体要求，围绕基层综合性文化服务中心建设、公益性文化事业单位法人治理结构改革、图书馆文化馆总分馆制建设等目标，持续制定出台苏陕公共文化服务领域相关政策规划，推动两省公共文化服务协作取得新进展。

第一，健全公共文化服务协作的政策规划。基于两省公共文化服务发展水平和发展实践，面向高质量发展和中国式现代化发展目标，科学制定两省公共文化服务协作的中长期发展规划。一方面，省级层面加强统筹，明确各阶段两省公共文化服务协作的目标、发展要求、重点任务、区域布局以及保障条件，为两省各层级政府、公共文化机构以及社会组织之间的相互协作提供方向指引；市县区结对单位也应基于地方工作需要和前期协作经验，鼓励具体协作单位之间共同制定公共文化服务协作年度工作计划、短期行动方案、协作目录、协议框架等，明确双方公共文化服务协作的内容。另一方面，从省级层面共同制定公共文化服务苏陕协作工作实施办法，明确两省协作的基本规范和活动要求，并将公共文化服务苏陕协作纳入相关部门的考核管理之中；强化对优秀协作工作的表彰，激发基层工作人员的积极性；推动形成体系化、科学化的公共文化服务协作政策体系。

第二，完善协作资金管理办法。以《江苏省陕西省"十四五"东西部协作规划》《省级苏陕协作项目资金管理办法》等政策文件为总要求，鼓励各市、县（区）制定本级资金管理办法，加大在基层公共图书馆文化馆基础设施建设、活动培育、人员交流等协作方面的投入力度，鼓励支持补贴两省民间文化艺术团队和机构的交流合作，以资金形式和政策保障推动两省公共文化服务深层次交流合作，制定各级资金管理办法，加大对协作项目和协作资金的监管力度，确保项目和资金稳定可持续。

第三，健全人才队伍培养制度。贯彻落实两省《关于进一步加强和改进苏陕协作干部挂职工作的若干措施》，积极完善"苏陕推动现代公共文化服务体系建设东西部对口研修班""苏陕对口协作——公共图书馆服务创新研修班"等的管理办法，组织选派省级两馆干部、馆员，市县级基层馆员、业务骨干，以及专家进行挂职、研修、考察、座谈，加快学习两省公共文化服务体系建设的先进经验、典型案例、具体做法，利用双方优势人才培养培训资源，加强培训合作，发挥"组团式"作用，促进公共文化服务领域各门类人才综合能力提升。

二　健全合作体制机制领跑苏陕全域协作发展

要全面推进苏陕协作全领域、全方位合作体制机制建设，突破人才交流、产业协作、消费帮扶等方面的既有框架，将两省协作延伸扩展到公共文化服务的更多领域和地区，尤其是加大县级以下公共文化服务领域的交流合作，让更多公众感受并体会到苏陕协作带来的新变化。

第一，继续强化巩固已有协作成果。依托延安市"金陵之窗"图书馆专题书架项目、延安市图书馆"南京分馆"、铜川书画院盐城展览、洋县皮影戏如皋演出、少儿版画学习交流三地合作、陈仓区社火脸谱展示交流等的成功经验，积极推动江苏文化西行、陕西文化东进，以图书捐赠、公益资金投入、文艺活动演出、书画艺术品展览等特色亮点带动地方性公共文化交流合作，在已有成功经验基础上不断拓宽交流渠道，形成以政府为主导、社会组织参与、艺术团体自觉参与的公共文化服务协作良好格局。

第二，健全对口县区文化项目合作机制。要以公共文化服务重大项目为基础，以项目引进带动公共文化服务高质量协作。陕西各市区要由市级领导带头走访考察调研对口县区，在积极引进文化产业项目的同时，将地方公共文化服务特色纳入全市交流协作的总框架，以"推销员"身份促成文化交流；各市、县（区）苏陕协作工作组要以"介绍员、联络员"身份第一时间捕捉合适的、匹配的文化项目，尤其是与当地的公共文化服务基础设施、智能设备等方面诉求相结合，为两省公共文化交流协作提供坚强的支撑。

第三，完善人才、学术、智库的交流机制。要依靠苏陕教育大省的优势，加大文化产业、公共文化服务、文化管理、社会工作等学科学生交流学习，共建社会实践研习基地，努力培养一批公共文化服务领域能力突出的研究人才和社会工作管理人员；要加大两省公共文化智库、研究基地建设，联合申报公共文化服务国家级、省级课题，依托平台举办全国范围的公共文化服务学术会议和经验研讨会，形成独具特色的公共文化服务苏陕协作模式。

三　总结两省模式特色放大苏陕协作的实践经验

公共文化服务领域的模式推广是彰显苏陕协作公共文化服务领域成果的有效手段，要深入挖掘与总结公共文化协作模式，利用新技术和数据平台进行报道宣传，借助"一带一路"讲好苏陕协作故事，将苏陕协作打造成东西部协作的典型。

第一，围绕四大成果类型总结提炼模式特色。以文艺创作展演、资源共建共享、人才交流培训、文化设施空间四类成果为核心，从各市区（县）公共文化个案中深度挖掘，总结出文艺交流、书画摄影、作品出版，图书捐赠、文化传承，人才学术交流、研修班建设、干部挂职锻炼，城市书房、总分馆制、视障阅览室四种体系类型，以制度建设、人才交流、资源共享搭建起公共文化服务领域苏陕协作的新发展模式，以评奖评优方式提升公共文化服务主体开展活动和申报活动的积极性，吸纳典型经验和先进模式。

第二，加强特色模式和典型案例的宣传推广。要重点利用两省省级电台、媒体对展示展览、文艺演出等活动的跟踪报道，重点从活动创新、内涵挖掘等方面着手，确保优质公共文化服务产品充分"秀"出来；借助短视频、直播平台进行现场活动直播，多种渠道线上线下齐发力，提升公共文化服务的影响力；两省各市区（县）在专业领域定期组织先进经验的交流探讨与学习，提高典型案例的推广度。

第三，依托"一带一路"平台讲好苏陕协作故事。要积极推动两省特色活动走向国际，如苏州民族管弦音乐会《华乐苏韵》在西安音乐厅演出并赴德国、比利时、瑞士、匈牙利等 8 个国家巡演；宝鸡陈仓社火也在苏州和无锡多次演出并多次应邀前往俄罗斯、德国、英国、澳大利亚等国进行演出和文化交流。要充分利用丝绸之路国际艺术节、"一带一路"国际民间文化艺术节、国际民间艺术节组织理事会（CIOFF）等平台和单位，宣传推广苏陕两省文化交流合作的故事，打造公共文化活动的苏陕品牌。

四　多元业态融合发展提升苏陕协作综合效能

苏陕协作公共文化服务应采取线上线下相结合、空间内容相融合的多业态融合方式，使公共文化服务融入两省人民群众的日常生活之中，使不同受众群体实现优秀文化成果的"同屏共享"，进而构建开放共享、数字智能的公共文化服务体系，提升公共文化服务的效能。

第一，以数字赋能拓展两省公共文化服务的深度和广度。围绕深入实施全国公共数字文化工程，健全文化信息资源共享服务机制，推进图书馆智慧化改革、规范化建设，对接"国家文化数字化战略"，广泛将人工智能、云计算、大数据、区块链等新技术引入公共文化服务领域，提升基层公共图书馆业务人员线上公共文化服务质量和能力。陕西省要积极引进江苏省公共文化服务领域前沿的技术手段，在省内开展试点应用；着力推动两省智慧图书馆、公共文化云、虚拟博物馆、动态美术馆等新型公共服务平台智能化转型，建设分级分布式的数字文化资源库群，在数字端实现苏陕协作公共文化服务体系高质量转型。

第二，以文旅融合强化两省公共文化服务优势。要打开文旅服务新窗口，通过对两省公共文化资源、项目、平台、活动的有机融合，将旅游公共服务融入公共文化服务体系中，推动文化和旅游公共服务资源聚合，形成城乡一体、覆盖全域的服务体系，积极学习南京市秦淮区"转角遇见文化新空间景点融合文旅新体验"、南京市江宁区"公共文化+乡村振兴"等公共文化服务的典型案例；创造公共文化服务新场景，将文化场所装扮成为游客打卡点，积极推进图书馆研学旅游活动、文旅阅读推广等，深挖地方旅游资源文化内涵，强化地域特色文化，探索多种业态运营，打造新型公共文化空间，把公共文化服务空间设施改造成旅游打卡点。

第三，以文产融合放大公共文化服务的融合效应。要坚持文化产业带动文化事业、文化事业反哺文化产业的原则，大力支持两省文化园区建设、文化企业培育，通过资金和政策支持等方式加大文化产品的购买力度，以政府购买公共文化服务产品的方式推动文化事业发展；鼓励两省企事业单位、社会组织等通过直接投资、捐助赞助、委托运营等方式提供公共文化服务产品，探索基层文化设施社会化服务模式；支持公共文化服务相对薄弱地区和公共文化服务高质量发展示范县（区）创新开展社会合作，增加两省文化企业的跨区域交流，培育出苏陕特色公共文化服务产品。

第十一章　开启公共文化服务跨区域协作新篇章

21世纪以来，中国推进现代公共文化服务体系建设，建立起了覆盖全面、内容丰富、公益标准且系统化的公共文化服务体系，历史性地实现了公共文化服务建设从"有没有"向"好不好"的根本转变，并赋予"公共文化服务高质量发展"的时代任务。如何立足中国式现代化，发挥中国特色社会主义制度集中力量办大事的显著优势，为公共文化服务高质量发展注入新的强劲动力，成为新时代公共文化服务高质量发展的必然要求。

第一节　当前公共文化服务跨区域协作的总体形势

从宏观政策与实践发展两个维度，把握当前公共文化服务跨区域协作的总体形势，有利于完善公共文化服务跨区域协作的政策体系，为进一步推动公共文化服务跨区域协作提供政策遵循和现实依据。

一　政策要求

党的十八大以来，党中央关于精神生活共同富裕、公共文化服务高质量发展以及区域协调发展等方面的战略部署，共同构成了当前公共文化服务跨区域协作推进的政策背景。

（一）公共文化服务跨区域协作是实现精神生活共同富裕的重要方式

实现共同富裕是中国特色社会主义的本质特征。在2021年召开的中央财经委员会第十次会议上，习近平总书记提出"要促进人民精神生活共同富裕，强化社会主义核心价值观引领，不断满足人民群众多样化、多层次、多方面的精神文化需求"①。但"东中西部区域之间经济社会发展不平衡，仍然是推进精神生活共同富裕的重要障碍"②。西部省份无论是 GDP 总量还是人均 GDP，均在全国排名中处于靠后位置，且与东部地区存在较大的差距。以 2023 年数据为例，广西、云南、贵州、四川、甘肃等省区人均 GDP 排名均在 20 名开外，特别是甘肃省人均 GDP 仅有6753 美元，仅为北京市人均 GDP（28421 美元）的 23.76%、江苏省人均GDP（21359 美元）的 31.6%，可见，经济社会发展存在巨大的区域差异。尽管精神生活共同富裕的实现具有整体性、差异性、层次性以及发展性等特征，但共同性是精神生活共同富裕的基本特征，这体现为每一个"国民个体在追求文化生活、审美情趣、自我价值、科学知识和群体认同的过程中所获得的较好公共文化资源保障和所享受到的相对公平的发展机会"③。因此，精神生活共同富裕天然要求实现区域与区域之间精神生活的平衡发展。推动公共文化服务跨区域协作，正是调节精神生活区域发展不平衡问题的重要方式。通过跨区域协作，逐步缩小区域之间"区位优势、政策分配"等因素导致的公共文化服务发展差距，推动区域之间公共文化服务发展水平共同提升，从而实现共同富裕目标下不同区域人群的多层次精神生活需要。

（二）跨区域协作是公共文化服务高质量发展的必然要求

2020 年，党的十九届五中全会通过的《中共中央关于制定国民经济与社会发展第十四个五年规划和二〇三五年远景目标的建议》明确提出，中国已经进入高质量发展的新阶段，高质量发展成为包括公共文化服务在内的社会经济发展的主基调。"十四五"以来，国家层面出台的《"十

---

① 新华社：《习近平主持召开中央财经委员会第十次会议》，中国政府网，https://www.gov.cn/xinwen/2021-08/17/content_5631780.htm。

② 傅才武、高为：《精神生活共同富裕的基本内涵与指标体系》，《山东大学学报》（哲学社会科学版）2022 年第 3 期。

③ 傅才武、高为：《精神生活共同富裕的基本内涵与指标体系》，《山东大学学报》（哲学社会科学版）2022 年第 3 期。

四五"文化发展规划》《关于推动公共文化服务高质量发展的意见》《"十四五"公共文化服务体系建设规划》等一系列公共文化服务政策，为公共文化服务高质量发展擘画了宏伟蓝图。公共文化服务高质量发展，意味着"公共文化服务布局更加均衡，城乡与区域差距进一步缩小"①，实现均等化发展。以跨区域协作推动公共文化服务发展切合新时代公共文化服务高质量发展的内在要求。通过建立跨区域协作机制，促进优质公共文化服务资源在更大区域范围内实现更有效流动与共享，实现公共文化服务资源对更大范围人群的覆盖和延伸，满足不同区域人群对公共文化服务供给的多层次需要，从而高质量推进公共文化服务均等化。

（三）公共文化服务协作是跨区域协作的重要内容

党中央、国务院高度重视区域协调发展工作。党的二十大对促进区域协调发展做出重要部署，并着重强调："深入实施区域协调发展战略、区域重大战略、主体功能区战略、新型城镇化战略，优化重大生产力布局，构建优势互补、高质量发展的区域经济布局和国土空间体系。推动西部大开发形成新格局，推动东北全面振兴取得新突破，促进中部地区加快崛起，鼓励东部地区加快推进现代化。"②经济发展新常态下，区域发展的内外部环境正在发生深刻变化，促进区域协调发展面临重大机遇，也存在诸多挑战，特别是区域发展差距仍然较大、老少边穷地区发展相对落后、一些区域无序开发情况比较突出、促进区域协调发展体制机制还不完善等问题亟待解决。因此，党中央、国务院持续高位推进区域协调发展战略，系统谋划和布局了长三角一体化、粤港澳大湾区建设、京津冀协同发展、成渝地区双城经济圈、关中平原城市群以及东西部协作等重大区域协调发展战略，为优化中国区域发展空间布局、加快形成良性的区域互动格局提供了强力的政策保障。在区域协调发展的战略背景

---

① 范周、侯雪彤：《"十四五"时期公共文化服务高质量发展的内涵与路径》，《图书馆论坛》2021 年第 10 期。

② 习近平：《高举中国特色社会主义伟大旗帜 为全面建设社会主义现代化国家而团结奋斗——在中国共产党第二十次全国代表大会上的报告》，人民出版社 2022 年版，第 31—32 页。

下，推动公共文化服务跨区域协作是跨区域协作的重要内容。例如，2019 年出台的《长江三角洲区域一体化发展规划纲要》就明确提出要推进长三角公共文化服务区域联动共享；《粤港澳大湾区发展规划纲要》也提出要共同推动大湾区公共文化服务体系完善；《成渝地区双城经济圈建设规划纲要》提出推动"公共文化服务资源共建共享"；《"十四五"闽宁协作规划》也要求两省要建立常态化文化文艺创作交流机制、促进文化交流合作等。可见，跨区域公共文化服务协作共享已成为国家推进实施区域协作战略的重要内容。

二 实践形势

推动公共文化服务跨区域协作并不是只停留于理论或政策层面的空想，而是能够在实践层面反复检验并取得积极成效。近年来，在党和国家关于区域协作战略的系统布局和公共文化服务高质量发展的强力推动下，公共文化服务跨区域协作也在实践层面取得了长足进展。

在邻近地域的跨区域协作中，长三角、粤港澳、京津冀以及成渝双城经济区等都在公共文化服务一体化探索中积累了丰富经验。

例如，长三角以文化和旅游联盟为载体，持续推进公共文化服务一体化协作。2018 年，沪苏浙皖四地文旅系统成立了长三角文化和旅游联盟，系统谋划长三角地区公共文化服务、文化旅游一体化发展之路。六年来，在一体化进程中，长三角地区公共文化服务和产品供给的地域界限逐渐被打破，四地民众能够享有的公共文化服务供给与选择不断增加。在长三角文化和旅游联盟的推动下，长三角组织实施了公共文化展览一站通、文旅公共服务一网通、城市阅读一卡通以及文旅人才培训一体化的"四个一"项目，持续举办了全民阅读大会、长三角图书馆之夜、长三角阅读马拉松、长三角地区公共文化和旅游产品采购大会、长三角及全国部分省市最美公共文化空间大赛等区域文化交流活动，在推动形成相互开放、有效衔接、便民惠民的文旅公共服务网络的同时，逐渐形成长三角地区公共文化服务共建共享的新局面。同时，除了保障基本公共文化服务以外，长三角地区还借助数字技术，持续推进文献资源共建共享，为区域群众提供全时空供给、全网络覆盖的优质阅读服务。

又如，粤港澳以联手塑造"人文湾区"为目标，共同推动大湾区公共文化服务高质量发展。2019 年《粤港澳大湾区发展规划纲要》发布以来，大湾区持续推进公共文化服务体系一体化建设，提升大湾区公共文化服务整体水平。例如，自 2019 年以来，由广东省人民政府、文化和旅游部、香港特别行政区政府、澳门特别行政区政府共同主办的粤港澳大湾区文化艺术节，已经举办了三届，每届一个主题，在香港、澳门和珠三角 9 市中选取 1 个城市承办，以"一地为主、三地联动"的方式开展一系列活动，有效促进了三地文化艺术领域的交流互通与融合发展，成为区域公共文化协作的典型之一。

在东西部跨区域协作方面，苏陕协作、闽宁协作、沪滇协作、浙疆协作等都在实践层面推动公共文化服务协作不断深化。

第一，闽宁协作是习近平总书记亲自开创、亲自部署、亲自推动的伟大事业，是跨区域协作的成功典范，不仅有效推动了两地之间的跨地区、跨部门协作，在跨区域协作中形成了"福建企业+宁夏资源""福建市场+宁夏品牌"等合作模式，更促进了各族群众文化的大交流、大团结与大融合。长期以来，闽宁两地以"闽宁云"项目为支撑，着力推动由政府主导向发挥市场主体作用转变、由单向援助向双向互动转变、由扶贫协作向全面合作转变"三个转变"，破除社会公共文化资源与地域之间的壁垒，构建优势互补、资源共享、协作育人的公共文化服务新格局，推动两省公共文化服务领域协作迈上新的台阶。

第二，沪滇协作围绕构建新发展格局以及国家高质量发展的内在需要，着眼于国家重大战略，把握用好大机遇，在服务新发展格局中加强战略协同，提升协作能级，深化创新合作，共同把枢纽、平台和通道的文章做足，实现双向互动、双向赋能、优势互补、共同发展。两省在公共文化服务领域着力打造优秀阅读品牌，增设扩大藏书空间、读书活动空间、青少年儿童阅读区、学前儿童绘本阅读区、视障阅读区、涉老阅读区等，增加无障碍设施，完善相关设施设备等，积极培育一批"城市书房""文化驿站"等新型文化业态，建设一批新型文化空间，不断深化拓展合作的新内涵、新空间、新成果，有力促进沪滇协作向更高质量、更宽领域、更深层次发展。

第三，浙疆协作坚持"文化润疆"理念，以浙江"千万工程""五水共治""美丽乡村""未来社区"等转型提升经验为指导，以对口支援合作协议为基本运行框架，不断深化美术、文博、图书、音乐、演艺等领域的牵手共建，举办江南生活美学文博展和"天山抒怀""湖光山色"美术展的巡展，实施"浙阿文化交流合作""文化阵地铸魂""文艺人才培育""文创产业提升""节庆文化旅游"等工程，开展"诗画浙疆""书画浙疆""文博浙疆""英才浙疆"等十大项目，打造"我爱浙疆"文旅品牌，实现把浙江的艺术之美、生活之美带到祖国边陲，以公共文化服务协作推动两地公共文化服务高质量发展，双向发力助推两地公共文化服务高质量发展。

可见，无论是在国家宏观战略政策层面，还是在地方实践工作层面，跨区域公共文化服务协作已经成为现代公共文化服务体系建设和区域协调发展的重要方式，是新时代公共文化服务高质量发展的基本手段。在中国式现代化进程中，以公共文化服务跨区域协作促进公共文化服务高质量发展，已经成为优化公共文化服务资源配置、践行区域协调发展战略、实现精神生活共同富裕、推进社会主义文化强国建设的必然要求。

第二节　公共文化服务领域苏陕协作的经验启示

自中国实施东西部协作战略以来，东西部协作关系随着阶段性工作重心的转移不断深化和拓展，从而逐渐形成了由点到面、双向互动的协作网络关系，建立了多主体、多领域、多层次的协作帮扶机制。作为东西部协作的重要构成，苏陕协作在实践中也涌现出一批鲜活生动的实践案例，为国家东西部协作战略推进画上了浓墨重彩的一笔。特别是随着东西部协作领域的不断拓展，包括公共文化服务协作故事在内的新协作故事为新时代东西部协作高质量推进注入了新的动力。因此，基于这些既有实践案例，全面总结公共文化服务苏陕协作的优秀成果及经验，梳理两省在公共文化服务领域的探索历程和实践模式，对新时代深化东西部协作具有重要意义。总体来看，公共文化服务苏陕协作的有益经验主要包括以下几个方面。

一　以优质的成果提升东西部协作的知名度

公共文化服务领域的合作是苏陕协作横向推进、纵向延伸的生动实践，两省通过"走出去，学经验；请进来，做引领"的方式，搭建起公共文化服务苏陕协作的快捷通道，并取得了一系列优质的公共文化服务协作成果。

第一，以满足人民群众对基本公共文化服务需求为出发点，提升苏陕公共文化服务效能。苏陕两省的文化艺术交流演出以及艺术展览是公共文化服务协作的核心内容，尤其是在南通举办的洋县皮影演出进社区、进校园，观看演出的学生及社会群众共计30余万人；江苏省东方娃娃杂志社与延安市图书馆连续3年联合举办"延安娃娃"原创绘本故事大赛暨东方娃娃原创绘本大赛（延安赛区），研发具有延安本土特色的优秀绘本及"延安娃娃"系列读物，社会影响和成效显著，形成了特色成果，真正做到了群众喜欢和活动形式双向奔赴。这种深度公共文化服务协作，为文化创新提供了源源不断的动力，推动公共文化服务不断向前发展。

第二，以"图文博美"推动公共文化服务苏陕协作多点开花。在《江苏省陕西省"十四五"东西部协作规划》指引下，苏陕协作在经济、文化、社会等领域多方面展开，在公共文化服务上成果颇丰，陕西省图书馆和南京图书馆人才交流机制常态化，定期在江苏开展系统化培训；两省文化馆在民间传统文化展示上互动频繁，特色艺术活动在两省各地演出，反响热烈；陕西历史博物馆和南京博物院主要围绕文物展览和人员培训展开交流。苏陕在公共文化服务上不断发展，逐渐摸索出了适合两省实际的公共文化服务协作体系，以优质的公共文化服务成果彰显东西部协作的先进性。公共文化服务跨区域协作的开展不仅促进了文化的交流与融合，更以优质成果拓展了协作的广度和深度，为两地的共同发展注入了新的活力。

二 以互补性优势增强跨区域协作的效益

苏陕两省在经济发展、文化传承、社会保障上存在显著差异，在相互学习先进经验的过程中，两省以两地各市区公共文化服务的实际情况为着眼点，实现优势互补、资源共享，创造出引进能扎根、走出能长久的典型案例和文化资源。

第一，以文化资源互补塑造东西部协作金字招牌。在公共文化服务领域，在服务模式、服务设施等方面，要紧紧抓住"文化品牌"建设的关键点，既要追求协作省份文化的各美其美，也要以协作双方或者多方的文化资源交流为契机，利用好传统技艺、习俗、绘画、乐曲等非遗资源，以资源的活化利用，打造出公共文化服务苏陕模式和亮点，以资源的互补性推动东西部协作迈上新台阶。

第二，以文化信息互补推动公共文化服务进入寻常百姓家。江苏省在基层公共文化服务上优势突出，资金保障较为完善，数字化、智能化服务水平先进。陕西省在学习引进经验过程中，要以信息交流、资源共享、品牌共建、人才共育为突破点，推动陕西省公共文化服务体系朝着数字化、智能化服务方向前进。江苏省要真抓实干，推动两地公共文化服务的互补向更深层次迈进，把陕西省文化与老百姓的文化生活、娱乐活动等相结合，让优质公共文化服务资源直达基层、常在基层，以苏陕协作成果织好跨区域协作的锦绣图。

三 以突出事迹增强跨区域协作的凝聚力

自苏陕协作启动以来，双方紧密合作，公共文化服务领域的苏陕帮扶事迹成为中国东西部协作的一道亮丽风景线。以苏陕帮扶事迹为引领，增强协作凝聚力，激发双方交流合作的新动力。

第一，以跨越千里的协作情凝聚公共文化服务跨区域协作合力。在公共文化服务苏陕协作的实践过程中，两省聚焦人民群众最广泛、最真实的公共文化服务诉求，形成了一批感人的公共文化服务事迹。宁强县残联与崇川残联于 2022 年 10 月签订《关于建设县图书馆视障阅览室的协议》，联建县图书馆视障阅览室；铜川公共图书馆馆员参与常州市苏陕挂职培训，以个人努力推动社会力量参与图书馆建设，并促成了常州图书馆与西北大学公共管理学院进行馆院合作，以跨越千里的合作让两地协作的"苏陕情"持续升温。这也表明了公共文化服务跨区域协作具有较强的现实性，挖掘和宣传东部地区成功经验，可以让西部地区了解到更多的先进理念、先进经验和成功模式，实现东西部文化资源互补和共享，推动公共文化服务迈上高质量发展新台阶。

第二，以项目交流凸显苏陕协作的现实价值。苏陕公共文化服务在项目协作上心连心、在活动举办上手牵手、在对口帮扶上点对点，形成了公共文化服务东西部协作的苏陕经验。太仓图书馆和神木图书馆开展总分馆服务体系建设、阅读服务空间建设培训活动并互赠地方文献，在春节期间与扬州少儿馆开展线上联合拜年活动，增进了东西部人民之间的合作，形成一种更加紧密的联系和共同体意识。这种共同体意识会加强两地的情感联结，促使双方更加积极地开展合作，推动公共文化服务事业繁荣发展。

四　以典型案例塑造东西部协作的强品牌

苏陕协作以来，两省公共文化服务发展取得了重要成果，各地涌现出一批具有创新性、示范性和推广价值的典型案例，涵盖了公共图书馆、文化馆、博物馆、基层综合性文化服务中心等多个领域，对东西部协作品牌具有示范带动作用。

第一，打造公共文化服务的"硬性"品牌。公共文化机构形成协作经验，是推动两省公共文化服务高质量协作的重要基础。公共图书馆作为公共文化服务的重要组成部分，在东西部协作中发挥着知识中心的作用。文化馆和博物馆则是展示东西部文化魅力的重要窗口。两省依托总分馆制，通过优化服务设施布局，实现两省市县（区）图书资源共建共享，有效解决了基层文化资源匮乏的问题，扩大了服务覆盖面，使更多群众享受到便捷的公共文化服务。两省文化馆创新"文化驿站"模式，将文化活动融入社区，为居民提供"一站式"文化服务，打造居民家门口的文化阵地，以体制、设施的创新提升公共文化服务的便捷性。同时新型公共文化空间的合作共建，也谱写了两地高质量协作的新篇章。农家书屋作为东部文化向西部延伸的重要节点，承载着普及科学文化知识、提升农民文化素养的重要使命。城市书房则以其现代化的设施和舒适的环境，成为东西部文化交流的重要平台。"扬榆协作"打造的"榆阅空间"城市书房、无锡与延安协作打造的"宜兴·延长城市友谊书房"，便利了两地群众的精神文化生活。通过农家书屋与城市书房的联动，成功打造了集阅读、交流、体验于一体的文化品牌，这些成功案例不仅提升了当地的文化影响力，更为公共文化服务跨区域协作提供了可借鉴的实践经验。

第二，打造公共文化服务的"软性"品牌。积极开展文化交流活动，推动东西部文化的深度融合，为打造强品牌提供有力支撑。一方面，创新活动形式，通过线上线下相结合的方式，举办"文化惠民工程"系列演出，让群众在家门口就能欣赏到高品质的文艺演出；开展"百姓大舞台"等活动，为基层群众提供展示才华的平台，以优质的文化内容和服务形式创新苏陕公共文化服务品牌。另一方面，借力于区位优势和合作优势，按照"增服务、提品质、创品牌"的发展思路，聚焦于文化遗产保护传承、群众文化活动开展、公共图书馆建设等方面，以品牌引领设计，开发出具有区域特色的公共文化服务，打造跨区域协作的知名品牌。

第三节　公共文化服务跨区域协作的政策展望

党的二十大报告提出："健全基本公共服务体系，提高公共服务水平，增强均衡性和可及性，扎实推进共同富裕。"[①] 新时代新征程上，必须坚持以习近平文化思想为指导，以习近平总书记关于深化东西部协作和定点帮扶工作的重要指示为遵循，进一步提升公共文化服务水平，从

---

① 习近平：《高举中国特色社会主义伟大旗帜 为全面建设社会主义现代化国家而团结奋斗——在中国共产党第二十次全国代表大会上的报告》，人民出版社 2022 年版，第 46 页。

政策体系、过程管理体系与长效发展机制三个层面不断完善公共文化服务跨区域协作的体制机制，推动公共文化服务高质量发展，让人民享有更加充实、更为丰富、更高质量的精神文化生活。

一 完善创新公共文化服务跨区域协作的政策体系

第一，加强区域政策顶层设计。中华人民共和国成立以来，特别是新时代以来，中国公共文化服务体系建设取得巨大成就。中国已经基本健全公共文化服务体系，顶层设计不断完善，中央制定了一系列关于公共文化服务的政策性文件，出台了一批关于公共文化服务的法律性文件。但同时，公共文化服务跨区域协作的政策体系还存在短板，公共文化空间建设也存在不平衡不充分问题。建议由国家发展改革委、文化和旅游部牵头，以新空间建设为契机，以区域发展总体战略为基础框架，以不同地区主体功能定位、经济社会发展水平和基本公共服务水平为基本依据，推进建立和完善内涵清晰、措施有效、管理规范、分类指导的区域政策体系。

第二，提高区域政策的精准性。政策的精准性是政策有效执行的前提，针对中国不同区域公共文化服务类型和区域发展中存在的突出问题，制定差别化的区域政策，不断细化区域政策的基本空间单元，不断提高区域政策的精准性和有效性。区域作为社会发展综合体，其内部的异质性和区域间的异质性都比较强，从理论上讲，越是细化区域政策的基本空间单元，就越可以减少区域内部的异质性，从而使区域政策的针对性和有效性更强，更有利于"靶向施策"。中央和地方各级政府在制定相关区域公共文化服务政策时，要根据实际操作可能性，尽可能细化区域政策的基本空间单元，真正做到因区施策和精准施策[①]。此外，加大对特殊类型地区的公共文化服务发展精准扶持力度。建立健全对老少边穷等特殊地区的长效普惠性扶持机制和精准有效支持机制。充分考虑特殊地区

---

① 贾若祥：《"十四五"时期完善中国区域政策体系和区域治理机制》，《中国发展观察》2020 年第 7 期。

的特点，因地制宜，培育和激发特殊地区发展动能。

第三，发挥区域规划指导引领作用。区域政策规划应当充分考虑地区公共文化服务发展的特点和需求，制定针对性的政策，引导区域规划、文化总体规划和地市规划间的协调发展。发挥区域规划引领带动作用，聚焦实现战略目标和提升引领带动能力，推动跨区域公共文化服务发展战略取得突破性进展，促进区域间融合互动、融通补充，不断优化完善区域发展格局。加强区域间公共文化服务改革举措的系统集成和协同配合，推动跨区域协同向更深层次更宽领域拓展。要循序渐进推进基本公共服务制度衔接、政策协同、标准趋同，分类推进各领域公共服务便利共享。注重与文化总体规划和地市规划的对接，确保各项规划之间的协调一致，形成一张完整的规划网络，为跨区域公共文化服务的发展提供有力支持。

二 扎实构建公共文化服务跨区域协作的过程管理体系

扎实构建公共文化服务跨区域协作的过程管理体系，需要从决策、执行、监督和反馈四个方面进行系统规划和有效实施。

第一，决策是公共文化服务跨区域协作的起点。在决策阶段，应当充分调研论证、系统梳理各地区文化资源情况和需求，明确跨区域协作的目标和意义，协调好各地方文化机构的利益诉求，确保决策方案的可行性和合理性，形成统一的决策方案和跨区域合作计划。

第二，执行是公共文化服务跨区域协作的关键环节。在执行阶段，各地文化机构要根据决策方案积极行动，充分发挥自身优势，以项目为载体，加强资源整合和协同创新，确保各项合作任务有序推进，配合其他地区的文化机构共同实施合作计划。

第三，监督是公共文化服务跨区域协作的有力保障。在公共文化服务跨区域协作过程中，需要建立有效的监督机制，对合作项目的进度、质量、成本等方面进行监督，并对合作过程中出现的问题及时进行调整和解决。

第四，反馈是促进协作持续改进和提高效率的重要依托。各地文化机构要定期总结协作经验，深入分析协作过程中的问题和不足，形成翔实的反馈报告，为未来的跨区域协作提供借鉴和改进方向。同时引入第三方评估机制，对协作效果进行科学评估，为公共文化服务跨区域协作提供客观的指导意见。

扎实构建公共文化服务跨区域协作的过程管理体系，在协作各方共同努力下，建立多层次、全方位的过程管理体系，为不同地区文化机构的合作提供有效的组织保障和运行机制，实现公共文化服务的跨区域整合和优化提升。

三　健强公共文化服务跨区域协作的长效发展机制

推动公共文化服务跨区域协作与高质量发展同轨并行，需要从利益平衡机制、平台创新示范、法治集约规范和区域协同发展四个方面持续发力，建立科学高效的保障机制。

第一，以利益平衡机制为基础，确保协作各方利益分配均衡。建立起包括利益识别、利益表达、利益协调和利益保障四个环节在内的一套公正合理的资源配置和收益分配机制，最大限度地激励各地区参与协作，确保各方利益能够得到保障。

第二，以平台创新示范为驱动，确保协作持续充满活力。注重技术创新和制度创新的结合，建设数字化平台、信息共享平台、交流合作平台等多元化的合作平台，提高合作效率，以数智创新赋能确保合作的有序进行。

第三，以法治集约规范为保障，确保协作长效持续开展。建立健全法律体系和法规制度，明确各方在合作中的权利和义务，既强调法律的约束性和权威性，确保各方遵守法律规定，又建立有效的监督和违规处理机制，保障协作的正常进行。在公共文化服务跨区域协作的实践中，坚持以法律形式规范区域协调发展的原则和战略重点，推动区域协调发展立法进程，明确责任分工，建立健全体制机制，以实现跨区域协作的有序发展和深入合作。

第四，以区域协同发展为目标，推动区域协作一体化。打破行政壁垒、强化政策协同，深化合作、相互赋能，有效促进区域内人才、技术、资金等创新要素的共享共用，为高质量发展、提升区域发展能级提供关键支撑。以苏陕协作模式为样板，在战略规划、资源共享、创新载体等方面持续推进跨区域协同创新体系建设，加速创新资源集聚共享，有序推动公共文化服务资源跨区域转移和合理配置，使跨区域协作真正成为区域发展共同体的不竭动力。

苏陕协作是东西部协作的重要组成部分，是在高质量发展的导向下，继续推动共同富裕、实现区域协调发展与乡村振兴的重要举措。以公共文化服务苏陕协作为亮点，续写东西部文化交流、资源共享、帮扶协作的精彩故事，为公共文化服务跨区域协作提供有机参照。在新的发展阶段，苏陕两省继续深化合作，创新基层公共文化服务模式，提升服务质量和水平，不断满足人民群众日益增长的文化需求，以高质量的东西部协作案例为全国范围内东西部协作谱写新篇章、树立新典范。

第十二章　总结与展望

在全球化和信息化的浪潮中，文化作为软实力的重要组成部分，其发展对于提升地区竞争力和居民幸福感至关重要。公共文化服务跨区域协作是一项极其复杂的问题，在理论层面与实践层面具有重要价值。在高质量发展的新阶段，人民群众对公共文化服务提出了更高品质、更加均衡的要求。如何在继续推动文化繁荣发展、建设文化强国和建设中华民族现代文明的进程中形成覆盖城乡、立体高效的现代公共文化服务体系来丰富人民群众的精神文化生活，是一个值得关注的问题。本书关注到了公共文化服务苏陕协作中的发展实效以及取得突出成就的实践案例，并以此为基础，进行理论总结与实践升华，探索了公共文化服务苏陕协作乃至跨区域协作的政策建议。

从跨区域协作角度而言，跨区域协作本质上是一种推动区域均衡发展的实践方式，充分彰显了高质量发展的属性和中国式现代化的内涵。中国东中西部地区，地理区位、经济、政策、科技水平的差异导致了发展过程的不均衡与不充分问题，东西差距大、南北分异大等因素制约着均衡发展。跨区域协作突破了"自给自足"的单一供给方式，打破了地区局限性。在党中央的集中统一领导下，调动优势资源帮助欠发达地区推动区域均衡发展，进而辐射带动周边地区，虹吸效应与回流效应协同发力，推动跨区域协作体系的健全与完善。

从公共文化服务角度看，公共文化服务满足了人民群众最基本的文化需求。一方面，提供与现代生活相适应的基本公共文化服务。公共文化服务具有兜底性、保障性和公益性的特征，这就决定了公共文化服务的本质是为了人民的公益性事业，人民能否享受到公共文化服务带来的便捷与实效，成为衡量公共文化服务发展水平高低的关键指标。另一方面，提供满足人民群众异质性文化需求的非基本公共文化服务。传统政府主导型公共文化服务是人民群众公共文化需求的基本保障，但这属于保基本、兜底线的服务范畴。随着人民物质生活水平的提升，单纯依靠政府主导型公共文化服务供给体制来满足人民精神文化生活需求已不现实，这就需要推动融合发展，让多元主体参与公共文化服务供给。

无论是公共文化服务，还是跨区域协作，最终目标都是满足人民对美好生活的期待，实现精神生活共同富裕。公共文化服务跨区域协作突破传统的物质层面的协作关系，转为更深层次的精神协作。放眼全国，公共文化服务跨区域协作涌现出了一大批实践案例，长三角、粤港澳、京津冀以及成渝双城经济区等邻近区域一体化建设，苏陕协作、闽宁协作、沪滇协作、浙疆协作等跨地区协作，在实践过程中形成了各具特色的实践模式。

基于区域均衡发展理论、横向财政均衡理论、府际关系理论、公共文化服务高质量发展理论与精神生活共同富裕等基础理论，我们开始探讨和研究公共文化服务跨区域协作问题。苏陕协作作为起步最早的跨区域协作，在实践过程中取得了突出成效，聚焦于公共文化服务苏陕协作的理论与实践，我们形成了以下认识。

从理论层面看，公共文化服务苏陕协作的内容体系较为成熟完备。一是公共文化服务苏陕协作的实践过程中涌现出了政府部门之间的协作模式、公共文化机构之间的协作模式、社会组织之间的协作模式以及公共文化机构与社会组织之间的协作模式。二是苏陕协作有着三十余年的发展历程，积累了宝贵的工作经验，公共文化服务苏陕协作在三十余年的历程中也历经了萌芽阶段、初探阶段、深化阶段和高质量发展阶段四个阶段，每个阶段的主要任务和协作重心均具有鲜明特征。三是公共文化服务跨区域协作包括制度建设、空间共建、资源整合、品牌共建等主要内容，在协作过程中受区位经济社会发展水平、政策法规、协作体制机制、供给需求、科技应用水平等关键因素的制约。结合公共文化跨区域协作理论、实践与政策要求，我们提出了公共文化服务苏陕协作的文化设施空间、人才交流培训、文艺创作展演、文化共创共享四大类型实践模式，并以典型案例论证和诠释了各实践模式的特色与成效。

从实践层面看，以公共文化服务苏陕协作的经典案例为联通两地协作的纽带。公共文化服务苏陕协作包括四项主要内容：一是以共建城市书房、共建农家书屋以及共建文旅融合项目为主要形式的文化设施空间类协作，这类协作聚焦于物质层面的共建共享，是两省公共文化服务协作的基础与保障条件。二是以人员互访和挂职锻炼为主要形式的人才交流培训类协作，这类协作重视经验交流互鉴与人力资源队伍建设，是两省公共文化服务协作的活力和动力因素。三是以协同创作、联合演出、艺术展览为主要形式的文艺创作展演类协作，这类协作关注文艺创作、文化特色的"走出去"与"引进来"，以融合发展促进公共文化服务品质的创新升级，是两省公共文化服务协作的特色与关键部分。四是以文化场所共创、文化资源共享为主要形式的文化共创共享类协作，这类协作重视文化品质与文化生活的有机结合，是两省公共文化服务协作的核心与升华部分。

公共文化服务苏陕协作的理论与实践丰富了跨区域协作的理论内涵与实践内容，促进了区域协调发展。新形势下，要以公共文化服务苏陕协作推动跨区域协作，推动建设社会主义文化强国与中华民族现代文明，进而实现全体人民精神生活共同富裕，就需要在讲好公共文化服务苏陕协作故事的基础上推动公共文化服务跨区域协作。从讲好公共文化服务苏陕协作故事看，要完善公共文化服务苏陕协作的政策体系，健全两省协作的体制机制，放大两省的实践经验，提升苏陕协作的综合效能。从跨区域协作看，要从"事前-事中-事后"的三位一体中创新完善公共文化服务跨区域协作的政策体系，构建公共文化服务跨区域协作的过程管理体系，健强公共文化服务跨区域协作的长效机制，提升公共文化服务跨区域协作的知名度与影响力。

尽管在本书的写作过程中我们开展了大量材料收集与实践调研活动，但我们深知对公共文化服务跨区域协作的探索仍然不足，对苏陕协作成果的梳理也只是"蜻蜓点水"。作为公共文化服务高质量发展方面的尝试性理论总结，本书着重聚焦于实践经验、实践模式的理论探讨，在诸多方面仍需要持续深化。

此外，出于研究视角的考量，我们在研究中做了取舍，如视角主要集中于公共文化服务苏陕协作的实践案例、模式，而对全国范围内公共文化服务跨区域协作的案例、模式的研究相对薄弱；对公共文化服务苏陕协作中的多元主体的作用进行了总体性概括，而对具体主体的作用的论述相对不足；对公共文化服务苏陕协作的实践进行了详细论述，而对其理论总结还需加强。这一定程度上影响了研究的全面性、深刻性与系统性，这也构成了我们今后持续努力的方向。我们将在后续的研究中更加关注更广阔的公共文化服务范畴，以更丰富的实践内容进行理论升华，深化对该论题的研究。

附　表

附表 1　江苏省各市县（区）与陕西省各市县（区）对口帮扶

市级结对关系		县（区）级结对关系	
江苏方	陕西方	江苏方	陕西方
常州市	安康市	武进区	汉滨区
		溧阳市	白河县
		溧阳市	汉阴县
		金坛区	石泉县
		金坛区	宁陕县
		新北区	紫阳县
		武进区、常州经济开发区	平利县
		新北区	岚皋县
		天宁区	旬阳市
		钟楼区	镇坪县
南通市	汉中市	如东县	南郑区
		南通市经济技术开发区	城固区
		如皋市	洋县
		启东市	西乡县
		海门区	勉县
		港闸区、崇川区	宁强县
		海安市	略阳县
		通州区	镇巴县
		崇川区	留坝县
		崇川区	佛坪县

续表

市级结对关系		县（区）级结对关系	
南京市	商洛市	栖霞区	商州区
		江宁区	洛南县
		浦江区	镇安县
		雨花台区	丹凤县
		六合区	山阳县
		溧水区	商南县
		高淳区	柞水县
苏州市	西安市	太仓市	周至县
徐州市	宝鸡市	沛县	麟游县
		铜山区	陇县
		新沂市	千阳县
		邳州市	扶风县
		贾汪区	太白县
泰州市	咸阳市	泰兴市	旬邑县
		靖江市	永寿县
		海陵区	长武县
		高港区	淳化县
镇江市	渭南市	丹阳市	富平县
		句容市	蒲城县
		扬中市	白水县
		镇江新区	合阳县
		丹徒区	澄城县
盐城市	铜川市	东台市	耀州区
		亭湖区	印台区
		大丰区	宜君县
无锡市	延安市	江阴市	延长县
		宜兴市	延川县
		新吴区	宜川县
扬州市	榆林市	常熟市	横山区
		宝应县	定边县
		邗江区	绥德县

市级结对关系		县（区）级结对关系	
扬州市	榆林市	邮市	米脂县
		广陵区	佳县
		仪征市	吴堡县
		扬州市经济技术开发区	清涧县
		江都区	子洲县

附表 2　东西部结对关系

帮扶省或城市	调整前的被帮扶地区 （1994、2002、2012）	调整后的被帮扶地区 （2016）
北京	内蒙古	内蒙古、河北张家口市和保定市
天津	甘肃	甘肃、河北承德市
上海	云南、贵州	云南、贵州遵义市
广东	广西	广西、四川甘孜州
广州	贵州（2012）	贵州黔南州、毕节市
佛山	—	四川凉山州
中山东莞	—	云南昭通市
珠海	重庆（2002）	云南怒江州
深圳	贵州	—
江苏	陕西	陕西、青海西宁市和海东市
苏州	贵州（2012）	贵州铜仁市
浙江	四川	四川
杭州	贵州（2012）	湖北恩施州、贵州黔东南州
宁波	贵州	吉林延边州、贵州黔西南州
山东	新疆	重庆
济南	—	湖南湘西州
青岛	贵州	贵州安顺市、甘肃陇南市
辽宁	青海	—
大连	贵州	贵州六盘水市
福建	宁夏	宁夏
福州	—	甘肃定西市
厦门	重庆（2002）	甘肃临夏州

注：信息来源于《国家八七扶贫攻坚计划》与《关于进一步加强东西部扶贫协作工作的指导意见》。

附表 3　公共文化服务苏陕协作项目分类（部分）

序号	成果类型		成果名称	协作双方单位	项目的基本内容		
	大类	小类			起止时间	项目建设地点	项目建设内容及成效
1	文化设施空间	城市书房	郁林家园	江苏方：扬州市 陕西方：榆林市	2022年8月至今	榆林市横山区长泽路郭新庄社区一楼	榆扬两市政府和文旅部门通过领导互访、座谈交流打开两地文化合作的新思路，两市共同签订了《扬州市人民政府榆林市人民政府"十四五"协作框架协议》《文旅融合高质量发展合作协议》等文件，为两市公共文化交流指明方向。在具体落实上，榆林市积极通过高效利用苏陕协作专项资金进行城市书房建设工作，举办文旅推介会、恳谈会、丝博会、交易会等活动，并且通过招商引资使扬州、榆林社会资金参与到公共文化服务发展上来。2022年8月，榆林市首家24小时城市书房在横山区郁林家园正式建成开放，该书房总投资78万元，实际藏书7749册，实际座席55席，配置数字阅读设备1台，电脑8台，接入了ILAS系统，免费为郁林家园1.4万名移民搬迁群众提供图书阅览、借阅、查询、24小时全天候自习室、讲座、培训、展览等各类延伸服务和便民服务。2024年1月，扬州榆林两地政府领导共同参与了"榆阅空间"城市书房集中揭牌仪式。在未来规划上，榆林市城市书房建设发展空间较大，扬榆两市积极探索合作模式，通过资源共享、优势互补等方式，争取到"十四五"末，中心城区建成50个"榆阅空间"24小时城市书房，不断满足人民群众的文化需求，努力实现书房与图书馆分馆、街办综合文化服务中心阅读空间共同构筑城区一刻钟阅读服务圈
2		城市书房	宜兴·延长友谊书房	江苏方：宜兴市 陕西方：延安市延长县	2021年3月至今	延安市延长县延河中路新洲汇城8号楼	宜兴·延长友谊书房是苏陕合作项目，书房设有宜兴延长文化交流区、中央书廊、儿童阅读区、学术交流区等区域，是当地唯一一个集阅读、休闲、文化活动于一体的现代化综合服务空间。该书房2021年3月开工，7月完工，8月6日开馆，占地面积865平方米，设计藏书量3万册。该书房是由宜兴市企业家爱心捐赠300万元装潢的现代化图书

序号	成果类型		成果名称	协作双方单位	项目的基本内容		
	大类	小类			起止时间	项目建设地点	项目建设内容及成效
2			宜兴·延长友谊书房	江苏方：宜兴市 陕西方：延安市延长县	2021年3月至今	延安市延长县延河中路新洲汇城8号楼	馆，面积865平方米，藏书1.6万册，其中1.1万册是宜兴市文体广电和旅游局赠送的，5000册是延长县干部捐赠，设阅览座席225个，春节期间不打烊，日均接待读者100人次。书房也定期组织"书香延长"活动，推行"党建+学习培训+全民阅读"模式，坚持党员领导干部带头学习阅读，全县各级党组织开展"我心向党、全民阅读""红色故事分享会"等系列活动40余场次，成功将书房打造成全民阅读的新平台、红色教育的新阵地，同时持续推广全民阅读，经常向市民免费提供学习交流场所，有效提升了延长的城市品位，服务了延长地方发展
3	文化设施空间	城市书房、视障阅览室	县图书馆视障阅览室	江苏方：崇川区残联 陕西方：宁强县残联	2022年10月至今	汉中市宁强县汉源街道	在"苏陕协作"的帮扶机制下，宁强县残疾人得到了南通市残联、原港闸区残联和崇川区残联的大力支持，先后获赠轮椅120辆、励志书籍200本，投入共建资金8万元。建成后的宁强县图书馆视障阅览室共收藏盲文图书、大字版图书800册，涵盖文学、艺术、教育等方面，能够基本满足视障者的阅读需求。同时，还配备了盲人听书机、盲人阅读器、助视器、学习机等辅助器具，让全县1000余名视障者在此亲身感受到高科技带来的便利，让他们实现无障碍阅读，获得知识的光明
4		文旅融合项目	马庄香包项目	江苏方：徐州市贾汪区 陕西方：宝鸡市太白县	2018年至今	宝鸡市太白县桃川镇	2018年4月20日，在苏陕协作工作的带动下，徐州市贾汪区在太白县桃川镇开展香包制作培训班，培训以"扶贫先扶志，扶志重扶技"为原则，组织留守农村妇女赴贾汪区进行了业务技能培训，为易地扶贫搬迁群众寻找新的致富路径。2018年以来，杨下村多次邀请徐州贾汪区马庄香包传承人王秀英前来举办"马庄香包"制作培训班，200余名农村妇女参加了培训。同时，村上香包制作负责人组织数十名骨干前往马庄拜师学艺，把精湛技艺带回了杨下。截至目前，杨下香

续表

序号	成果类型		成果名称	协作双方单位	项目的基本内容		
	大类	小类			起止时间	项目建设地点	项目建设内容及成效
4		文旅融合项目	马庄香包项目	江苏方：徐州市贾汪区 陕西方：宝鸡市太白县	2018年至今	宝鸡市太白县桃川镇	包产品含大型节庆诗词挂件、中型古典诗画摆件、小型现代随身饰品等三大类60余种，并在马庄香包的影响下形成了杨下村史文化长廊、新时代文明实践站、香包文化大院等公共文化服务设施空间，有效地促进了当地公共文化服务的发展
5	文化设施空间	文旅融合项目	甘北杨虎城将军故居红色旅游景区基础设施建设项目	江苏方：句容市 陕西方：渭南市蒲城县	2020年至今	渭南市蒲城县	甘北杨虎城将军故居红色旅游景区基础设施建设项目是江苏省句容市和陕西省渭南市蒲城县之间文化交流的成果，旨在通过项目引入、资金投入、管理介入盘活蒲城县丰富的文化资源，提升蒲城县文化影响力。景区项目的建设彰显着句蒲两地政府部门和支持苏陕协作的社会各界的"千里之情"。以旅游设施的发展工程推动红色旅游景区系统化改造。一是项目改造分"三步走"完成。景区规划面积约10万平方米，建设面积约4.5万平方米，预计总投资7016万元。前期是蒲城县运用句容市政府专项帮扶资金和吸引社会企业资金来蒲，主要是针对纪念馆景区的道路、基本公共服务设施、游客中心、停车场，着重打造景区与周边地区交通互联互通。2023年3月28日项目一期建成开放，从"家、乡、校、国"四个层面还原了杨虎城将军的家庭生活、故土情缘、教育贡献与爱国精神，形成"见人见物见精神"的文化空间，传承杨虎城将军爱国精神，续写蒲城的时代故事。项目二期建设以创建3A级旅游景区的标准，进一步完善旅游标识、服务设施、商业开发等基础配套设施，以满足游客参观、旅游、服务等多项需求。同时，在系统性恢复历史建筑原貌的基础上，保护杨虎城故居及其周边区域的珍贵历史遗存，予以修复修缮、加固改造

序号	成果类型		成果名称	协作双方单位	项目的基本内容		
	大类	小类			起止时间	项目建设地点	项目建设内容及成效
6	人才交流培训	交流学习	人才交流	江苏方：南通市如皋市 陕西方：汉中市洋县文化和旅游局、县文化馆	2021年9月16日—12月30日	江苏省南通市如皋市文化馆	2021年9月16日—12月30日，洋县文化馆副馆长赵学勇在如皋交流培训期间，作为挂职副馆长，学习如皋文化馆管理、公共文化服务、文化艺术创作、非遗项目保护、文化成果展示等方面的先进经验和做法。观摩如皋市"雉水之夜"文艺演出及非遗展演，接受如皋市融媒体采访，交流心得体会，同时宣传推荐洋县非遗项目。观摩如皋市书画摄影作品展，与如皋市的书画家做朋友、开展笔绘交流活动，倡导洋县非遗项目皮影、杖头木偶到如皋演出，策划洋县和如皋书画家联谊展览采风活动。调研如皋市文旅融合、红色文化资源、民风民俗，创作一批反映如皋历史文化、名胜古迹、风土人情的书法、篆刻作品，创作的50余件书法作品已经悬挂在如皋市政协、文旅局、文化馆的办公室、会议室，创作的50余件篆刻作品收入《赵学勇篆刻》作品集
7		交流学习	人才交流	江苏方：常州市钟楼区 陕西方：安康市镇坪县	2021年8月—2022年4月	常州市钟楼区文化体育和旅游局	按照钟楼区人民政府、镇坪县人民政府签订的《钟楼区·镇坪县"十四五"协作框架协议》《钟楼区·镇坪县2022年苏陕协作和经济合作帮扶协议》要求，镇坪县文旅广电局派遣镇坪县文化馆干部黄波同志到常州市钟楼区文体旅局交流学习文化市场管理、公共文化服务等相关工作，进一步提高自身能力素质。作为交流跟班学习干部，该同志始终严格要求自己，积极服从组织和领导的安排，认真履行岗位职责，主动高效地完成交办工作，不推诿、不拖延。在参与文化活动方面表现积极，主持了2023年苏陕协作"一家亲"对口帮促振兴暨安康市特色富硒农产品、美食及文化旅游推介会等活动，并为镇坪县公共文化服务高质量发展考核检查工作提出了建设性的建议

续表

序号	成果类型		成果名称	协作双方单位	项目的基本内容		
	大类	小类			起止时间	项目建设地点	项目建设内容及成效
8	人才交流培训	交流学习	苏陕公共图书馆协作暨公共图书馆智慧建设与服务效能提升研修班	江苏方：南京图书馆 陕西方：陕西省图书馆	2023年9月21—26日	天丰大酒店（南京市秦淮区洪武路26号）	为贯彻落实《江苏省文化厅 陕西省文化厅文化交流合作框架协议》，进一步深化两地公共图书馆领域交流互鉴，由陕西省文化和旅游厅、江苏省文化和旅游厅指导，陕西省图书馆、南京图书馆承办，陕西省图书馆学会、江苏省图书馆学会、陕西图书馆教育培训中心协办"苏陕公共图书馆协作暨公共图书馆智慧建设与服务效能提升研修班"。研修班围绕深入实施全国公共数字文化工程，健全文化信息资源共享服务机制，推进全省公共图书馆智慧化、规范化建设，提升基层公共图书馆业务人员线上公共文化服务质量和能力等主题开展。此次研修班，进一步促进了两地公共图书馆之间的深度合作与资源共享，提升了参训人员在智慧图书馆建设与数字化服务方面的专业能力，为推动公共文化服务的均衡发展和高质量提升奠定了坚实基础
9		交流学习	公共图书馆服务创新研修班	江苏方：常熟图书馆、昆山市图书馆、太仓市图书馆 陕西方：安康图书馆、商洛图书馆、神木图书馆	2018年10月15—20日	江苏省苏州市	2018年10月15—20日，陕西、江苏两省文化厅举办"公共图书馆服务创新研修班"。开班式上，陕西安康、商洛、神木三市图书馆与江苏常熟、昆山、太仓三市图书馆正式建立了对口协作关系。研修班通过理论学习与现场教学，深入探讨了图书馆服务创新与管理经验。苏州图书馆副馆长许晓霞讲授了《图书馆服务创新——苏州图书馆案例分享》，重点介绍了其总分馆制及深度嵌入政府、企业和社区的服务模式。费巍博士主讲的《图书馆与全民阅读》展示了苏州如何通过全民阅读推动文化建设，体现了其文化底蕴和全民参与的精神。研究馆员邱冠华分享了《公共图书馆管理实务》，提供了图书馆管理的宝贵经验。通过此次研修班，参训人员不仅学习了苏州图书馆的创新做法，还深入了解了其管理和服务模式，促进了两地图书馆的合作与资源共享，为未来的共同发展奠定了基础

序号	成果类型		成果名称	协作双方单位	项目的基本内容		
	大类	小类			起止时间	项目建设地点	项目建设内容及成效
10		交流学习	铜川书画院赴盐城开展采风写生交流活动	江苏方：盐城市书画院 陕西方：铜川书画院	2018年5月14—18日	盐城市书画院	2018年5月，铜川书画院组织画院画家和各区县美术骨干一行赴盐城市书画院开展文化交流及写生采风活动。铜川书画家深入了解了盐城的历史文化和风土人情，开阔了眼界，增长了见识，感受到了南北地域文化差异，收集了丰富的创作素材，激发了极大的创作灵感。活动期间，与盐城市书画家开展了书画研讨笔绘交流活动，加深了两市书画家的友谊，为两地间更加深入的文化交流奠定了基础
11	人才交流培训	交流学习	苏陕公共图书馆协作	江苏方：扬州市图书馆 陕西方：府谷县图书馆	2020年8月5日—9月8日	扬州市图书馆、府谷县图书馆	2020年8月5日，扬州市图书馆与府谷县图书馆在扬州举行了对口协作签约仪式，标志着两地在公共文化服务领域的深度合作。签约仪式上，府谷县负责人希望在城市书房建设、数字资源共享、人才培训及联合活动等方面得到扬州市的支持与帮扶。扬州市文旅局和图书馆负责人表示，愿意与府谷县文旅局和图书馆建立长期的合作关系，推动两地文化的深度融合与共同发展。为落实这一合作，2020年9月8日，苏陕培训专家组及省图相关领导深入府谷县图书馆开展现场教学和业务考察。专家组首先到府谷县图书馆、新区信用书吧、荣河博物馆等进行了调研，重点评估了府谷县图书馆的服务体系建设与效能。专家们结合实际情况，现场指导基层图书馆员，帮助他们更好地理解和掌握业务规范。此次合作不仅加强了两地图书馆的资源共享和经验交流，也通过实际指导提升了府谷县图书馆的服务效能。通过两地的互帮互助，府谷县在公共文化服务建设方面取得了突出进展，为今后两地文化合作奠定了坚实基础

续表

序号	成果类型		成果名称	协作双方单位	项目的基本内容		
	大类	小类			起止时间	项目建设地点	项目建设内容及成效
12		交流学习	商洛图书馆与苏州图书馆交流活动	江苏方：苏州图书馆 陕西方：商洛图书馆	2018年10月15日—2019年1月15日	苏州图书馆	2018年10月15日苏陕签订公共图书馆对口协作交流共建协议书，商洛图书馆派馆员前往苏州图书馆进行跟班学习三个月，重点交流学习了地方文献方面相关工作，通过交流学习，商洛图书馆工作人员进一步提升了业务能力，创新了工作方式，商洛图书馆先后设立了地方籍作家作品专辑，并联合社会力量建了方志馆，同时积极开展地方文献征集工作，得到了社会各界的广泛支持，促进了商洛图书馆地方文献收集整理工作进一步发展
13	人才交流培训	交流学习	扬州市图书馆与榆林市图书馆际交流合作	江苏方：扬州市图书馆 陕西方：榆林市图书馆	2021年6月8日至今	扬州市图书馆	2021年6月8日，扬州市图书馆馆长朱军与榆林市图书馆馆长贺世强签署了《扬州市图书馆与榆林市图书馆际交流合作协议》。此次合作聚焦图书馆建设、城市书房建设、人才培训、资源共享和活动共建等领域，旨在推动两地公共文化服务的共同发展。合作内容包括：扬州市图书馆为榆林市图书馆提供建设和运营方面的经验支持，特别是在城市书房的规划与实施上，提升榆林市图书馆的服务功能和文化氛围；双方定期开展人才培训和业务交流，帮助榆林市图书馆员提升专业技能，推动两地图书馆在管理和服务上的互学互鉴；双方共享特色资源，联合组织文化活动和阅读推广，促进文化交流与合作。此次合作为两地图书馆提供了资源共享和优势互补的机会，不仅提升了榆林市图书馆的服务能力，还推动了两地公共文化的深度融合，具有重要的示范意义
14		交流学习	宝鸡市图书馆与苏州图书馆交流合作	江苏方：苏州图书馆 陕西方：宝鸡市图书馆	2020年11月至今	苏州图书馆、宝鸡市图书馆	在省文旅厅和省图书馆的支持下，宝鸡市图书馆与苏州图书馆的合作不断深化，尤其在读者服务和古籍保护修复等方面取得了显著成效。2020年11月，宝鸡市图书馆派遣两名馆员参加了苏陕协作培训班，重点提升了在读者服务和古籍保护修复方面的专业能力。尤其在古籍保护修复领域，宝鸡市图书馆通过与苏州图书馆古籍保护中心的多次联系和

序号	成果类型		成果名称	协作双方单位	项目的基本内容		
	大类	小类			起止时间	项目建设地点	项目建设内容及成效
14	人才交流培训	交流学习	宝鸡市图书馆与苏州图书馆交流合作	江苏方：苏州图书馆 陕西方：宝鸡市图书馆	2020年11月至今	苏州图书馆、宝鸡市图书馆	合作，显著提高了古籍保护水平。地方文献保护中心主任积极推动与苏州图书馆的对接，帮助宝鸡市图书馆加强了古籍修复技术和文献保护工作。2022年，苏州图书馆对宝鸡市图书馆进行了调研指导，并签订了馆际合作框架协议，明确了双方在资源共享、服务提升和文化活动等方面的合作方向。此协议为两地图书馆的长期合作奠定了基础，进一步促进了双方在公共文化服务领域的交流与共建。2023年9月，宝鸡市图书馆馆长和副馆长参加了苏陕高质量发展研修培训班，进一步吸收了苏州图书馆在智慧服务和管理方面的先进经验，为宝鸡市图书馆的未来发展提供了新的思路。通过这一系列的合作与学习，宝鸡市图书馆在古籍保护、馆员培训和服务创新等方面取得了显著进展，推动了两图书馆在文化资源共享和服务提升上的深度融合，进一步增强了宝鸡市图书馆的综合服务能力
15		交流学习	盐城图书馆交流学习	江苏方：盐城图书馆 陕西方：铜川图书馆	2018年3月至今	盐城图书馆	2018年，铜川图书馆与盐城图书馆开展了多方面的交流与合作。一是2018年3月，铜川图书馆借阅部主任袁宁赴盐城图书馆交流学习，主要聚焦图书馆管理、读者服务和馆藏建设等方面。通过与盐城图书馆的交流，袁宁借鉴了其在服务创新、数字化管理和馆藏资源优化方面的经验，为铜川图书馆的管理水平提升提供了重要参考。二是2018年6月，盐城图书馆向铜川图书馆捐赠了1万册图书。铜川图书馆根据图书类型将其合理分配，特别是将适合儿童读者的图书送往铜川市少儿图书馆，极大地丰富了少儿图书馆的馆藏，满足了当地儿童的阅读需求。这一捐赠有效提升了铜川图书馆的馆藏质量，推动了文化资源的共享与流动。此次合作不仅加强了两地图书馆的联系，也为铜川图书馆的服务提升、馆藏建设和资源共享奠定了基础。通过学习与捐赠，铜川图书馆在管理和服务方面取得了实质性进展，同时两地公共文化服务取得了进一步发展

续表

序号	成果类型		成果名称	协作双方单位	项目的基本内容		
	大类	小类			起止时间	项目建设地点	项目建设内容及成效
16	人才交流培训	交流学习	金陵图书馆与延安市图书馆交流合作	江苏方：金陵图书馆 陕西方：延安市图书馆	2021年4月16日至今	金陵图书馆、延安市图书馆	2021年4月16日，金陵图书馆与延安市图书馆在苏陕公共图书馆协作交流座谈会上签署了《金陵图书馆与延安市图书馆交流合作协议》。此次合作将通过多方面的框架推动双方在资源共享、人才培养、学术交流等领域的深度融合。协议围绕合作原则、目标和框架展开，具体涵盖以下几大方面：首先，双方将在党建工作上加强交流与合作，促进党员干部的互动和经验共享；其次，在文献资源和信息共享方面，金陵图书馆与延安市图书馆将整合各自的优势资源，共同推动特色资源的共享与互补。此外，双方还将在人才培训和业务交流方面开展合作，提升馆员的专业能力，推动业务水平的提升。此次合作有效实现了金陵图书馆与延安市图书馆的优势互补，通过资源共享、文化活动和人才培养等形式，推动了两馆的共同发展。特别是在探索多元化合作形式方面，双方将持续深化合作，构建长效、系统的合作机制，为未来两地图书馆服务的创新与发展奠定了基础。通过这一协议，金陵图书馆与延安市图书馆在多个领域的合作得到了有效落实，为两馆的可持续发展和资源共享提供了有力保障，也为双方在图书馆事业中的进一步协同合作创造了条件
17		挂职锻炼	常州图书馆挂职锻炼	江苏方：常州图书馆 陕西方：安康市图书馆	2020年10月—2021年1月	常州图书馆	2020年10月—2021年1月，安康市图书馆派员赴常州图书馆进行挂职培训，开展了深入的学习和交流，促进了两图书馆在管理、技术和服务创新等方面的互相借鉴。培训期间，安康市图书馆工作人员全面了解了常州图书馆的发展理念、场馆建设、机构与制度建设等方面的经验，尤其在设施布局和现代化服务方面，常州图书馆的先进做法为安康市图书馆提供了重要参考。培训内容还涵盖了新技术的应用，特别是在数字化服务和智能化管理方面，常州图书馆在智能服务平台、数

序号	成果类型		成果名称	协作双方单位	项目的基本内容		
	大类	小类			起止时间	项目建设地点	项目建设内容及成效
17		挂职锻炼	常州图书馆挂职锻炼	江苏方：常州图书馆 陕西方：安康市图书馆	2020年10月—2021年1月	常州图书馆	据分析和用户行为研究等领域的创新，帮助安康市图书馆提高了数字化转型的认知和实践能力。培训结束后，安康市图书馆将所学内容应用到日常工作中，提升了馆员的专业技能，优化了馆内管理和服务流程，推动了数字化平台的建设，提升了服务的智能化和便捷性。此外，安康市图书馆在借鉴常州图书馆经验的基础上，逐步提升了图书馆资源整合能力、用户体验和服务质量。此次培训不仅加深了两图书馆的合作，也为安康市图书馆的管理创新和数字化转型提供了有力支持
18	人才交流培训	挂职锻炼	金陵图书馆挂职锻炼	江苏方：金陵图书馆 陕西方：延安市图书馆、吴起县图书馆	2020年11月—2021年2月	金陵图书馆	2020年11月—2021年2月，六位来自陕西省的公共图书馆挂职馆员在金陵图书馆进行了为期三个月的挂职培训。这次交流为图书馆的合作与发展提供了宝贵机会，促进了业务能力的提升与管理经验的互相借鉴。在挂职期间，陕西挂职馆员通过对南京市公共图书馆业务技能竞赛的观摩，亲身体验了高水平的业务竞争与服务创新，深刻认识到提高馆员专业能力和服务质量的重要性。此外，陕西馆员还与金陵图书馆代表共同赴深圳参加了第十四届海洋文化论坛暨"一带一路"图书馆联盟年会，并签署了加入联盟的倡议书，成功将陕西图书馆纳入"一带一路"中国珠三角、长三角和西部地区图书馆联盟，这为陕西图书馆未来的国际合作与资源共享打开了新局面。12月16日，金陵图书馆组织了中期业务交流会，六位挂职馆员分别汇报了自己的工作成果与收获，分享了在金陵图书馆挂职期间的经验和感悟。这一交流环节不仅加深了两馆之间的合作关系，也促进了挂职馆员在管理与服务方面的共同提升。同月，延安市图书馆馆长一行访问了金陵图书馆，并与金陵图书馆领导达成了在党建与业务合作方面的初步协议，计划在来年正式签约，进一步推动两馆的长期合作。在2021

续表

序号	成果类型		成果名称	协作双方单位	项目的基本内容		
	大类	小类			起止时间	项目建设地点	项目建设内容及成效
18		挂职锻炼	金陵图书馆挂职锻炼	江苏方：金陵图书馆 陕西方：延安市图书馆、吴起县图书馆	2020年11月—2021年2月	金陵图书馆	年1月28日，陕西挂职馆员参加了金陵图书馆的年度工作总结暨新年工作部署大会，与金陵图书馆馆员一起总结过去一年的工作成果，并共同展望新一年的发展计划。会后，挂职馆员还参加了金陵图书馆工会组织的新春游艺活动，增强了团队凝聚力和文化交流。通过此次挂职培训，陕西挂职馆员不仅在业务技能、管理理念和国际合作等方面得到了全面提升，还推动了两地图书馆在党建、业务合作和跨区域合作等方面的深度融合。这一交流合作为陕西省公共图书馆的创新发展注入了新动能，也为两馆未来的持续合作奠定了坚实基础
19	人才交流培训	挂职锻炼	扬州市图书馆与汉中市图书馆馆际交流合作	江苏方：扬州市图书馆 陕西方：汉中市汉台区图书馆	2020年11月—2021年1月	扬州市市图书馆	2020年11月—2021年1月，汉中市汉台区图书馆职工郭光华赴扬州市图书馆挂职学习。其间，郭光华通过在扬州市图书馆各部门的轮岗，全面了解了该馆的运营管理及服务模式，并根据对口工作安排，重点在采编部和分馆管理中心进行了深入学习。在采编部，郭光华系统学习了图书采购、编目、分类等核心业务，掌握了现代图书资源管理的流程与方法，提升了馆藏管理与资源整合的能力。在分馆管理中心，他参与了分馆运营的实际工作，深入了解了分馆的管理模式、服务创新及用户需求分析，为汉中市图书馆分馆建设提供了宝贵的实践经验。此次挂职学习，不仅提升了郭光华个人的业务能力，还为汉中市图书馆在资源管理、分馆运营和服务创新等方面提供了新的思路和方向。通过两馆的深入交流与合作，进一步促进了经验共享和业务发展，为今后的合作奠定了坚实基础

序号	成果类型		成果名称	协作双方单位	项目的基本内容		
	大类	小类			起止时间	项目建设地点	项目建设内容及成效
20	文艺创作展演	文化艺术交流	如皋洋县文艺展演	江苏方：南通市如皋市 陕西方：汉中市洋县文化和旅游局、县文化馆	2022年11—12月	江苏省南通市如皋市城区及各镇办学校	本次活动由如皋市文体广电和旅游局、如皋市教育局、洋县文化和旅游局联合主办，如皋市文化馆、洋县文化馆承办，是一次跨省域深层次的戏剧展示交流活动。受江苏如皋市文化旅游局邀请，洋县文化和旅游局安排洋县文化馆组织14人的洋县皮影戏演出团队，在如皋市文化馆19万元资金的支持下，演出团队在如皋市如城区及各街道社区、学校以每天轮流到各地演出两场皮影戏的形式，共计演出22天40多场次，演出团队共演出皮影剧目《谢村桥》《孙杨大战》《员外娶妾》。所到之处座无虚席，每场观众有800多人，此次展演活动中观看演出的学生及社会群众共计30余万人。本次洋县皮影戏受邀走进如皋校园，既为洋县传统文化展示展演创造了机会，也让如皋的孩子们近距离接触、感知陕南传统文化，感受中国优秀地域传统曲艺的魅力
21		文艺演出	秦岭崇川一家亲青山绿水见真情	江苏方：南通市崇川区 陕西方：汉中市留坝县	2023年5—8月	南通市崇川区唐闸工人文化宫	"秦岭崇川一家亲　青山绿水见真情"文艺创作展演是苏陕合作项目，费用20万元，主要用于精品剧目编创、编排，文艺走亲等项目。崇川和留坝两地密切合作，在推进产业合作、干部交流、人才支援、劳务协作、消费协作、文化交流等方面持续发力，不断深化各领域深层次对接。特别是两地文化艺术也密切交流，两地走动更勤、合作更紧、成果更实，为了能共同用心用情在文化上落实好苏陕协作目标任务，留坝县紫柏文工团结合县域特色文化，创编了群舞《古道天行》《紫柏仙境》，歌曲《紫柏一片云》《小城留坝》，民俗表演《打糍粑》，以及被列入第一批国家非物质文化遗产的汉调桄桃折子戏《挂画》等特色文艺节目在崇川进行了展演，充分展现了留坝地域风情和表演风格，更好地展现出以文化为媒，结两地情缘，牵起情系两地文化的精神纽带

序号	成果类型		成果名称	协作双方单位	项目的基本内容		
	大类	小类			起止时间	项目建设地点	项目建设内容及成效
22		书画艺术交流	如皋洋县文艺交流	江苏方：南通市如皋市 陕西方：汉中市洋县文化和旅游局、县文化馆	2022年9月20—30日	汉中市洋县朱鹮大道文化三馆一中心、洋县文化馆	经如洋两地协商于2022年9月下旬举办如皋书画家来洋文化交流展览及调研活动。该活动从9月20日到30日为书画作品展览日期，其中21至24日为如洋两地书画艺术家座谈研讨艺术切磋交流日期。该书画作品展览交流活动共展出如皋市书画家创作的作品110幅。展览作品的装裱费用由如皋文化馆承担，住宿、用餐、车辆等费用由洋县文化馆承担。整个交流展览活动共支出经费9万元。展览期间，每天有200多名洋县的人民群众前来参观。活动期间累计参观群众达12000人次。该活动为洋县的公共文化服务提供了优秀的项目内容，开阔了洋县群众的眼界，也为洋县的书画艺术家提供了艺术借鉴和参考样品
23	文艺创作展演	书画摄影展览	"平安顺利·幸福安康"安康市儿童版画巡展	江苏方：常州市 陕西方：安康市渭南市	2021年4月8—20日	江苏省常州市刘海粟美术馆	安康市群众艺术馆持续开展以留守儿童为主要对象的艺术关爱行动，在少儿艺术教育上取得了佳绩，得到了媒体和业内专家的广泛好评。2021年，安康儿童版画再次成功入选"陕西省传播交流推广项目"。本次巡展活动是继2020年常州市文化馆与安康市群众艺术馆签订文化交流合作框架协议以来，首次开展的以少年儿童为主体的文化交流活动。总结推广安康市近年来文化扶贫取得的成果。促使贫困山区儿童开阔眼界、增长见识，激发安康儿童对家乡美好未来的展望和爱国情怀，展现贫困山区在国家扶贫政策下取得的扶贫成果
24		书画摄影展览	2018年盐阜文化铜川行书画展	江苏方：盐城市文化馆 陕西方：铜川书画院	2018年6月20—26日	铜川书画院展厅	盐城市文化馆组织76件书画作品在铜川进行为期7天的展出，展览结束后，将全部作品捐赠给铜川书画院；铜川书画院将捐赠作品进行分类典藏，丰富了藏品种类，并根据需要进行区县巡回展出，供观众观赏。展览期间，两地书画家进行了交流笔绘

序号	成果类型		成果名称	协作双方单位	项目的基本内容		
	大类	小类			起止时间	项目建设地点	项目建设内容及成效
25	文艺创作展演	书画摄影展览	"艺桥飞架童心筑梦"苏豫陕三省三地少儿版画安康站交流展	江苏方：南京市 陕西方：安康市	2023年3月23—26日	陕西省安康市群众艺术馆	由陕西、江苏、河南三省文化、教育、文联系统共同主办的"艺桥飞架 童心筑梦"苏陕豫三省三地少儿版画展，经过精心筹备，在安康开展。安康市文学艺术界联合会党组书记李雪艳，安康市文化和旅游广电局副局长王晓红，中国美术家协会少儿美术艺委会副秘书长、陕西省美术家协会副秘书长靳长安，中国美术家协会少儿美术艺委会委员、江苏省美术家协会少儿美术艺委会主任、江苏省特级教师牛桂生，河南省新郑市教育局基础教育教学研究室主任赵振超，南京市秦淮区文化馆馆长李蔚，安康市群众艺术馆馆长周墙，以及三省地市相关学校校长、学生代表、新闻媒体记者百余人出席开展仪式并参观展览。安康儿童版画，是安康市群众艺术馆坚持四十年用心用情用功打造的关爱未成年人文化品牌，也是安康文化联姻外省市的媒介，本次展出的百余幅版画作品，汇聚了三省三地小版画家们的精品佳作，他们以版画世界里的童心、童趣和童画里的美丽，弘扬中华优秀传统文化，培育和践行社会主义核心价值观，传递新时代少年儿童心中的美好心愿和远大梦想
26		书画摄影展览	铜川—盐城书画作品联展	江苏方：盐城市书画院 陕西方：铜川书画院	2023年3月—5月	铜川图书馆一楼展厅	展览汇聚了铜川与盐城两地书画家们倾情创作的80件书画精品，这些书画精品形式多样、立意新颖、主题突出，两地书画家们从不同的角度生动描绘了两地的厚重历史、秀美地理风貌；本次展览是省市之间文化交流活动的尝试，也是文化走基层活动的延展，推进地域文化相互融合、相互借鉴，将两地文化精彩呈现，把优质文化资源传播得更广

续表

序号	成果类型		成果名称	协作双方单位	项目的基本内容		
	大类	小类			起止时间	项目建设地点	项目建设内容及成效
27	文艺创作展演	书画摄影展览	陕北民间美术全国巡展——江阴站	江苏方：江阴市公共文化艺术发展中心 陕西方：延安文化馆	2024年4—5月	江阴市公共文化艺术发展中心展览馆3号展厅	2024年4月18日上午，由陕西省文化和旅游厅、江苏省文化和旅游厅指导，延安市文化和旅游局、江阴市文体广电和旅游局主办，延安市文化馆、江阴市公共文化艺术发展中心承办，延安文化志愿服务总队和延安市安塞区文化文物馆协办的"陕北民间美术全国巡展——江阴站（农民画）"，在江阴市公共文化艺术发展中心展览馆3号展厅隆重开幕。延安文化馆向江阴市公共文化艺术发展中心捐赠了《三羊开泰》农民画，来自延安民间艺术大师和非遗传承人的80幅美术作品在展厅展览，彰显了延安艺术家以中华优秀传统文化、革命文化以及社会主义先进文化语境续写延安故事，以色彩为线勾勒延安的精神风貌，口口传心授、生生不息的美图力作，书写中华民族现代文明的时代篇章。通过此次巡展，加深两地文化交流，有利于促进两地文化艺术事业繁荣与发展，创作出更多反映人民生活和时代精神的优秀作品
28	文化共创共享	图书捐赠	图书捐赠	江苏方：如皋市文体广电和旅游局 陕西方：汉中市洋县文化和旅游局、县图书馆	2021年11月	洋县图书馆	2021年11月如皋市图书馆为洋县图书馆捐赠图书2000册，以提高洋县全民阅读质量，洋县图书馆年均图书借阅册次由过去8万多册增加到9万册以上，借阅人次超过10万，推进了书香洋县建设，提升了全民阅读服务能力
29		地方文化传承	金陵之窗	江苏方：金陵图书馆 陕西方：延安市图书馆	2021年9月至今	延安市图书馆	2021年9月，金陵图书馆专题书架——"金陵之窗"在延安市图书馆揭牌，该专题书架展示了具有代表性的南京地方文献、金陵图书馆"阅美家园"吉祥物以及双方交流的过往留影等，是两馆互动协作成果的重要见证

序号	成果类型		成果名称	协作双方单位	项目的基本内容		
	大类	小类			起止时间	项目建设地点	项目建设内容及成效
30	文化共创共享	出版作品	"延安娃娃"绘本	江苏方：东方娃娃杂志社　陕西方：延安市图书馆	2021年1月至今	陕西省延安市	为传承与发展中华优秀文化、讲好中国故事、弘扬延安精神，2021年1月起，延安市图书馆与江苏省东方娃娃杂志社达成合作共识，在中共延安市委宣传部、延安市总工会、共青团延安市委员会、延安市妇女联合会、延安市教育局、延安市文化和旅游局等多家单位的大力支持下，连续3年联合举办延安市"延安娃娃"原创绘本故事大赛暨东方娃娃原创绘本大赛（延安赛区），研发具有延安本土特色的优秀绘本及"延安娃娃"系列读物，发掘和培养绘本创作领域的专业人才，不断扩大"延安娃娃"品牌影响力和引领力，填补延安红色绘本空白。其中《外婆的一百万个梦想》《马海德的草鞋》两个作品已由江苏凤凰少年儿童出版社出版，共推出"延安娃娃"科学版和绘本版12种，填补了延安原创绘本空白，在广大市民、文学爱好者、青少年儿童中引起了强烈反响，受到一致好评
31		文化走亲活动	"精致扬州'榆'您相约"文化走亲活动	江苏方：扬州市　陕西方：榆林市	2023年6—8月	榆林老街	"精致扬州'榆'您相约"是江苏省扬州市与陕西省榆林市之间的文化共创共享项目。该项目以文化互动交流为核心，以文化空间为载体，以文旅推介会为媒介，利用文创大集和文化走亲活动，对来自扬州和榆林的文创产品和非遗技艺进行集中展示、展销、展演。自榆林小曲与扬州清曲联袂荣登国家级非物质文化遗产名录以来，两地公共文化服务联系日益密切。2016年缔结友好城市关系，成为两市在旅游资源共享、文化艺术互鉴以及产业融合探索上的崭新起点。两地不断加深协作关系，举办了2020年推介会及2023年扬州文旅消费推广季，共同促进了文化艺术与旅游资源的广泛传播。特别是"精致扬州'榆'您相约"文化走亲活动，是"走出去""引进来"并重的公共文化服务协作项目，以扬州和榆林导游交流会、文创大集、文化走亲、恳谈会为媒介，充分挖掘两地的文化旅游资源，实现文化互补的交流协作。

续表

序号	成果类型		成果名称	协作双方单位	项目的基本内容		
	大类	小类			起止时间	项目建设地点	项目建设内容及成效
31	文化共创共享	文化走亲活动	"精致扬州'榆'您相约"文化走亲活动	江苏方：扬州市 陕西方：榆林市	2023年6—8月	榆林老街	通过此次活动，两地的40多家企业展出了数百件文创产品和特色非遗技艺，全面展示了扬州和榆林深厚的文化底蕴和各自独特的魅力。活动中，扬州的杖头木偶、毛笔制作技艺、绒花制作技艺、漆器髹饰等非遗项目，以及高邮鸭蛋、沿湖三宝、康旺酱油等地方特色美食，受到了参与者的广泛关注和好评。此外，各具特色的非遗技艺展演和地方曲艺表演，如木偶表演《扇韵》《牡丹亭·游园》，扬州清曲《扬州月》《歌吹古运河》等节目，使扬州和榆林地方曲艺同台竞技，为观众带来了一场融合江南风情和塞北风韵的特色演出

参考文献

（一）著作

《邓小平文选》第三卷，人民出版社 1993 年版。

《高举中国特色社会主义伟大旗帜为全面建设社会主义现代化国家而团结奋斗》，人民出版社 2022 年版。

《关于加快构建现代公共文化服务体系的意见》，人民出版社 2015 年版。

郝寿义：《区域经济学原理》，上海人民出版社 2007 年版。

《马克思恩格斯选集》第一、二卷，人民出版社 2012 年版。

吴理财：《社会力量参与公共文化服务概论》，北京师范大学出版社 2022 年版。

《习近平关于社会主义经济建设论述摘编》，人民出版社 2017 年版。

《习近平关于社会主义精神文明建设论述摘编》，中央文献出版社 2022 年版。

《习近平关于社会主义文化建设论述摘编》，中央文献出版社 2017 年版。

《习近平谈治国理政》第四卷，外文出版社 2022 年版。

《习近平著作选读》第一卷，人民出版社 2023 年版。

赵永茂、孙同文、江大树等：《府际关系》，元照出版有限公司 2001 年版。

《中共中央关于深化文化体制改革 推动社会主义文化大发展大繁荣若干重大问题的决定》，人民出版社 2011 年版。

《中国共产党第十九届中央委员会第六次全体会议公报》，人民出版社 2021 年版。

《中华人民共和国国民经济和社会发展第十一个五年规划纲要》，人民出版社 2006 年版。

（二）期刊论文

安虎森、李俊：《新时代以人民为中心的区域平衡发展研究》，《南京社会
　　科学》2018 年第 3 期。

白彦：《从区域均衡发展迈向共同富裕》，《人民论坛》2023 年第 13 期。

边晓慧、张成福：《府际关系与国家治理：功能、模型与改革思路》，《中
　　国行政管理》2016 年第 5 期。

常露露：《区域协调发展视角下城乡公共服务均衡化发展的路径选择》，
　　《区域经济评论》2022 年第 2 期。

陈国权、李院林：《论长江三角洲一体化进程中的地方政府间关系》，《江
　　海学刊》2004 年第 5 期。

陈昊琳：《基本公共文化服务：概念演变与协同》，《国家图书馆学刊》
　　2015 年第 2 期。

陈润好：《区域重大战略下的公共文化服务：政策要求、现实响应和发展
　　前瞻》，《图书馆学研究》2024 年第 1 期。

陈世海：《“三个全覆盖”探索东西部扶贫协作新模式》，《当代贵州》
　　2019 年第 40 期。

陈水生：《什么是“好政策”？——公共政策质量研究综述》，《公共行政
　　评论》2020 年第 3 期。

陈威：《大力构建公共文化服务体系 实现人民群众基本文化权益》，《领
　　导之友》2007 年第 5 期。

陈秀山、杨艳：《区域协调发展：回顾与展望》，《西南民族大学学报》
　　（人文社科版）2010 年第 1 期。

戴艳清、孙英姿：《英国公共数字文化资源整合制度体系研究》，《情报资
　　料工作》2022 年第 2 期。

董敏：《图书馆文化信息资源共享工程的构建探究》，《现代情报》2014
　　年第 8 期。

范恒山：《区域政策与区域经济发展》，《全球化》2013 年第 2 期。

范周、侯雪彤：《“十四五”时期公共文化服务高质量发展的内涵与路

径》，《图书馆论坛》2021 年第 10 期。

范周：《推进文化事业和文化产业全面发展》，《红旗文稿》2022 年第
9 期。

房凯、包丹沁：《浅谈公共文化服务与文化资源的优化配置》，《新西部》
2015 年第 12 期。

傅才武、高为：《精神生活共同富裕的基本内涵与指标体系》，《山东大学
学报》（哲学社会科学版）2022 年第 3 期。

高德强、陈琳：《论政府部门良性协作机制构建的现实障碍及实现路径》，
《长江论坛》2018 年第 2 期。

高志刚：《新疆区域经济协调发展的机制研究》，《新疆教育学院学报》
2002 年第 3 期。

郭广、李佃来：《精神生活共同富裕的核心要义、价值意蕴和实践路径》，
《学习与实践》2023 年第 11 期。

韩萍：《论艺术展演和乡村旅游对民间音乐的开发和保护作用》，《民族艺
术研究》2009 年第 2 期。

洪伟达、王政：《完善中国公共数字文化服务体系的对策研究》，《图书馆
研究与工作》2017 年第 11 期。

侯雪言、胡雨璐：《数字治理视域下公共文化云服务内涵拓展与路径优化
研究》，《图书馆》2023 年第 10 期。

黄少波：《新发展阶段精神生活共同富裕的科学内涵、基本特征与主要任
务》，《社会科学家》2023 年第 10 期。

贾若祥：《"十四五"时期完善中国区域政策体系和区域治理机制》，《中
国发展观察》2020 年第 7 期。

姜晓晖：《跨域治理下的扶贫协作何以优化？——基于粤桂扶贫协作的图
景变迁》，《兰州学刊》2020 年第 3 期。

金栋昌、王宇富、徐梦真：《中国式现代化进程中推动公共文化服务高质
量发展的理论逻辑与实践进路》，《图书馆论坛》2023 年第 5 期。

金栋昌、杨斌：《府谷实践：农村"书服到家"的公益合作创新》，《国
家图书馆学刊》2021 年第 4 期。

金武刚、苏颜利、李阳：《"公共文化服务共同体"：大文化视野下的现代
治理新路径——兼论公共文化设施质效测算模型构建》，《图书馆论
坛》2024 年第 3 期。

孔凡斌、陈胜东：《新时代中国实施区域协调发展战略的思考》，《企业经
济》2018 年第 3 期。

乐黛云：《多元文化共生将决定世界前程》，《中国民族报》2007 年第
4 期。

李春华：《文化生产：满足人民群众对美好生活需要的重要力量》，《人民
论坛》2019 年第 25 期。

李国新：《对中国现代公共文化服务体系建设的思考》，《克拉玛依学刊》
2016 年第 4 期。

李国新：《"公共文化服务共同体"建设的引领示范意义》，《图书馆论
坛》2024 年第 3 期。

李国新、李斯：《现代公共文化服务体系实现跨越式发展》，《中国报道》
2022 年第 10 期。

李国新、李斯：《我国新型公共文化空间发展现状与前瞻》，《中国图书馆
学报》2023 年第 6 期。

李国新：《论文化馆及其主要职能》，《中国文化馆》2021 年第 1 期。

李国新：《摹画未来 指引方向 明确任务 促进发展——〈"十四五"公
共文化服务体系建设规划〉解读》，《图书馆论坛》2021 年第 8 期。

李国新：《筑牢公共文化服务高质量发展的基础——〈国家基本公共服务
标准（2021 年版）〉中的基本公共文化服务》，《图书馆研究与工
作》2021 年第 7 期。

李华艳：《公共图书馆社会教育职能的理论思考与实践探索》，《图书馆》
2021 年第 8 期。

李实：《共同富裕的目标和实现路径选择》，《经济研究》2021 年第
11 期。

李雪：《"水韵江苏"品牌的形象建构与价值传播》，《艺术百家》2023 年
第 6 期。

李雅娟：《图书馆联盟建设推动公共文化服务协作发展模式与路径研究》，《河南社会学》2024 年第 2 期。

李玉兰：《公共图书馆文旅融合服务创新路径选择研究》，《新世纪图书馆》2022 年第 5 期。

刘东峰：《艺术乡建激活乡村内生动力的文化逻辑和实践路径》，《山东社会科学》2023 年第 11 期。

刘培林、钱滔、黄先海等：《共同富裕的内涵、实现路径与测度方法》，《管理世界》2021 年第 8 期。

刘应杰、陈耀、李曦辉等：《共同富裕与区域协调发展》，《区域经济评论》2022 年第 2 期。

孟华：《西方跨区域协作治理的理论分析框架——一个基于过程视角的文献综述》，《集美大学学报》（哲社版）2019 年第 3 期。

庞玉萍、陈玉杰：《区域协调发展内涵及其测度研究进展》，《发展研究》2018 年第 9 期。

彭丽丽、彭松林：《公共文化高质量发展：政策渊源、概念内涵与着力方向》，《图书馆》2024 年第 3 期。

彭荣胜：《区域经济协调发展内涵的新见解》，《学术交流》2009 年第 3 期。

尚靖凯、赵玲：《中国式现代化新征程中基本公共文化服务均等化建设探赜》，《图书馆》2024 年第 2 期。

司蒙蒙、孙宁、陈雅：《长三角公共文化服务高质量发展逻辑与路径研究》，《新世纪图书馆》2022 年第 6 期。

孙久文：《论新时代区域协调发展战略的发展与创新》，《国家行政学院学报》2018 年第 4 期。

孙士茹：《跨学科：博士生创新能力培养的基本路向》，《当代教育论坛》2023 年第 1 期。

孙伟平、贺敏：《培育社会主义核心价值观 铸牢共同思想基础》，《人民教育》2023 年第 23 期。

孙志燕、侯永志：《对中国区域不平衡发展的多视角观察和政策应对》，

《管理世界》2019 年第 8 期。

孙志燕、侯永志：《更有效发挥区域政策在推动经济转型中的作用》，《发展研究》2017 年第 12 期。

覃成林、姜文仙：《区域协调发展：内涵、动因与机制体系》，《开发研究》2011 年第 1 期。

王俊：《公共图书馆区域协作标准化构建及实践》，《新世纪图书馆》2019 年第 6 期。

王淑婕、顾锡军：《安多地区宗教信仰认同与多元文化共生模式溯析》，《西藏研究》2012 年第 3 期。

王爽：《中小型公共图书馆区域协作的探索与发展——以营口地区图书馆阅读推广实践为例》，《图书馆学刊》2018 年第 12 期。

王霞：《论公共文化服务体系的构建》，《南阳师范学院学报》2007 年第 11 期。

王霞、孙中和：《美国区域协调发展实践及对中国的启示》，《国际贸易》2009 年第 7 期。

王小林、谢妮芸：《东西部协作和对口支援：从贫困治理走向共同富裕》，《探索与争鸣》2022 年第 3 期。

王欣：《文化资源共享背景下的文物数据管理研究》，《文物鉴定与鉴赏》2023 年第 2 期。

王业强、魏后凯：《"十三五"时期国家区域发展战略调整与应对》，《中国软科学》2015 年第 5 期。

王铮：《政府部门间协作的影响因素及其组织逻辑：基于组织角度的分析》，《公共管理与政策评论》2023 年第 2 期。

王子舟：《伟大的力量来自于哪里——解读社会力量办馆助馆》，《中国图书馆学报》2010 年第 3 期。

魏后凯、高春亮：《新时期区域协调发展的内涵和机制》，《福建论坛》2011 年第 10 期。

魏华、丁思薇：《以新发展理念推动共同富裕：实施区域协调发展战略的历史演进和政策路径》，《天津师范大学学报》（社会科学版）2024

年第 1 期。

吴殿廷、何龙娟、任春艳:《从可持续发展到协调发展——区域发展观念
的新解读》,《北京师范大学学报》(人文社科版) 2006 年第 4 期。

吴巧瑜、黄颖:《第三方治理:粤港澳大湾区社会组织跨区域协作治理研
究——以 Y 青年总会为例》,《学术研究》 2022 年第 3 期。

习近平:《扎实推动共同富裕》,《共产党员》 2021 年第 21 期。

向柏松:《中国民间文化艺术之乡建设的发展与规范》,《中南民族大学学
报》(人文社会科学版) 2019 年第 4 期。

肖希明、石庆功:《文化软实力视角下中国图书馆学教育发展研究》,《中
国图书馆学报》 2023 年第 4 期。

肖希明、唐义:《公共数字文化资源整合动力机制研究》,《图书馆建设》
2014 年第 7 期。

谢中榜:《公共文化服务创新的空间建构——以浙江实践为例》,《温州大
学学报》(社会科学版) 2022 年第 6 期。

徐康宁:《区域协调发展的新内涵与新思路》,《江海学刊》 2014 年第
2 期。

闫平:《试论公共文化服务体系建设》,《理论学刊》 2007 年第 12 期。

严贝妮、张子珺、李泽欣:《我国地方性公共文化服务保障条例政策文本
分析》,《图书馆》 2023 年第 4 期。

杨乘虎、李强:《"十四五"时期公共文化服务高质量发展的新观念与新
路径》,《图书馆论坛》 2021 年第 2 期。

杨风云、马中红:《区域一体化背景下中国公共文化服务协同发展研究》,
《图书与情报》 2023 年第 5 期。

杨亚波:《建立有效的公共文化服务体制 切实保障人民群众基本文化权
益》,《西藏研究》 2012 年第 6 期。

杨勇兵:《精神生活共同富裕的生成逻辑、科学内涵与实践路径》,《党政
研究》 2022 年第 5 期。

殷安阳:《关于马克思主义文化理论的几个认识问题》,《学习与实践》
2007 年第 3 期。

英明：《府际关系视域下辽宁省积极就业政策执行研究》，博士学位论文，东北大学，2019 年。

余琛：《面向融媒体建设的公共文化资源服务研究》，《情报科学》2022 年第 4 期。

张佰瑞：《我国区域协调发展度的评价研究》，《工业技术经济》2007 年第 9 期。

张梦柳、周亚、刘敏：《方志馆宣传工作提升策略研究》，《山东图书馆学刊》2018 年第 4 期。

张小燕、沈肖炜：《中国式现代化进程中的现代公共文化服务体系建设特点、原则与任务》，《图书与情报》2022 年第 6 期。

张晓明、李河：《公共文化服务：理论和实践含义的探索》，《出版发行研究》2008 年第 3 期。

张燕、魏后凯：《中国区域协调发展的 U 型转变及稳定性分析》，《江海学刊》2012 年第 2 期。

张莹：《区域协调发展：战略演化、影响因素、绩效评价与政策设计》，《科技管理研究》2022 年第 17 期。

赵海燕：《我国区域经济一体化进程中的合作治理论析——基于地方府际合作的视角》，《中外企业家》2010 年第 16 期。

周和平：《在第三次全国数字图书馆建设与服务联席会议上的讲话》，《中国图书馆学报》2008 年第 2 期。

周蔚华：《着力推动中华优秀传统文化创造性转化和创新性发展》，《中国编辑》2023 年第 12 期。

周晓丽、毛寿龙：《论中国公共文化服务及其模式选择》，《江苏社会科学》2008 年第 1 期。

朱佳俊：《文化产业与金融服务耦合机制研究——以无锡市为例》，《江南论坛》2019 年第 11 期。

朱姝：《基于智慧文旅案例的公共图书馆数字人文项目建设路径思考》，《图书馆》2024 年第 1 期。

朱晓航：《城市群公共文化服务协同发展的经验启示》，《内蒙古科技与经济》2023 年第 16 期。

（三）报纸刊文

程伟：《苏陕协作向全方位战略合作升级》，《陕西日报》2022 年 2 月 16 日，第 1 版。

樊明：《建立制度优势 实现跨越式发展》，《郑州日报》2006 年 8 月 25 日，第 11 版。

李少惠：《推动公共文化服务高质量发展》，《中国社会科学报》2022 年 12 月 20 日，第 8 版。

（四）网站资源

《〈公共文化资源分类〉国家标准编制说明》，中国标准化研究院，https：∥www. cnis. ac. cn/bydt/bzyjzq/gbyjzq/201705/P020181226595230501288。

《关于进一步加强东西部扶贫协作工作的指导意见》，中国政府网，ht-tps：∥www. gov. cn/zhengce/202203/content_3635239. htm。

《关于全面加强和改进新时代学校美育工作的意见》，中国政府网，ht-tps：∥www. gov. cn/zhengce/2020−10/15/content_5551609. htm。

《关于印发"农家书屋"工程实施意见的通知》，中国政府网，https：∥www. gov. cn/zwgk/2007−03/28/content_563831. htm。

国家发展改革委等：《国家基本公共服务标准（2023 年版）》，中国政府网，https：∥www. gov. cn/zhengce/zhengceku/202308/content_6897591. htm。

《国家"十三五"时期文化发展改革规划纲要》，中国政府网，https：∥www. gov. cn/gongbao/content/2017/content_5194886. htm。

《国家艺术基金资助项目"民族管弦乐〈华乐苏韵〉欧洲巡演"向世界展示中国音乐文化》，文化和旅游部官网，https：∥www. mct. gov. cn/whzx/zsdw/gjysjj/201902/t20190228_837467. htm。

国务院扶贫开发领导小组：《关于组织经济较发达地区与经济欠发达地区开展扶贫协作的报告》，广东省人民政府网，https：∥www. gd. gov. cn/zw gk/ gongbao/1996/24/content/post_3358310. html。

国务院：《关于印发国家八七扶贫攻坚计划的通知》，中国政府网，ht-
　　tps：∥new. nrra. gov. cn/art/1994/12/30/art_46_51505. html。

《江苏省文化厅 陕西省文化厅 文化交流合作框架协议》，江苏省发展和改革
　　委员会官网，http：∥fzggw. jiangsu. gov. cn/art/2018/7/16/art_61251_774
　　4026. html。

《江泽民在中国共产党第十四次全国代表大会上的报告》，中国政府网，
　　https：∥www. gov. cn/test/2008-07-04/content_1035850. htm。

《解读〈江苏省陕西省"十四五"东西部协作规划〉》，江苏省发展和改
　　革委员会官网，https：∥fzggw. jiangsu. gov. cn/art/2022/3/11/art314103
　　79079. html。

《2020 年苏陕公共图书馆馆员挂职培训工作启动》，陕西新闻网，http：∥
　　news. cnwest. com/sxxw/a/2020/11/07/19257977. html。

《全民阅读银联卡发行》，人民网，http：∥money. people. com. cn/n1/2016/
　　0518/c42877-28358944. html。

陕西省人民政府：《苏陕深化市县乡村四级结对帮扶》，陕西省人民政府
　　网，http：∥www. shaanxi. gov. cn/xw/sxyw/202206/t20220627_2226419.
　　html。

陕西省文化和旅游厅：《"南来北往 赓续传承"2023 年第二届苏陕非遗消
　　费年暨苏陕非遗文创产品联展联销活动开幕》，陕西省文化和旅游厅
　　官网，http：∥whhlyt. shaanxi. gov. cn/content/content. html？id＝17720。

《陕西省选派 200 名干部赴江苏挂职锻炼》，陕西网，https：∥www. ishaanxi.
　　com/c/2022/1223/2685386. shtml。

石碧华：《改革开放 40 年中国区域发展战略的演变及成效》，中国社会科
　　学院工业经济研究所，http：∥gjs. cssn. cn/kydt/kydt_kycg/201811/
　　t20181121_4779427. shtml。

王小林等：《东西部扶贫协作——中国脱贫攻坚的区域协作》，半月谈网，
　　http：∥www. banyuetan. org/fpdxal/detail/20210528/10002000331389616
　　22188651175013887_1. html。

文化和旅游部、国家发展改革委、财政部：《关于推动公共文化服务高质量

发展的意见》，中国政府网，https://www.gov.cn/zhengce/zhengceku/2021-03/23/content_5595153.htm。

文化和旅游部：《"十四五"公共文化服务体系建设规划》，中国政府网，https://www.gov.cn/zhengce/zhengceku/2021-06/23/content_5620456.htm。

文化和旅游部：《"十四五"文化和旅游发展规划》，中国政府网，http://www.gov.cn/xinwen/2021-06/04/content5615466.htm。

《习近平：共同富裕是社会主义的本质要求，是中国式现代化的重要特征》，求是网，http://www.qstheory.cn/zhuanqu/2021-08/22/c_1127784024.htm。

《习近平在东西部扶贫协作座谈会上强调 认清形势聚焦精准深化帮扶确保实效 切实做好新形势下东西部扶贫协作工作》，新华网，http://www.xinhuanet.com/politics/2016-07/21/c_1119259129.htm。

《习近平主持召开新时代推动西部大开发座谈会强调：进一步形成大保护大开放高质量发展新格局 奋力谱写西部大开发新篇章》，中国政府网，https://www.gov.cn/yaowen/liebiao/202404/content_6947130.htm。

《习近平主持中共中央政治局第二次集体学习并发表重要讲话》，中国政府网，https://www.gov.cn/xinwen/2023-02/01/content_5739555.htm。

新华社：《习近平主持召开中央财经委员会第十次会议》，中国政府网，https://www.gov.cn/xinwen/2021-08/17/content_5631780.htm。

徐宁、毛艳：《为江苏文化数字化"号脉""开方"》，江苏网信网，https://www.jswx.gov.cn/yw/202207/t20220708_3032272.shtml。

张永军、张静：《苏陕协作走过30个春秋》，西部决策网，http://www.xibujuece.com/xibudakaifadianziban/2021nian10qi/benqicehua/2021/1028/103889.html。

赵新乐：《媒体如何讲好农家书屋的故事》，中国新闻出版广电网，https://www.jssxwcbj.gov.cn/art/2019/7/1/art_35_65079.htm。

《中共中央办公厅 国务院办公厅印发〈"十四五"文化发展规划〉》，中国政府网，https://www.gov.cn/zhengce/2022-08/16/content_5705612.htm。

中共中央、国务院：《关于新时代推进西部大开发形成新格局的指导意见》，中国政府网，https://www.gov.cn/zhengce/2020-05/17/content_5512456. htm。

《中国共产党第十八届中央委员会第三次全体会议公报》，共产党员网，
  https：//news. 12371. cn/2013/11/12/ARTI1384256994216543. shtml。

《中国共产党第十四届中央委员会第五次全体会议公报》，中国政府网，
  https：//www. gov. cn/test/2008-07/04/content_1035850. htm。

《中华人民共和国公共图书馆法》，中国政府网，https//zwgk. mct. gov. cn/
  zfxxgkml/zcfg/fl/202012/t20201204_905426. html。

《中华人民共和国公共文化服务保障法》，中国政府网，https：//www. gov.
  cn/xinwen/2016-12/26/content_5152772. htm。

中华人民共和国国家发展和改革委员会：《关于贯彻落实区域发展战略促
  进区域协调发展的指导意见》，中国政府网，https：//www. gov. cn/
  gongbao/content/2017/content_5194894. htm。

《中华人民共和国国民经济和社会发展第十四个五年规划和2035年远景
  目标纲要》，中国政府网，https：//www. gov. cn/xinwen/2021-03/13/
  content_5592681. htm。

中宣部等：《农家书屋深化改革创新 提升服务效能实施方案》，中国政府
  网，https：//www. gov. cn/xinwen/2019-02/26/content_5368689. htm。

后　记

　　推动公共文化服务高质量发展，是继续推动文化繁荣、建设文化强国、建设中华民族现代文明，担当起新时代文化使命的客观要求。以苏陕协作为代表的公共文化服务跨区域协作实践，既丰富了公共文化服务高质量发展的理论内涵，又有利于健全中国式现代公共文化服务体系，更好地满足人民群众的精神文化生活需求。

　　长期以来，我们团队聚焦于全国和陕西省的公共文化服务调查研究工作。"十四五"以来，先后承接了西部地区县域文化馆服务联盟建设模式研究、关于推动公共文化服务高质量发展实施意见、黄河文化保护传承弘扬规划、万亿级文旅产业集群建设、陕西黄河文化资源利用及产业发展研究项目等研究任务，不仅具备了"大文化"领域的研究成果，也能为系统研究公共文化服务苏陕协作积累宝贵素材。也正是在广泛调研学习中，我们关注到陕西省各地分布着多种多样的公共文化服务苏陕协作案例。这些案例成效突出，突破了公共文化服务的传统协作关系，拓展了公共文化服务高质量发展的理论视角。然而，梳理理论界现有成果发现，目前对这一领域的研究并不多。有必要以公共文化服务跨区域协作为切入点，系统分析公共文化服务领域的协作经验、协作成果与实践模式，提炼公共文化服务苏陕协作故事。

　　鉴于此，本书遵循理论与实践相结合、历史与逻辑相统一的方法，从理论与实践两个维度对公共文化服务苏陕协作进行了系统梳理。在理论层面，本书总结了公共文化服务跨区域协作的学术范畴，研究了公共文化服务跨区域协作的理论机制，论证了公共文化服务跨区域协作的必要性，归纳了公共文化服务跨区域协作政府部门、公共文化机构、社会组织三大主体间互动协作的四大模式，回顾了公共文化服务苏陕协作自萌芽到初探、深化乃至高质量发展的四个主要阶段，并通过分析公共文化服务跨区域协作的主要内容与影响因素，提炼出苏陕两省公共文化服务协作的实践模式。在实践层面，本书收集归纳了江苏、陕西两省在文化设施空间、人才交流培训、文艺创作展演、文化共创共享四大领域的实践类型，运用实践素材分析了各类协作形式、典型案例与主要成效。在此基础上，本书立足中国式现代化的时代特征与高质量发展的时代主题，分析了公共文化服务苏陕协作的实践特色，总结了现阶段公共文化服务苏陕协作的主要挑战，提出了推动公共文化服务苏陕协作高质量发展的对策建议，并尝试从促进和扩大东西部公共文化服务协作的角度提出相关政策建议。

本书是团队成员学术研究的集体结晶。自主旨确立以来，在写作思路、框架构成方面经过多次调整变化，部分章节甚至进行了几次重大修改，行文上也反复润色，团队成员付出了艰辛的努力，彰显了团队的精诚协作实效。在本书的撰写过程中，我负责理论论证、实践统筹、总统稿、质量管理和核心章节的撰写工作，王宇富承担了第四、第五、第六章的撰写与统稿工作，彭建峰承担了第一、第十一章的撰写与部分统稿工作，刘洁明、朱文凯分别承担了第七、第八章的撰写与修改工作，宋学慧、张玲、白艳宁承担了部分章节的初稿撰写和素材整理工作，陈少阳、康春芳在书稿的校对工作中也付出了辛苦劳动。

本书的撰写和出版得到了各方的支持与帮助。在本书的撰写过程中，长安大学陕西文化发展与融合创新智库提供了重要的平台支持。在征集苏陕协作项目信息过程中，陕西省文化和旅游厅给予了关键支持，公共服务处谭佳峰处长、张利锋四级调研员协调省内相关文旅部门和公共文化机构，收集整理了基层的协作项目信息；陕西省图书馆、陕西省文化馆，以及宝鸡市、铜川市、渭南市、安康市、汉中市、延安市文化和旅游局各位同人提供了有价值的项目信息。同时，我们还非常有幸得到了北京大学教授李国新、南京图书馆副馆长许建业、陕西省公共文化服务专家委员会常务副主任段小虎的书序；在书稿修改过程中，他们也提出了宝贵的建议。社会科学文献出版社颜林柯编辑为本书付出了辛苦的劳动。在此，一并向为本书付出辛勤劳动的个人和机构表达由衷的感谢。

学术研究永无止境。本书是团队向学界的一次成果汇报，虽经过认真地筹备与校对修改，但难免有疏漏之处，书中的部分理论观点也或有不完善之处，敬请读者批评指正。推动公共文化服务高质量发展是新时代的重要课题，今后我们将在这一主题下继续深耕，力争形成更多、更优秀的成果，以飨读者。

金栋昌

图书在版编目(CIP)数据

共同迈向高质量：公共文化服务领域的苏陕协作实
践／金栋昌，王宇富，彭建峰著 . --北京：社会科学
文献出版社，2025.2. --ISBN 978-7-5228-5082-5

Ⅰ.G127.53；G127.41

中国国家版本馆 CIP 数据核字第 20251ZY909 号

共同迈向高质量：公共文化服务领域的苏陕协作实践

著　者／金栋昌　王宇富　彭建峰

出 版 人／冀祥德
责任编辑／颜林柯
文稿编辑／许文文
责任印制／王京美

出　　版／社会科学文献出版社·经济与管理分社 (010) 59367226
　　　　　地址：北京市北三环中路甲 29 号院华龙大厦　邮编：100029
　　　　　网址：www.ssap.com.cn
发　　行／社会科学文献出版社 (010) 59367028
印　　装／三河市龙林印务有限公司

规　　格／开本：787mm×1092mm　1/16
　　　　　印张：18.75　字数：278 千字
版　　次／2025 年 2 月第 1 版　2025 年 2 月第 1 次印刷
书　　号／ISBN 978-7-5228-5082-5
定　　价／138.00 元

读者服务电话：4008918866